北京建筑大学教材建设项目资助出版

大学生职业生涯规划
案例与实训

王秉楠 ▶▶ 编著

学苑出版社

图书在版编目（CIP）数据

大学生职业生涯规划案例与实训 / 王秉楠编著.
北京：学苑出版社，2024.6. -- ISBN 978-7-5077
-6984-5

Ⅰ.G647.38

中国国家版本馆CIP数据核字第20245N1V56号

责任编辑：杨雷　魏桦
出版发行：学苑出版社
社　　　址：北京市丰台区南方庄2号院1号楼
邮政编码：100079
网　　　址：www.book001.com
电子邮箱：xueyuanpress@163.com
经销电话：010-67601101（营销部）　010-67603091（总编室）
印　刷　厂：廊坊市印艺阁数字科技有限公司
开本尺寸：787 mm×1092mm　1/16
印　　张：16.5
字　　数：278千字
版　　次：2024年6月第1版
印　　次：2024年6月第1次印刷
定　　价：78.00元

前　言

《大学生职业生涯规划案例与实训》一书，是笔者总结多年授课的思考，是笔者积累多年大学生发展辅导工作的经验所得，是笔者从事大学生思想政治教育事业的实践成果。

本书立足大学生培养，依托大学生职业生涯规划课程，紧扣党的二十大报告中关于教育、科技、人才工作的要求，通过分析影响大学生适应大学生活、树立远大目标的因素，将《论语》内容与大学生成长相链接，对照知识点开展案例教学，帮助大学生在他人真实发展故事的启发下，触动个人发展共鸣，找准人生发展方向，以期成为大学生职业生涯规划课程紧密理论与实际的联系、丰富学以致用的案例性教学、补充校本化教材的重要支撑。

笔者在撰写本书的过程中融入了自身对大学生发展辅导工作的一些思考，并尝试融入编写过程中呈现。本书分为五个章节，分别是生涯意识的唤醒与确立、自我认知、求职准备、职场发展、成长鉴悟。第一至三章贯穿了大学生职业生涯发展的全过程，第四章延展到了学生初入职场的认知与成长，第五章以案例形式辅助前四章的理论学习。其中，前四章均由概念引导、《论语》借鉴、案例分析、前沿拓展、工具应用等五个部分组成。"《论语》借鉴"板块是《论语》融入大学生职业生涯规划的教学探索，也是大学生职业生涯规划教材中国化的有益尝试；"案例分析"板块的案例取材均来自于近20年学生成长的真实记录，这些案例对位每一章节知识点，是笔者对大学生职业生涯发展辅导的个案研究成果；"前沿拓展"板块立足职业生涯的前沿理论在大学生职业生涯发展中的借鉴与思考；"工具应用"板块梳理了大学生职业生涯发展的实操性工具，方便学生实践与应用。同时，鉴于阅读本书的人还有可能是和我一样从事大学生职业生涯规划课程教学的教师、大学生家长、希望了解大学生活的中学生及家长，笔者希望本书能为授课教师们提供课程理论知识讲授过程中所需要的案例故事，借此帮助到听您课程的大学生更好理解知识、并能应用到自身成长中；希望本书能够帮助大学生家长、中学生及家长从大学生职业生涯规划的视角了解如何帮助自己的孩子充分利用大学学习资源，为自身发展奠定坚实基础。

本书有两个特色之处，希望能够对读者有益处。一是融合《论语》内容进行大学生职业生涯规划教育。将《论语》中所展现的中华优秀传统文化的智慧和底蕴与大学生成长中遇到的现实问题进行链接，并和大学生职业生涯规划的知识融合在一起，运用优秀传统文化智慧启迪大学生的成长。二是结合建筑行业人才发展中的真实案例，以建筑行业人才成长为缩影，既展现了其特殊的专业特点，又展现了新时代国家发展的趋势与变化，充分体现了当代建筑行业从业青年积极向上、刻苦钻研的良好精神风貌，通过这些案例故事，引导当代大学生将自身成长价值与国家发展价值紧密联系起来，在为人民服务的"大我"中找准"小我"定位。

撰写过程中，笔者将自身23年学生工作经历、12年大学生职业生涯规划类课程授课思考以及多年来跟踪走访在校生、毕业生发展历程的记录倾注在本书中。希望书中的些许经验能够帮助到读者。同时，笔者也通过撰写本书，发现了自身在理论知识方面存在很明显的不足，在把握大学生学习成长规律等方面仍有很多需要研究、需要学习的地方，希望各位致力于大学生职业生涯规划、大学生发展辅导的前辈、同仁及大学生、学生家长们多提宝贵意见和建议。

王秉楠

2024年5月

目 录

第一章
生涯意识的唤醒与确立 …………………………………………………… 001
 第一节 生涯意识探索 ……………………………………………… 003
 第二节 生涯规划 …………………………………………………… 018
 第三节 大学学习与生涯规划 ……………………………………… 028

第二章
自我认知 …………………………………………………………………… 039
 第一节 兴趣探索 …………………………………………………… 041
 第二节 性格探索 …………………………………………………… 053
 第三节 能力探索 …………………………………………………… 064
 第四节 价值观探索 ………………………………………………… 077

第三章
求职准备 …………………………………………………………………… 091
 第一节 外部探索 …………………………………………………… 093
 第二节 简历撰写 …………………………………………………… 104
 第三节 面试准备 …………………………………………………… 117
 第四节 决策方法 …………………………………………………… 130
 第五节 目标与行动 ………………………………………………… 145

第四章
职场发展 ·················· 157

第一节　定期更新职场认知 ·················· 159
第二节　认识职场发展趋势 ·················· 178
第三节　职场中的成长要诀 ·················· 188
第四节　树立终身学习的意识 ·················· 202

第五章
成长鉴悟 ·················· 215

参考文献 ·················· 251

后　记 ·················· 255

第一章
生涯意识的唤醒与确立

第一节　生涯意识探索

生涯在汉语词典中有两重意思：指从事某种活动或职业的生活；指赖以维持生活的产业、财物。

中国古人的诗词中就有"生涯"这个词。宋代苏轼在《和董传留别》中说："粗缯大布裹生涯，腹有诗书气自华。"这里的"生涯"指的是人生境遇。南宋陆游《龟堂》中也说："莫笑龟堂陋，生涯实有余。"这里的"生涯"指的则是人生经历。

大多数西方学者所接受的生涯的概念是美国著名生涯教育学者唐纳德·E.舒伯的论点：生涯是生活里各种事态的演进方向和历程，它统合了人一生中的各种职业和生活角色，由此表现出个人独特的自我发展形态。

著名的生涯规划老师金树人在他的《生涯咨询与辅导》一书中这样阐述"生涯"："生涯"一词，就其特性来看，是一个与我们"如影随形"，但又"视而不见"的名词。

"生涯"之所以"如影随形"，是因为它与我们的发展经验密不可分；之所以"视而不见"，是因为一旦我们想去清楚地勾画出"生涯"的轮廓，又觉得影像模糊。

高中时，大多数学生的目标关注在一条线——学业线。在进入大学开始探讨生涯时，需要我们逐渐拓展自己对生涯的认知，从多个维度探讨生涯。通常，一个人的生涯可以从长度、宽度和厚度三个维度来分析。

生涯长度，指的是生命从开始到结束两个端点之间的跨度。生涯长度不仅指人生绝对的长度，还包括人生中一段一段的阶段性边际，如小学、中学、大学、工作、退休的阶段性发展；单身、成家、养育子女的阶段性发展等。

生涯宽度，指的是不同生命角色之间的跨度。有与家庭有关的角色，如子女、配偶、父母等；有与职业有关的角色，如学生、工作者、退休者等；有与社会有关的角色，如朋友、志愿者等。生涯是生活中各种事件的演进历程，是各种生命角色之间铺陈、转换、递进的过程。

生涯厚度，指的是个体在不同生命角色上投入的深度。同一角色的深度往往会随着时间的变化而有所变化，不同角色的深度则会在同一时间呈现出此消彼长的状态，如工作与家庭的平衡等情况。

通过对生涯长度、生涯宽度、生涯厚度的了解，帮助我们更全面、深刻地理解生涯的概念。

《论语》借鉴 给奔跑的自己定个参照坐标

当今国家的发展为青年人成长创造了更广阔的平台，我们可以不用遵循固化的职业路径，有更多机会去领略多样的人生风景。在朝着自己想要的生活奔跑的过程中，我们也会遇到不知路在何方的烦恼。给奔跑的自己定个参照坐标，不是让我们必须要走被规划好的路，而是通过和参照坐标的比较，知道自己前行到了什么位置，看看是否需要做些方向调整。

大学毕业8年的小杨，今年30岁了。在与我聊着他的近况时，突然微微紧了紧眉头，一脸严肃地对我说："王老师，我这段时间很认真地在回顾自己大学毕业后的经历了，比如调整工作岗位、升职、结婚、生子、买房子等，我发现当'30岁'这个字眼出现在脑海里时，就不由得想盘点一下。"

"嗯，我想你不光会盘点，还会去比较，看看同样是30岁，别人都是啥样？"我回复说。

"确实是，确实是。"小杨偷笑着说："我就是这样。和同学比比，也回忆着你带我们时也就30岁左右，你那时候的样子。"

"跟你现在比，我那会儿肯定是直冒傻气，对吧？"

"哈哈，我可没说。"小杨赶紧让自己后背靠在椅背上，朝着我咧嘴笑着说。

"不开玩笑了。其实你这种情况很正常。人们在社会中生活，生涯发展是有一定规律的，就好像有个无形的标尺一样。到了一个人生节点时，我们可以跳出来，总览一下人生发展的规律，审视当下自己所处的位置，帮助自己制定下一步的发展目标。"

不知道大家是否也有这样的体会，看到一些比如"30岁前应该注意的事""35岁不想失业就要关注这些"的推文时，就特想对比着自己在共同的时间节点上，去找寻一个参照坐标来评估个人的人生发展，并为下一阶段的自己做规划。

人生一世，都会遵守出生、长大、成年、衰老的自然规律，所以我们就会在不同的人生节点处，和他人进行比较，看看自身的得与失；同时，也会参照着生涯发展的规律，为自己下一个人生节点制定目标。

我们能否找到一个已达成共识的生涯发展规律，可以作为每个人成长的参照坐标，找到发展方向、制定成长目标呢？《论语》中的这段话有我们要找的答案：

> 子曰："吾十有五而志于学，三十而立，四十而不惑，五十而知天命，六十而耳顺，七十而从心所欲，不逾矩。"

孔子说："我十五岁，有志于学问；三十岁，已经在社会上找到了自己的位置；四十岁，对纷繁的事物都有了自己的主见；五十岁，认识了天道运行的规律，而心生敬畏；六十岁，已经可以听逆耳之言而心态平和；七十岁，已经可以随遇而安，随心所欲，却能不超越道德和法律规矩。"

这段话是孔子自述其人生各个阶段的不同境遇，同时，他通过自述立志、立身、求道的经历，来为人们讲述生涯各个阶段都有的不同使命。虽然这是孔子自己的人生历程，但对于所有人的生涯发展都能起到借鉴作用。我们可以以孔子不同人生阶段的感悟作为自身的目标，来规划生涯发展。

"三十而立""四十而不惑"，每当我们即将30岁或40岁的时候，都会自觉地用这些话为目标来衡量自己的生涯发展。30岁，自己是否能立足于社会？40岁，自己是否已经对周围的事物有了主见？《论语》中的这段话成为每个人生涯发展所遵循的一般规律，并为我们在不同的阶段确立了共性的生涯发展任务。

在生涯教育理论中，也对生涯发展规律进行了探究。

美国著名生涯教育学者唐纳德·E.舒伯在1953年提出舒伯生涯发展理论，讲述生涯发展的规律。他将人类的职业生涯发展阶段分为成长、探索、建立、维持与衰退五个阶段，并为每个阶段划定了年龄范围、确立了生涯发展目标。

具体描述为：

一是成长阶段（0岁—14岁），这个阶段的发展任务是发展自我形象，发展对工作世界的正确态度，并了解工作的意义。

二是探索阶段（15岁—24岁），这个阶段的发展任务是使职业偏好逐渐具体化、特定化并实现职业偏好。

三是建立阶段（25岁—44岁），这个阶段的发展任务是统整、稳固并求上进。

四是维持阶段（45岁—65岁），这个阶段的发展任务是维持既有成就与地位。

五是衰退阶段（65岁以上），这个阶段往往会注重发展新的角色，寻求不同方式以替代和满足需求。

舒伯生涯发展理论通过对不同阶段的具体发展任务或角色划分，帮助人们更好地思考生涯发展之路。人们在每个阶段都有一些特定的发展任务需要完成，而且前一阶段发展任务的达成与否关系到后一阶段的发展。

对比《论语》和舒伯生涯发展理论，从古至今、从中到西，人们都在归纳随年龄增长的生涯发展规律，并提出可供个体成长参照的目标。

与《论语》一样，人们同样可以通过舒伯生涯发展理论对于不同阶段的描述来指导自己的生涯发展，依照每个阶段的不同目标来为自己的生涯发展定目标，使其起到指导人们规划自己生涯的作用。

不同的是，《论语》中的内容以自身的立身、明志、修德为主线，所提出的生涯发展目标都是围绕提升自身修养的内在发展目标。而舒伯生涯发展理论则是以职业为参照，帮助人们确立自身职业发展的外在发展目标。

> 我们可以结合《论语》与舒伯生涯发展理论，从对内提高自身修养和对外规划职业发展两个角度，为自身成长的不同阶段提出目标，为自己的生涯发展提供参照。
>
> 同时，我们也可以看出，舒伯生涯发展理论的发展目标是针对职业发展提出的，而《论语》中讲到的"三十而立""四十而不惑""五十知天命"等生涯发展目标，则更广泛，涉及整个生涯的范畴。

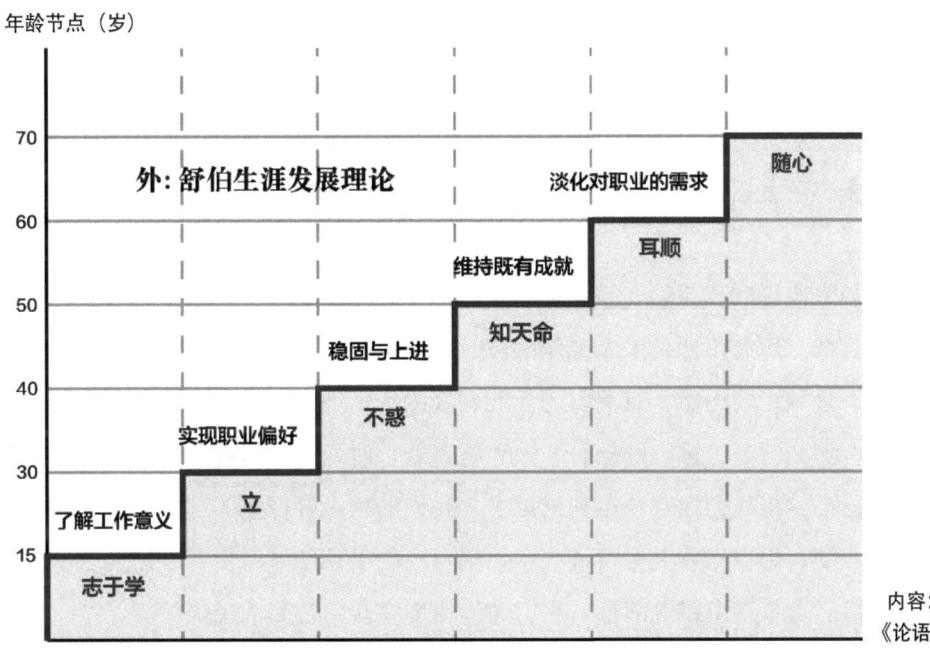

图1-1　舒伯生涯发展理论与《论语》内容关联（1）

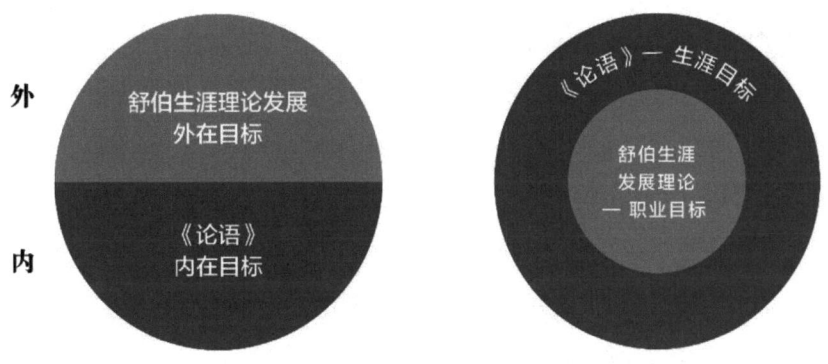

图1-2　舒伯生涯发展理论与《论语》内容关联（2）

案例分析 1　生涯中的五条线

一位毕业8年的学生陈星和我分享了他这几年的工作情况。和最初工作时相比，这几年陈星觉得所遇到的事情更复杂、需要解决的问题更多样。

同时，陈星发现在职场中的发展也不是简单的一个目标完成后再向着下一个目标努力这么简单，会有诸如社会环境、家庭、学习、个人生活等很多因素影响自己实现目标的过程。

在初入职场时，我们会感觉生涯发展就是在一条笔直的跑道上狂奔，一眼就能看清目标，玩命跑就是了。工作一段时间后，我们会感觉这条路好像不像跑道那么直，是蜿蜒的山路，有费力的上坡和轻松的下坡，也会有岔路需要选择。目标也没有那么清晰，被山脉挡着、被大雾遮着，时而清楚时而模糊。而且这个阶段我们还会觉得我们的背包越来越重了，我们的目标好像多了起来，想取得些工作上的业绩、想在专业上更精进些、想把自己的小家照顾得更好、想实现些自己的小期待。负重在山路上前行，我们的步伐不像开始时那么轻快了。

陈星在参加工作第三年的时候调至某分公司工作，因为几年来的业绩突出，目前已经成为集团最年轻的分公司领导层成员。因为大环境的变化，未来几年分公司的业绩不会再像之前那样高速增长，他觉得自己在工作上的发展进入了瓶颈期。

这个阶段，陈星的目标已经不再像刚刚入职时那样单一，不是简单地只需要向前奔跑就行，他感到身上的行囊重了起来。同时，他发现实现目标的路径也没有那么清晰，并不是只要自己努力就能收获相当的收益，很多时候是目标很多，不知道往哪个方向跑。于是，他的步伐不像前些年时那样轻盈，而是需要思考应该如何面对现在的复杂情况。

我在他面前把一只手的手掌张开，跟他说，你知道吗？我们的生涯是有五条线的，分别是工作线、事业线、家庭线、自我线和社会线。每条线都有不同的目标，都会走出不一样的轨迹。

人的一生不是只沿着一条线狂奔，将自己所有的人生意义、价值追求放到一个目标上。我们的人生是同时在走五条路，每条路我们都可以选择怎么走，去哪里。

第一条线是工作线。工作占据了我们每天大多数可以支配的时间，工作中的价值必然也是我们个人价值追求中最重要的组成部分。我们希望自己能完成几项重大的项目、希望自己能升职加薪、拥有更好的社会地位等，这些都会成为我们在工作线中的追求目标。

第二条线是事业线。事业线是伴随工作线生长的。我们因在某个领域的持续投入而成为专家、我们某些方面的优势在工作中不断应用并成为自身鲜明特质，经过多年积累而拥有的知识、技能、人脉等资源，都可以让自己在事业线的发展中不断追求和实现目标。

工作线和事业线在进入职场的初期是一致的，工作中的进步就是自己在事业上的精进。但随着工作年限的增长，我们会发现工作线上的提升需要依靠外部环境。当我们在攻坚一项重要任务、当遇到一位和自己很合拍的领导或一个团队时，我们工作线的成长速度就快，但这种状态不可能一直保持，外部环境并不理想时，我们工作线的成长速度就慢。事业线的发展更聚焦内在，随着工作年限的增长，我们会为自己的业务深造制定一些目标，当工作线成长的环境很好时，事业线的发展就能随着工作线成长，但当工作线成长的环境不佳时，事业线的发展就可以独立发展。

当我们将工作线和事业线混在一起时，我们前进的过程就容易背上包袱。比如在工作线成长不顺时，我们会担心自己事业发展受阻，从而产生焦虑情绪。而如果我们理解工作线必然会经历成长期和平缓期的变化，而事业线可以在工作线处于平缓期时独立发展的时候，我们就能很好地在不同阶段为自己制定相应的规划了。另外，如果我们不注重事业线，工作的时候只是忙着手头的事情，不去思考规划自己事业线的发展，就很可能会出现忙碌地工作了几年，但自身职场竞争力并未明显提升的情况。

像陈星这样，在工作线成长迅速的时候，就可以为自己制定如何在工作中积累经验、提高业务能力的事业线成长规划；在工作线成长缓慢时，也可以安排些时间通过读书、考取相关资格证书等方式，提升自身资历。这样就将工作线和事业线分开，在两条线上分别制定不同目标，不叠加负重又能互相支持。

第三条线是家庭线。家庭是我们生活的支点，是我们休息的港湾，是我们努力创造价值的意义所在。一个美满的家庭会给我们带来无比的幸福感，一个温暖的家，让我们有了歇脚的地方，补充能量来应对挑战。

第四条线是自我线。在每天忙碌的生活中，我们是否留出时间给予自己呢？我们仿佛在忙着自己的工作、自己的事业、自己的家庭，但自我线又是独立的。我们需要一点时间和自己的心灵对话，我们需要做些自己想做的事情，我们需要思考自己想成为的样子。

第五条线是社会线。人是社会型动物，社会关系能够帮助我们成就自己，我们也能在给予他人的过程中感受幸福。我们需要有一些能够懂自己的朋友，我们需要在沟通与倾诉中寻找快乐。有朋自远方来，不亦乐乎？社会线也是需要经营的。

我们有时会将家庭线和工作线、事业线重叠。认为有了好的工作、有了好的事业，就是在经营自己的家庭线。实际则不然，一些人的家庭线就是在这样的状态下荒废的。每条线都需要有专注的、单独的时间供给，家庭线的成长目标必然不会和工作线、事业线的目标完全吻合，而且还有可能是相反的。比如家人希望我们多些时间陪伴，但我们会觉得我们那么努力工作不就是在为家庭着想吗？如果将家庭线和工作线、事业线混在一起，就会出现这样的问题。

自我线应独立成长。我们每天白天忙工作、抽空提升学习、晚上陪家人、每个月还得和朋友聚聚，那还有属于自己的时间吗？你可能会说，这些不都是自己要做的事吗？也有人会觉得再拿出时间来去休闲、放松，不就是不进取、不顾家的表现吗？实际上，积极地自我建设对于每个人而言都是必需的。"吾日三省吾身"，我们需要有一些时间来和自己对话，回顾发生的过往、给自己传递积极正向的力量，提高自我觉察的能力会有助于我们做出更好的决策判断，也能帮助我们确认生命的意义。

每天花点时间给自己，会让自己的生活有温度。尤其是事业线、工作线、家庭线都处于成长期的人，也许只是回家前在楼下遛遛弯、也许只是停好车后坐在车里待一会儿，都是留给自我线成长的时间。当我们能够充分滋养自我，我们就能以更愉悦的心态来面对其他几条线的成长压力。

社会线的经营可源自工作，但应超越工作。我们可能会因为工作的原因去交际，经营自己的社会线，但只有利益互动的朋友圈并不能满足我们对社会线的需求。我们可还记得，自己多久没有参加同学聚会了？自己是否和发小一直保持着联系？身边能够无话不谈的朋友有几个？社会线的经营一定会为自己的工作线、事业线提供助力，但我们不应以此为目的进行社会线的经营，我们还需要在朋友那里收获被认可、被需要的价值，需要交流和分享的快乐。

也许你会说，我本来就只是在一条路上奔跑，现在需要在五条路上奔跑了，这不是更累了吗？其实不然。即使我们觉得自己在一条路上跑，但这五个方面的期待却都同时背在自己身上，我们需要同时满足自己五个方面的需求，这样的状态会让自己喘不过气来。如果我们把目标分成五份，每个时段我们都只走在一条路上，只完成一个方面的目标，这样的话，我们会觉得轻松、愉悦。五条线之间会形成助力，同时换到不同的线上走一走，能缓解在其他几条线上产生的压力。当我们全身心地陪伴家人之后，我们会发现其实工作上的种种压力，在孩子的笑声面前也就烟消云散了。当我们工作遇到不顺时，多多钻研业务、提升事业线或提升社会线，既能让我们减少焦虑，也有可能为我们开辟出新的发展方向。

建议大家伸开自己的手掌，问问自己这五条线的目标分别是什么？准备如何经营？幸福在向我们招手呢！

案例分析2 从外在目标向内在目标的转变

学生小海经过大学一年级的学习后，取得了一些成绩也有一些遗憾。他积极参加学生活动，受到同学认可，获得荣誉称号。自己学习成绩没有排入班级前50%，导致自己希望争取的一些机会因未达到基本条件而错过。在大一结束的时候，我们一起梳理他这半年的经历与感受。

小海回顾自己大一第一学期之所以能收获不少荣誉时说，之所以能有所收获，是源自自己的积极主动。在学生活动中，他热情投入，主动争取多做事。在和同学相处中，他愿意主动交流。在半年的相处中，他因为自己积极主动，受到了同学们的认可。

小海的成绩有遗憾，原因在于自己未定高目标。在开学初，他给自己定的目标就是考试保证60分以上。结果，他实现了自己的这个目标，但没想到在这个学期，自己为此受到了影响。

我问他，在学习中，自己是否尽了全力？他回答，并没有。只是因为定了及格的目标，所以也就觉得差不多就可以了。

在问小海对大一第一学期最大的感受时,他说他最大的感受是,大学的生活,没有人逼着自己做什么了。

与之前家长、老师围在身边,高考成绩是所有高中生共同目标相比,大学的自由,考验自己的是如何将外在目标转化为内在目标。

外在目标更让人省心。看似都让人管着,实际上只要按照高考目标,按照老师、家长要求去努力就可以。虽然忙碌,但不用多想。

内在目标需要独立思考。大学中,每个人都有了自己的节奏。他因为自己的积极主动而收获了同学们的认可,也因为自己的差不多就行而没有获得满意成绩。

自己会不会定目标,成了能否过好大学生活的关键。

当外在目标弱化,而内在目标没有及时支撑住自己的时候,我们就很可能成为自由落体,迅速滑落下去。

我跟小海说,其实大学和职场的状态有些接近了,都需要靠内在目标督促个人行动,取得想要的成果。

当聊到对大学的目标时,小海提到了考研。我问他,为什么要考研呢?他在回答中也明白,这个目标必须是自己想要实现的目标才有行动力。如果是听别人说的,自己很难坚持。

被约束还是更自由,都是相对的。当我们懂得对自己负责、开始为自己树立内在目标时,就不存在约束与自由的矛盾了。因为我们在为自己而努力。

前沿拓展 做困难且长远的事,实现复利成长

众所周知,我们都渴望复利式成长,在漫长人生中不断地产生新的、持续的增长。但加速发展的社会节奏,变幻莫测的周围环境,面对生活中的各种层出不穷的价值诱惑,我们开始不甘于等待复利式成长,而是期待暴利式收获。

其实,我们也很向往成为那些在某个领域不断深耕,而有朝一日终有所成的人。我们清楚,这些人之所以能成功,是因为他们在一个难而长远的目标上不断经营,最终实现了复利成长。

但同时我们也感叹,怎么找到社会公认的好赛道?怎么能有一群一起共事的

好队友？怎么能兼顾自己对生活的期待？

放眼不同的历史时空，不同的时代会有我们不曾拥有的幸运，也会拥有各自不同的痛苦与无助。

梁思成和林徽因是一对建筑师伉俪，为国内建筑学奠定基石，同时他们的人生经历和爱情故事经常被后人娓娓道来。他们所处的时代，是否也有和我们一样的困难呢？

首先，缺乏社会认同。传统观念束缚行业发展。中国传统的文人士大夫都不太重视建筑学。建筑工艺在中国古代被称为"匠学"，建房子、造园林都是工匠子承父业、师徒传承的技艺，北宋李诫撰写的《营造法式》，是几千年罕见的流传书籍。梁林二人所处的时代，没有多少知识分子把建筑学看为一个重要的学科。

其次，缺少事业同道者。国内建筑人才缺失。在中国做古建筑调查和研究的是以伊东忠太为代表的日本人，他把 architecture 这个词翻译成"建筑"，在那时，日本人已经掌握了一手的资料，而中国少数从事建筑研究的人，都习惯于待在书斋里查阅文献，并不实地走访调查古建筑。梁林二人在东北大学创办中国第一个建筑学专业，都找不到多少国内的学者来担任教员。

最后，事业规划被现实生活打乱。1931年，日本发动侵略战争，1937年全面侵华。古建筑在战火中随时有被损毁的风险。梁林二人和战争抢时间，实地调查、勘测，留存文字和图片资料。因战争原因，他们的研究计划被无数次打乱。在北京，就先调研清代建筑，先翻译《营造法式》的清工部《工程做法则例》。战争避难，他们随中国营造学社从北京到长沙、昆明、四川的李庄。伴随着敌机轰鸣，在当地调研踏勘各类古建筑。

梁林二人面对时代给予他们的一切时，能一直积极地寻找解决问题的方法。他们的目标从年轻时开始便不曾改变，他们的人生追求可以用两句话概况：翻译"天书"《营造法式》，撰写一部《中国建筑史》。

做困难且长远的事，带给他们直面人生的勇气和力量，成就了他们的辉煌人生。

士不可以不弘毅，任重而道远。仁以为己任，不亦重乎？死而后已，不亦远乎？

人不可以不弘大刚强而有毅力，因为他责任重大，道路遥远。把实现仁作为自己的责任，难道还不重大吗？奋斗终身，死而后已，难道路程还不遥远吗？

以"任重"和"道远"的目标为己任，在追求的过程中，感受的并不是苦涩，而是充满斗志。因为难而长远的目标，能冲破当下环境的纷扰，让自己专注其中，自得其乐。

做困难且长远的事，能让自己做感兴趣的事

在梁启超给梁思成的家书中能看出，梁启超一直在鼓励梁思成和林徽因拓展知识、刻苦学习，寻找到自己最感兴趣的领域，做些对社会有贡献的事。

他俩也因此而没有急切地为了有所成就而选择那些表面上看更有"价值"，而其实并不是自己想做的事情。

有人会说，现在为了生存，我不得不选择追求"价值"，时间久了，自己的心越来越不静，越来越焦虑。其实追求的这些"价值"，早已不是生活必需品，很多都成了诱惑。

如果我们必须追求一个又一个比现在更好的生活条件，那只能放弃做感兴趣的事。

梁思成喜欢艺术，又善于手工，当林徽因给他介绍建筑专业时，他一下如获至宝，终于找到了自己最愿意投身的领域。

从事建筑事业，是梁思成和林徽因的兴趣，这份兴趣带给他们的幸福，无法用现实物质来衡量，让他们不论多么辛苦，脸上都洋溢着笑容。

我们都向往着从事让自己无比热爱的事业。至今还未能如愿的原因，是因为自己不清楚热爱什么，还是不愿放弃任何生活里的价值呢？

做困难且长远的事，能让自己不断超越自己

梁思成和林徽因选择立志建筑行业的时候，都不知道国内建筑学会如何发展。他们在不断地自学、调研中，一点点找到整个学科的研究方向。

他们会因为父亲寄来的有关中国建筑史的书籍而欣喜若狂，尽管书中文字如天书般看不懂。他们会因为听说国内某地发现了历史悠久的古代建筑遗迹，而立刻前往调研，根本没有富家子女的养尊处优。

林徽因在美国求学时，宾夕法尼亚大学建筑学还不收女生，她只能选择美术专业并旁听建筑学课程。最终，林徽因以优异的表现，成为宾夕法尼亚大学建筑学专业第一位女性助教。

面对世人认为的难事，面对自己从未做过的事，由于这是自身热爱，他们在追逐中不断超越自己。

当我们看似聪明地选择了一些能够更短收获价值、收获更多人认可的事时，我们可能也就没有力量去突破前进路上遇到的阻碍，无力一次次挑战自己、超越自己。

我相信牵引梁思成和林徽因不断超越自我的，不是某些即时价值，而是毕生热爱。

做困难且长远的事，能让自己修筑能力护城河

因为目标定得难而长远，我们在意的便不是一时一日的得失，而是长期经营后的结果。

围绕着自己的目标，积跬步，至千里。

梁思成和林徽因毕生深耕在中国建筑史的撰写上。他们不是像之前学者那样查阅古籍，而是前往每一个建筑实地进行踏勘，真的是扎根祖国大地上做学问。

专业深耕带来的护城河。他们的成就来自一个古建筑一个古建筑的踏勘，来自对中国建筑史的全面掌握，对中国建筑学科的建立和发展中投入的每一份心力。

情感投入带来的护城河。他们几十年调研与走访带给自己对中国建筑事业的情怀，帮助他们不论遇到多少困难、不解，都能迎难而上，都能勇于提出见解并据理力争。

不曾走近时，我们会发现他们的著作高深莫测。当有机会细细了解时，会发现，他们最大的贡献不是创造了什么定理定论，而是用最"笨"的踏勘方法，把中国古建筑的魅力呈现给全世界。

我们是否也愿意只选一个难且长远的目标，用最"笨"的方法，一点点地实现呢？

做困难且长远的事，能让自己终有所成

成甲老师谈到，在人生路上，有三股力量帮助我们战胜困难：心力、脑力、执行力。

心力，是人的精神信念、意义、人生观、价值观等折射出的人生状态。这种力量中最持久永恒的部分，都和真善美有关，也常常体现为一种利他精神。

脑力，是人的精神世界中理性的部分，是我们对问题的认知、思维模型等。

执行力，是我们通过实践、行动，把自我愿望在客观世界进行的二次创造。

愿意为自己树立一个难而长远的目标，这样的人一定拥有利他精神。努力实现难而长远目标的人，则会不断拓展自己的认知和思维模型，并在实践中一点点实现、创造自己的价值。

梁思成和林徽因，在美国攻读建筑学专业的过程中，立志要写一部《中国建筑史》，翻译如天书一般的《营造法式》。这个难而长远的目标，是在自身热爱的领域，为国家做出的卓越贡献。

他们也在一生的行动中，不断学习实践，在实现目标的过程中，创造着自己的事业。

一生太久，不敢说自己能坚持一个目标不懈追求。五年？三年？其实我们都清楚，如果能在三五年的时间里只做一件事，应该也会有所小成。

工具应用1 生涯鱼骨头

每人一张白纸，横向使用。在纸张的中间画一条横线，左端写"0"，右端画箭头，指代自己的一生，找到自己现在的年龄位置，并写上对应的数字。

面对自己已经度过的时光，回忆一下在几岁时发生了哪些让自己印象非常深刻的事情，如果是快乐的就在年龄刻度位置，垂直向上画直线；如果是伤心的就在年龄刻度位置，垂直向下画直线，程度越深直线越长，在直线的顶端简要写明事件内容。

思考这些事件对你的影响，即它们如何使你成为今天的你。

回顾完过去发生的事情后，再展望未来。期待自己在什么年龄实现什么愿望，就用同样的方法画直线并标记出事件内容。

思考自己为什么希望做这些事情，它们对你有怎样的意义。

工具应用 2　我的生命线

每人拿一个纸条，假定为自己的生命线。纸条的左端为生命的起点，右端为生命的终点。

假设生命的长度为 100 岁，将纸条折叠成 5 等份，以方便计算年龄。

先将已经渡过的生命长度从自己的生命线上撕掉，再预计一下自己生命的长度并将多余的部分撕掉，所剩下的部分就是从现在开始到生命尽头的长度。

按照自己认定的退休年龄将从退休到死亡的这段长度撕下来放在桌面的右侧；剩余的部分就是从现在开始的学习与工作阶段。

按照自己的睡眠习惯估算，每天有多大的比例在睡觉，按照这个比例折算到生命线中，撕下对应的长度并放在桌面的右侧；按照自己的休闲习惯估算，有多大的比例是在休闲的状态，按照这个比例折算到生命线中，撕下对应的长度并放在桌面的右侧，至此所剩余的部分就是我们的生命中用于学习和工作的长度，放在桌面的左侧。

思考自己如何通过充分利用桌面左侧的学习、工作的时间，为桌面右侧的退休后生活、休息、娱乐时间做必要的支撑。

第二节　生涯规划

生涯规划不应该简单地等同于找工作，或者仅仅与工作有关。生涯规划是一个过程，规划的功能在于为生涯设定目标，并找到达成目标所需采取的步骤。《生命的意义》的作者，奥地利心理学家维克多·弗兰克通过自身"二战"幸存者的个人经历与体会，开创了心理治疗中的"意义疗法"，并以此帮助很多经历战争创伤的人们积极地面对生活。他说："你不要去问生命，你应该要回答生命对你的质询。"

生涯规划不是一时便可得到答案，而是一个逐步探索的过程，这个过程帮助一个人逐渐去厘清生命的价值与意义，并用行动去实现它。好像为飘忽不定的人生加了一个锚，无论风雨来自何方，人生之船都自有它的方向。

大学生在进行生涯规划时容易遇到几个困难：

缺乏对职场生活的基本了解，一时找不到明确的规划路径，不愿多去探索；

出入大学时，生涯规划没有紧迫性所以不去探索；进入高年级时又希望自己尽快确定未来发展目标，从而产生焦虑，缺乏生涯规划意识和有效的生涯规划方法；

对个人评价过低，过多看到个人身上的缺点，缺乏行动自信，不敢采取探索生涯的行动。

一个人最大的幸福，是能以自己选择的方式生活。择其所爱，爱其所择的结果，会使一个人以其为荣，并呈现出圆融、丰足、喜悦、智慧和充满创造力的气质。

在生涯发展过程中，很多学生对追求理想的工作或人生目标充满疑虑；还有的学生甚至不敢去想象或者设立理想目标，因为觉得那是不可实现的。阻碍学生插上理想的翅膀、迈出勇敢脚步的原因通常来自两种原因：内在障碍和外在障碍。内在障碍通常是由一个人对自己的不了解、低评价、不自信或者无安全感造成的。例如，有的学生很难看到自己的长处，总用自己的短处和别人的优势相比，内心从未觉得自己有可用或特别之处。所以，在找工作时，缺乏信心，总感觉自己这也不好，那也学得不够，还没做好踏入社会的准备，从而影响自己找工作的信心，影响自己在面试等环节的表现。这是典型的不能真正了解和接纳自己，从而导致的自我低评价对找工作的影响的情况。

外在障碍则来自一个人所处的环境。一个没有生涯目标的人，很容易受外界因素的影响。有任何对个人生涯发展造成负面影响的外在环境因素，都会被扩大，并成为自己不能主动探索、不能成功就业的归因所在，进而随波逐流，怨天尤人。生涯规划可以帮助人们设立目标、带来希望，从而突破发展中的内外障碍，最终实现幸福人生。

《论语》借鉴 怎样的愿景能带来前进动力

一些大学生认为长远的目标太虚幻，不如临近的目标真切。比如当问自己未来想要做一个什么样的人时？我们一下回答不上来。但高考前冲刺尽量考得好一些、找一个薪酬高一点的工作岗位等目标更实际、更容易把握。

于是有些人不愿思考自己的长远目标，只给自己定个临近目标就开始前行。但当临近的目标已经不是自己的目标时，内心的动力便会减弱，便容易陷入迷茫状态。

我的学生小亮工作五年了，他很兴奋地告诉我自己开始主持一个项目了。

我问他："为什么能主持一个项目，你就这样开心了呢？"

他说："这是因为我的专业能力得到了认可。在我四年前和您聊完之后，我就定下心来努力提升业务水平，终于赢得了一个阶段性的认可。"

记得小亮刚毕业那会儿，他为得到了某地产公司的工作机会而神气不已，在我面前"哼哼哼"地炫耀着自己。那会儿我就问他："为什么你这么开心呢？"

小亮说："都说在地产公司挣钱多呀，大家都想去，我成功了，我当然开心喽。"

"那你对自己的职业生涯有什么期待吗？希望实现什么愿望？"

"多挣钱！挣钱就是王道。"

在小亮工作一年左右的时候，他急切地找我，说他不知道努力的方向了，很迷茫。

小亮开始工作时，很在意收入的高低，因为他觉得毕业时同学们都知道他工作起薪高，于是一聚会，他就特在意他是不是挣得最多的。但工作了一段时间后，收入的高低对于小亮来讲，就不再成为他前进的动力了。在工作中，他发现自己没有专长，技术不过关、表达不突出，觉得没有哪个岗位自己能站得住脚。

地产企业人员考核机制比较严格，他担心自己因试用期不合格而被解聘。

"王老师，我记得您讲过，工作中遇到的挑战会很多，内心的力量会支持自己战胜这些挑战。但我觉得自己的内心没有力量。"小亮问我。

我说："嗯，可能因为你还没弄清楚自己希望通过努力实现什么样的愿望。你毕业时说，自己想挣钱。你觉得这是你的愿望吗？"

小亮说："开始觉得是，但后来就觉得不是了。我不觉得我最需要的是挣钱。"

我说："是呀，我们的人生愿望是能在遇到困难时带给自己力量的。没有得到力量支持，说明你还没找到真正的人生愿望。"

我接着说："我来问问你，你多挣钱是为了什么呢？"

小亮说："我觉得多挣钱能表现出自己有成就。"

"那挣钱就不是你的愿望，更深一层是你希望获得成就。那你希望的成就是什么呢？"我继续问他。

"我希望能展现过硬的技术，让别人认可我的专业能力。王老师，我觉得自己找到心里的力量了。"小亮兴奋地说。

我回复说："也许过一段时间，你还会遇到类似的情况。没关系，到时候你还用这样的方法问问自己。"

如果我们没有深入挖掘就给自己确定一个人生愿景，这样的人生愿景只是我们对当下遇到问题的一个思考，没办法给我们提供持续努力的动力，一遇到挑战，我们仍旧不知前路在何方。

思考越深，人生愿景定得高远一些，更能给我们当下的生活带来前进的动力。

我们的人生愿景定得高远一些，并不会因为不现实而缺乏动力。相反，高远些的愿景，能帮助我们看清前进的方向。

怎么能思考清楚自己的人生愿景呢？如果我只能想到眼前的问题，那怎么办呢？遇到无法从现实中抽离出来，直接谈人生愿景没法想象的问题时，运用"逻辑层次"能帮助澄清自己的人生愿景。逻辑层次由NLP大学（NLP University）创始人之一罗伯特·迪尔茨整理，在1991年推出。

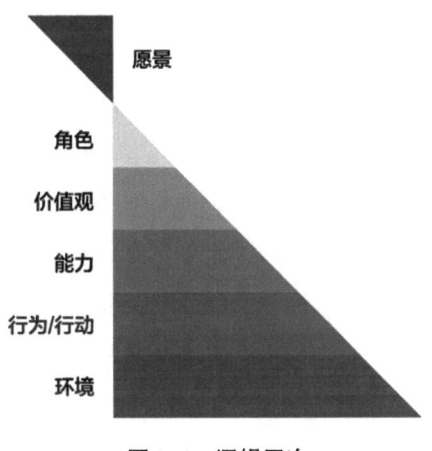

图1-4　逻辑层次

逻辑层次分为环境、行为/行动、能力的低三级和价值观、角色、愿景的高三级，层级越低，描述越容易，而后再顺着层次提升，逐渐回答较深的问题。

我们可以尝试着问自己以下几个问题：

"向往的生活环境是什么样的？"

"需要做到什么事，就让你觉得拥有了这样的生活环境？"

"需要自己具备哪些能力，才能做到这些事？"

逻辑层次的方法，能帮助我们从比较容易思考的层次出发，逐步考虑自己对人生愿景的理解。

通常我们都比较容易思考有关生活环境的问题，想想自己希望过上什么样的生活？回答这样的问题既轻松又愉快，比直接回答自己的人生愿景是什么、想要成为一个什么样的人等问题要容易得多。但回答这些问题对自己找到人生愿景起到重要作用，因为这些问题首先让我们的思考聚焦未来，先让我们朝向未来张望，我们才好找到想要走的路。

在回答完这些比较容易回答的问题后，再通过对这些问题的解答逐级上台阶，继续回答：

"为什么要实现这个目标？"

"想成为一个怎样的人？"

"你认为做到了什么，就成为这样的人？"

从而慢慢找到自己的人生愿景。

> 子曰："三军可夺帅也，匹夫不可夺志也。"

孔子说："三军虽众却能夺取其将帅，一个普通人立志却难以改变其志向。"

一个人立志，就确定了奋斗的方向，也就有了人生的意义，什么是对什么是错，也就有了答案。当遇到人生岔路不知如何选择的问题时，我们自己所描述出的人生愿景会帮我们做出选择；当遇到人生挑战觉得无助时，人生愿景会给予我们前进的动力；在漫长的生命旅程中，拥有人生愿景的人，会知道什么是自己想要的幸福，并能体味到每一份幸福。

生活因追逐梦想而变得美丽。我采访过很多人的成长经历，他们大部分的时间其实都是在过着普通人的日子，之所以一些人的故事让我们感动，便是因为他们追逐梦想的样子，给我们鼓舞，给我们力量。

案例分析 1　看不清未来时，不妨把成长当成自己的梦想

大学生虽然是在毕业季投简历的时候才是我们进行职业选择的时刻，但实际上，我们过往的经历已经帮助我们提前做出了选择。待到选择出现时才去努力，很多机会是不能被我们抓住的。

一位即将毕业的研究生找我咨询就业的问题，他觉得自己更喜欢设计类的工作，希望能成功入职自己心仪的设计院。可是我在他的简历上没有看到有设计类工作的实习经历，于是我问他是否在设计院实习过。

他说没有。

我继续询问他是否了解设计院工作的基本内容、基本的工作要求，他都回答不上来。

在找工作时，是否有和自己向往工作岗位相关的实习经历，对于求职成功有很大的关系。相关的实习经历可以让自己将知识、能力应用于实践，并通过实践有针对性地提升知识储备、锻炼适应岗位要求的能力。同时，相关的实习经历会帮助自己辨识工作岗位和自身的匹配程度，降低入职后因不适应工作岗位要求、工作环境而离职的风险。

没有设计院实习的经历是很难让他被设计院选中的，这份经历并非只是简历上的一句话那么简单，需要在实习经历中了解设计院的工作内容和工作思路及企业文化。不光是设计院，没有哪家用人单位愿意和对这个行业一无所知的人打交道，于是我建议他尽快把实习经历补上。

> 选择并不是发生在某一个特定的时刻，而是一个积累的结果。我们在平时每一天所做的事情，仿佛都是在将自己推到某一个选项上，只是在外人看来，是某一个时间节点上的一次重要选择让自己有了改变，而实际上改变自己的是每天做哪些事情。

《异类》这本书中讲了很多取得卓越成就的人的成功故事。书中提到"1万小时积累"的观点让我很受启发。这些取得卓越成就的人因为得天独厚的天赋、机遇而获取成功，但同时他们也有一个共同点：成功之前，都要在自己专注的领域内付出1万小时左右的实践投入。

例如甲壳虫乐队在汉堡完成了他们1万小时的历练；比尔·盖茨在湖滨学校完成了他1万小时的编程等。积累发生在他们成功之前，由于那时并没有身在聚光灯下，所以容易被人忽视，但他们自己清楚，没有这样长时间的专注是无法获得之后的成就的。

然而我们平时很难能够让自己长时间在某一个领域专注地做些事，困扰我们的很可能是我们并不清楚未来的样子。在清晰的目标面前，努力拼搏是没问题的，但如果前途扑朔，就很难让自己坚持了。

著名生涯规划老师金树人先生所说的"一个人若看不到未来，就掌握不了现在。一个人若掌握不了现在就看不到未来"就很好地展现了我们所面对的处境。

对于现在的我们,很难能够看清晰自己的未来,对于面前的路,也许我们就只能看到10米远的距离,而我们能做的,是根据10米距离后的未来来掌握自己的现在,也只有掌握好自己这10米如何走,才能有机会看到下一个10米后的风景。

所以在不清楚自己的梦想是什么时,在看不清前方的道路时,不妨把成长当作自己的梦想,看看今天的自己相比昨天能有哪些新的尝试;在自己感兴趣的领域积累了哪些经历;为自己设立一些短期的小目标去超越;挑战自己的舒适区,不轻易向自己妥协等等。充分享受成长的快乐,也许某一天当选择摆在面前时,我们会发现,原来自己为此已做好了准备。

案例分析2 为未知而努力

我给进入次毕业班学生小同做个体咨询。这一年,对他们而言可谓是争分夺秒的冲刺期。这一年的积累直接影响着最终的毕业走势。

小同目前想以考本校研究生作为个人发展目标并正在为此做准备。自己当前通过了六级考试,取得过奖学金,班里排名5—6名,喜欢打篮球,对考研、出国、就业的不同发展路径有了解并已有了明确的偏向。

从最初了解他的信息时我就发现,他每个方面都做得"刚刚好",都有不错的积累,但又没有特别优秀。

见面交流后,我发现,他很聪明、有独立思考,会根据他所见到的外部环境情况来设立当前的目标,不多不少地去努力,于是他的努力表现得"很精致"。做好自己看到的、认知到的水平就可以了,剩下的时间就先放松放松。

但临近毕业时,他突然发现了一些之前不知道的机会,可是由于没有特别努力去做一些准备,估计只能错过这些机会了。他有点懊悔,不知道接下来如何做,才有可能不再错过机会。

我给他的建议是:为未知而努力。

大环境一定会变，抓住机会的人都是努力"过度"的人

他的努力都是以现有的能看到的一些目标为基准的，觉得能做到的就做，觉得没机会的就少努力。但是，很多机会都是未知的，很可能在临近时突然来一个变化，比如新增了某个项目看看有没有合适的人，比如他关注的某个项目突然宣布扩招名额，他就变得有机会了。

如果只是"精致"的努力，啥都严丝合缝地付出，那就只能抓住过去时，无法把握将来时。能抓住机会的人，尤其是能抓住突然降临的新机会的人，一定是付出了"过度"努力的人。在没有机会时付出，在没有看清未来时积累。

调整投入精力，不用平均发力，也别完全忽略

大学毕业时的选择其实是多样的。我们可以选定一个方向去努力，但也要注意别一味地闷头前行，丝毫不关注周围的新机会、新变化，这样会让自己错失一些本可以把握的机会，也别每件事都特别上心，平均发力，有可能啥也没得到。

我提醒他，朝着一个主线去拼搏的时候，要留出一些触角，关注周围。每天复习考研累的时候，别刷游戏了，去刷刷就业信息、国家大事，去辅导员老师、别的熟悉的老师那里溜达一圈。兴许一些新的知识、新的信息，对复习有不一样的助力，更有可能发现新大陆。

既然想要，就要全力以赴

"精致"的努力，还体现在准备过程中，自觉的就会考虑准备到某个程度就可以了。

在大部分事情上都是可行的，但在决定自己重要人生选择的事情上，还是要提醒自己，竭尽所能，用尽全力，方能不留遗憾。

具体到他在准备的考研这件事，更是如此。因为这本身就是优中选优的事，比的不是你能否上国家线，而是你是否能在录取名额范围内，更比的是你对专业的理解、在日常学习中积累的功底。也只有这份全力以赴，才会告诉自己，是否愿意此生致力于此项事业。也只有这份全力以赴，才会让自己理解，什么是热爱，什么叫投入。只有愿意思考的人，才会有"精致"努力的可能。

这不是贬义，因为如果不思考只努力，这份努力没有方向，根本不会有更大的意义。

但在认真思考的同时，也要提醒自己，社会是发展的，机会是动态的，我们也要留出余量，为未知而努力。不要人为地去限制前进的脚步，不要人为地去固化自己的思维，努力向前，拥抱未知。

前沿拓展 职业生涯需要的三种职场燃料

真正成功的可持续职场生涯，是依靠职场燃料推动的。能在漫长职业生涯中保持可持续发展，需要我们在职场中储备出足以应对各种变化的职场燃料。

最重要的三种职场燃料分别是：可迁移能力、有意义的经验和持久的关系。

第一种职场燃料：可迁移能力。当我们意识到需要锻炼可迁移能力时，多么乏味的日常工作，也会对我们有价值。而当我们没有意识到锻炼可迁移能力时，再好的成长机会，也会被自己白白浪费。

可迁移能力，可以总结为在工作过程中，处理问题的基本能力。比如，解决问题的能力、沟通和说服的能力、帮助和求助的能力、吸引人才的能力、文字表达能力等。尤其是对于职场新人，更需要问问自己是否具备独立处理问题的能力。接到一项任务，我们如何独立设计解决思路并逐步解决？没有一定之规，却有自己的独到方法。

不管是新人还是中层或高层，我们都需要锻炼可迁移能力。不论在哪个岗位、哪家公司，都可以用得上的能力。

第二种职场燃料：有意义的经验。有意义的经验，是我们职业生涯生态系统的一个重要组成部分。历史经验的多样性会帮助我们成为一个复合型人才，并构建一个稳健的职业生涯。我们有意义的经验是我们在职场中继续发展的动力来源。不是做了什么就会拥有什么经验。在做过一件事后的思考提炼和复盘，是我们拥有有意义经验的必经过程。有些人在从事一项工作后，能概括出工作的要点和规律，这些经验会在接下来的工作中继续发挥效用。

第三种职场燃料：持久的关系。这是非常重要的职场燃料。每个人的职场生涯，都会受到身边人的影响。我们在遇到的人中，可通过5层金字塔的方式帮助自己做好梳理。这5层分别为：联系人、专家团、关键同事、支持者和我们自己。

联系人和我们没有深层链接，只存在于我们的通讯录中。他们属于"未改良的职场燃料"。不经改良，这些关系无法成为我们的职场燃料。

专家团拥有特殊的知识和权力，能在一定程度上为我们的成长提供助力。

关键同事，可能是在职场里对我们的发展拥有决定影响的5—10个人。他们对我们的评价直接影响着和我们之间以何种方式开展互动。

支持者是我们的导师、帮手，为我们提建议、支持、激励我们的人。这些人是我们在职场中的贵人，会让我们的职业生涯出现非同一般的拐点。

处于金字塔顶尖的是我们自己。任何职业生态系统的核心都是我们自己。我们需要不断关注自身，保持积极正向的状态。

工具应用 我的旅游计划

老师将一张世界地图挂在黑板上。

请同学参考世界地图，为自己制定一个详细可行的旅游计划。

将同学分为三人小组并讨论：

你的旅游计划是什么？
_____

你制定这个计划经过了哪几个步骤？
_____

你将如何落实这个旅游计划？
_____

这个过程与职业生涯规划有哪些相似之处？
_____

小组总结，并在全班讨论交流。

第三节　大学学习与生涯规划

　　大学是人生的关键阶段。进入大学是同学们终于放下高考的重担，第一次开始追逐自己的理想、兴趣。对于很多同学而言，大学也是离开家庭生活，第一次独立参与团体和社会生活的阶段。

　　大学的学习也变得更加广义，不再单纯地学习或背诵书本上的理论知识，开始有机会在学习理论的同时亲身实践。在大学阶段，学习生活技能、学习与人相处、学习如何学习、学习理论用于实践的方法等等，每个人需要学习的内容变多了、变广了。大学期间，同学们可以支配的时间比高中多了很多，有了更多让同学们自主选择学习内容的机会，也需要同学们学会合理使用、规划时间。

　　大学的课堂更大了，阶梯教室可容纳几百人，老师不会像高中时能关注到每个学生的听课状态；大学期间见到老师的机会变少了，如果同学们不主动找老师咨询问题，在课堂外很难见到任课老师；大学期间阶段性的考试减少了，平时成绩占期末总评成绩的比重增加了，需要同学们及时了解每门课程的结课要求。正因为有这么多的变化，大学学习更强调批判性和逻辑性思维、更强调独立思考，更需要同学们学会合理规划大学学习时光。

　　大学时代，在老师和家长的帮助下，同学们逐渐走向成熟，形成自己独立的、独特的价值观，开始作为成年人对自己的行为负责；走出大学校门时，自己做出的人生选择，便是同学们对自身成年后的第一份礼物。

　　这份礼物的质量如何，取决于同学们怎样度过大学的学习生活。怎样的大学生活是最精彩的？答案并不唯一，同学们会有自己的目标。但有一点是肯定的，同学们只有积极地投入大学学习、生活、参与各类活动，而非空想或虚度时光，大学的生活才会精彩。

《论语》借鉴 谁是适应大变局的学习者

> 孔子曰:"生而知之者,上也;学而知之者,次也;困而学之,又其次也;困而不学,民斯为下矣。"

孔子说:"生来就知道的,是上等;经过学习后才知道的,是次等;遇到困惑疑难才去学习的,是又次一等了;遇到困惑疑难仍不去学习的,这种老百姓就是下等的了。"

孔子把学习者分为四类:生而知之、学而知之、困而学之、困而不学。

我们绝大部分人是中间的两类:学而知之的人和困而学之的人。

学而知之的人是主动求知的人。平时有学习的习惯、不断涉猎各种知识、通过与人交流、读书等不同渠道,让自己学而知之。

孔子说自己不是生而知之的人,而是学而知之的人。

> 我非生而知之者,好古,敏以求之者也。

由这句话,我们可以看出,让自己成为一个学而知之的人,需要培养两个特质:好、敏。

要想学而知之而不是困而学之,主动性是第一位的。好,自己想要,学的过程中能找到乐趣和内在动力。

行动力也是必不可少的。敏,再有兴趣,也需要一点点积累,一步步夯实。

学而知之者,不是以某个既定目标去学习,而是把学习当成习惯。这和有些人之前对学习的理解不一样。有些人会疑问:为什么要学这些呢?能带来什么好处呢?

从学生时代到进入职场,很多人也很勤奋地学习,但会把学习当成是某个阶段、有某个明确目标的行动。只要完成了目标,就停止学习。

这属于困而学之的人。

受困于外部的压力也好,受困于内心的期待也好,"困"会给自己带来学习的动力。

但需要提醒大家一起思考的是,能够成为困的目标都是固定而明确的。

高中生因受困于高考，要学习；大学生要考研究生、考公务员；进了职场要考证。这些固定的、在广泛人群中有公认度的学习目标，对于习惯了困而学之的人是有用的。

遗憾的是，在逐步加剧的大变局下，这些固定的、有公认度的学习目标越来越受到挑战。

能够固定并被公认，需要社会发展有一定稳定性。我们从早五年的人那里看到他们学了什么，成为什么。我们也想要，于是我们去学。

但在大变局下，我们会有一堆问号。五年后还这样吗？他的路适合我吗？

于是，当这个固定的、有公认度的学习目标不存在时，困而学之的人就没有了学习的动力，因为没有"困"了，只有一堆问号。

进而，困而学之的人就会变成困而不学的人。明明受困，也不学习。因为找不到困而学之的目标。

学而知之的人，虽然没有明确的目标，也没法预估出自己学多少就会兑现什么结果。但因为身上"好""敏"的特质，会更容易在大变局的时代找到自己的位置。

最后我们再来说说孔子认为自己也没达到的生而知之者。

从字面意思来理解，生而知之者是一出生就拥有知识的人。孔子提过的"上知"的人。是在某些方面很有天赋，一学就通的人。

我们平时也会发现有些人学习能力很强，尤其是悟性很高，一点就透。这些人未必都是天生的天才，而是经过学而知之的过程不断修炼、成长的人。

那些很有悟性，能参透事物的本质，讲的内容更能带给我们启发，很可能是因为他在自己的知识领域懂得不断精钻，精于一业，从一个领域中悟出做人做事的道理和人生哲学。

像稻盛和夫在自己经营京瓷的经历中，感悟出的个人成功方程式：成功＝能力×热情×思维方式。

一个人很有悟性，也有可能是因为他知识渊博，并通过思考、写作等加工过程而让知识触类旁通。

即使我们不是生而知之者，也不用太担心，因为有孔子老人家为"伴"，他也不是。

我们要学孔子以"好""敏"的态度和行为去求学，成为一个学而知之者，方可适应大变局时代的挑战。

案例分析1 大学是爬坡，不是跳跃——谈大学与高中的不同

> 一位同学大一第一学期挂了三门并不是很难的课程，而且都没有去参加补考。在我和他聊之前，他根本不知道这会对他的未来造成什么影响。

这些年，就学习的问题我和很多同学有过沟通，我相信几乎没有一个成绩不太好的学生在开始的时候是因为学不会而造成学习困境的。究其原因，大多是因为自己在用高中的思维过着大学的生活。在这里，我用大学是爬坡，高中是跳跃来对两者作个对比。

首先，我们从最近的事情说起，大一每门课程的学习。大学的每门课程最后的成绩是包括平时成绩和期末考试成绩两部分的。如果你采用临近期末突击复习的办法，在考前来一次大跳跃，却经常会有课程不及格，这是因为你忽略了平时成绩的重要性。大学很多课程的平时成绩都占到30%左右，有的课程还会更高，这就是为什么在大学你只靠临考前的一跳，很难及格的原因。

其次，我们说说高年级课程的学习。大学的很多课程都会有前后的联系。大一学习的高数、物理、力学等课程的内容都是之后很多课程学习的基础，而且每门课的知识量很大。这不像高中的课程，高二或高三还会复习前面的课程，三年一共就几门课，可以反复学，即使前两年没学扎实，高三也可以重新来一次触底反弹。大学的课程如果前面学得不够扎实，学后面的课程就会听不懂，如同在你的脚上绑上了沙袋，越走越艰难。当你在大三的时候才发现应该好好学，想触底反弹时，却发现自己身上绑的沙袋太多太沉，根本跳不起来。

再次，我们说说毕业。很多按照高中思维过大学生活的同学都想把问题堆到大四再解决。高中的时候，不管前面的学习多么狼狈，只要在高考前做好了准备，运好气，使劲一跳，考出来个好成绩，就能如愿上大学。到了大学临近毕业的时候，你会发现没有那个使劲一跳的机会了。大学的最后一节课很平静地度过了，最后一门考试也没有什么不同。所有的同学都在整理简历，简历上写的都是在大学期间所有的积累，而不是最后某一个跳跃的结果。经过大学四年，你缓

缓地走来，最终走到哪个高度，就会是哪个结果。当你发现别人站的位置比自己高，又让自己羡慕的时候，你想通过跳跃赶上去，却没有了跳跃的机会。

最后，我们说说什么对你的未来最重要。高中结束，你的未来是上大学，对于选取你的大学，靠的是你高考的分数，那几门课程，那几个数字决定着你的命运。大学结束，你的未来是走向社会，对于未来，决定你命运的不是数字了，而是你身上拥有的品质，你为人处世的态度，你所拥有的能力。这些看似虚无缥缈的东西，对于面试你的人力资源老师们而言，却能很快很准确地捕捉到。这些决定你命运的品质需要在大学四年中点滴积累，需要一步步地爬坡而获得提升。比如你在同学们面前的一次发言，比如你写的一份总结，比如你完成的每门课程。更重要的是这些品质的获得没有捷径，当你发现自己落后的时候，也只能通过同样的努力与付出去获得，无法依靠某一两次的跳跃赶上。

大学四年对每一个人的影响都是深远的。我们不能像高中结束的时候，简单地通过一次考试的成绩来衡量某一个人大学的得与失。大学是同学们步入社会之前的适应期，如同人生一样，大学的考核来自大学生活的每一天，每一天的积累和改变都会给自己的大学留下印迹。我们很难用某一个标尺来衡量谁的大学生活过得好，谁的不好。如果非让我说出一个对每个同学都适用的答案，我想说：不虚度大学，这个人生中最美的一段光阴，不在应该奋斗的年纪选择安逸，而是去尝试、去挑战，你的大学就是精彩的，就是值得的。

案例分析2 什么事情牵引着我向前，让我有勇气坚持

7月是毕业的季节。看着一个个穿着学士服照相的学生们脸上露出的灿烂笑脸，每个老师都会为之开心不已。在毕业之际，一位去年毕业后出国留学的学生回来看我，和我讲了他这一年留学美国的经历。

对于国外的学业要求十分严格，我是知道的。很多出国留学的同学都和我讲了这方面的例子。然而他的描述还是让我有些许意外。他去的是美国布法罗大学，攻读的是土木工程专业的硕士学位。在2年里，他需要完成10门课程的学习，这些课程可以由他自己来选择。

他告诉我他们所修的这10门课程，每门课程的成绩最低不能低于B，B折算成国内的成绩，就是80分。也就是说只要有一门课程的成绩低于80分，你就要被校长约谈，而如果你其他的课程能够有多个A，那么也许你还能获得一次重修的机会，不然，你面临的就是退学。对，退学！当他说到这儿的时候，我把"退学"二字重复了一下，然后得到的是他肯定的答复。

每门课程的完成难度都是很高的，同时，在美国没有人会和你讲情面，老师们也不会在听到那句我经常听到的话"老师，再给我一次机会"后，对处理结果有什么改变。他告诉我在过去的一年里，他们同去的这几个人里，已经有2个被退学了。

严苛的学业管理制度能够督促学生珍惜学习机会，激发学习潜能，更好地利用大学所提供的条件获取知识和技能。不过，制定苛刻的管理规定，并将不能满足规定的学生一律以退学来处理，这样的做法放到国内，是会有弊端的。在我看来，直接将无法满足规定的这些学生推向社会，对于学生个人、整个家庭甚至是社会都不能说是负责任的做法。毕竟，在国内被学校退学给学生带来的影响是很沉重的。

在这个学期我见了这样一对父母。他们的孩子本应在今年毕业，而由于厌学情绪严重，他到现在还没有完成大二的学业。我将近一年没有见到这对父母了，这次见时我很难受，因为学生的父亲在我的印象中是一个腰板硬朗、腿脚很利索的人，这次却含胸驼背、一瘸一拐地出现在我面前。他们这几年为自己孩子学习的事情操碎了心，他们非常希望学校能够再给孩子一次机会，让他继续学习。我给他们介绍学校学籍管理制度相关规定的同时，也给他们做了一个承诺："在遵守各项管理制度的情况下，只要学生自己不放弃自己，我们就会尽最大努力帮助他。"

和刚才介绍的美国学籍管理相比，我们的要求确实是挺宽松的。这也在一定程度上诱发了学生对自己学业的松懈。不过，如果我们换个角度想想，相对宽松一点的管理制度，会允许学生走些弯路、试错，触动学生独立思考，自己到底为什么而学？到底想成为一个什么样的人？如何实现？当想明白了之后，再走回来。通过这个拐弯，寻找自己生命的意义。

在一位曾经濒临退学而后经过努力，学习重新步入正轨的毕业生写的毕业感言中有这样一段话，"我的大学四年，曾经的玩世不恭、补考的跌跌撞撞、退学的惊心动魄、最后的心无旁骛，这就是我的四年，它已经成为我生命的一部分。不管曾经多么不懂事，只要有一天你真的长大了，开始懂得了很多道理，懂得了珍惜，开始对眼前的事情认真对待，这样虔诚的态度和加倍的努力，还是有机会能够得到别人的认可。"我在想，如果在他大三时，将他退学了，他还会有这样的成长与感悟吗？而我相信在拥有了这份成长与感悟之后，他将来的人生也不会再需要多少外力来督促他去努力了吧。

什么事情牵引着我向前，让我有勇气坚持？这是我在看张志、黄鑫老师等写的书《轻松学会独立思考》里面的话。在面对选择时，可以问自己这样两个问题："什么事情牵引着我向前，让我有勇气坚持？什么事情令我裹足不前，让我中途心生悔意？"第一个问题可以帮助我们更加认清自己，坚定自己的信念。而第二个问题方便我们思考为了实现这个信念，我们现在应该克服什么。在经历了一些人生中的起伏，走了一点点弯路之后，我们更加会在看到这两句话时产生共鸣，才能够清晰地回答出这两个问题。然而这样的思考需要经历一个过程，如果我们在学生出现问题时就将其推出校门，也许就等不来学生成熟的那一刻了吧。

在我们向着自己的人生梦想追逐的过程中，又能有多少包括严格的制度在内的诸多外力督促自己呢？在我们遇到选择不知进退时，在我们抱怨生活的不公而让自己无力改变时，我们也可以尝试着用这两个问题问自己，将注意力指向自己的内心。在回答这两个问题后，也许会让自己有种释然的感觉，会让自己坚定地在自己选择的道路上快乐地走下去。

前沿拓展　梦想与现实之间的距离

前些日子收拾我办公室的书柜时，有几个学生正巧也在。其中一位指着《你的生命有什么可能》这本书说，"老师，我现在正在看古典的《拆掉思维里的墙》，我觉得挺有收获的。"我告诉他我很想和他一起分享读书的体会，也希望他能读一读这本书，我相信也会有收获的。说话间，我又看了一眼这本书，突然想起还有一件事情没有做，那就是和大家分享古典老师《你的生命有什么可能》书中的第七章："做现实的理想主义者"，这是给我感触最深的一章。

我遇到很多同学在为理想与现实的问题困扰，古典的这段文字估计能让大家有所共鸣。"在自己的面前有两条路，一条是崎岖坎坷、无法预见的小路，却通向自己向往的璀璨未来；一条是阳光灿烂、平坦通途的大道，却通向心有不甘的平庸现实。大家痛苦地站在两条路的路口处徘徊，既没有勇气闯入理想之路，也不甘心平庸的生活。直到时间的洪流如同北京上下班时地铁里的人群推动着我们直奔现实而去。"

有些同学不曾认真思考过自己的梦想。在我的课堂上，我让同学们将自己大学期间最大的梦想写在黑板上。我能清晰地看到一些同学直愣愣的样子，这道比高数题、力学题要容易很多的问题，却难住了他们。直到每个同学将自己的答案写在黑板上的时候，我们惊讶地发现，却是那样的多姿多彩。而每个人的脸上也流露出了喜悦的表情。梦想是美好的，在我们想它的时候，嘴角就会上扬。但我们都敢去想它吗？当我们认真思考自己的梦想时，嘴角的上扬很可能就会慢慢消失了。梦想有太多的不确定，梦想太遥远了，梦想太离奇了，有太多的问题，有太多的障碍摆在自己的面前。我相信这些词汇中总会有一个能出现在你思考自己梦想的时候。总结起来说，就是梦想距离现实太遥远了。于是，很多人会告诉我们，梦想是用来梦的，梦醒了，回现实吧。

谈到梦想与现实之间的距离，古典在书中有这样的观点："其实梦想也是一种现实——你希望在未来实现的现实。我们在未来的现实和现在的现实间困惑？那是因为我们并没有直接进入未来的现实的能力，所以真正的问题其实是：我们怎么从现在的现实，走到未来的现实？"这样的解读让我们正视梦想与现实之间的冲突，更清楚地发现到底自己困惑的是什么，该如何解决当下的问题。所谓的两难选择，实际是自己给自己制造的思维陷阱。这个观点在《轻松学会独立思考》中有讲述，我也做过分享。写到这儿，让我想到了我非常欣赏的一位师姐曾经告诉我她人生经历的体会：遇到问题时要尝试着跳出问题本身，从更高的角度来审视它，要相信所有的问题都有解决的办法。

"中国好声音"里，汪峰总会问学员这样的问题："你的梦想是什么？"听到的所有回答都让我感动，因为这些学员为自己的生活赋予了要去追逐的梦想，每个追逐梦想的人生都是感动人的。我们不可否认的是，梦想是有力量的，让我们直面现实中的痛苦、让我们发现现实中的快乐。梦想是和快乐与痛苦同时相伴的，当我们因害怕痛苦而舍弃梦想的时候，我们也必须同时舍弃快乐。

那我们要如何在现实中追梦呢？古典提出了生涯三阶段理论，谈的就是从现实中一步步实现梦想的路径。"我们为什么要工作？"把这个问题问问自己身边的人，可能会有三种完全不同的回答。

第一种回答是这样的：赚钱呗！养家呗！

第二种回答类似这样：我要证明自己的价值。

但总会有人（虽然很少）这样回答你：工作是为了活出自我，实现自己对世界的价值。

这三种回答，并无高低之分，分别代表着工作带给我们的三种意义——生存、被认同和自我实现，分别对应着职业发展的三个阶段——工作、职业、事业。一份完美的工作，是我们能在其中同时享受到这三者：让我能生存、让我被认同和被尊敬，同时在其中实现自我和社会的价值。

在职业发展的初期，我们是要先为了生存而努力的。我们也会非常关注有关生存的问题，例如，很多同学都会问招聘企业给自己提供的岗位薪酬是多少，也会关注有没有宿舍、工作的环境如何等问题。这样的想法本属正常，但也请大家注意几个方面：既然我们是要以生存作为自己刚参加工作时最重要的目标，那么我们就要了解我们靠什么来换取这些我们想得到的生存必需品？我觉得是要从帮助实现他人的梦想中去换取自己的生存。而如果我们既以生存为目标，又要在工作中玩个性，那显然我们想要的就太多了。

在找工作的时候，我们还可能遇到这样的现象，我们特别想知道企业在关乎我们生存方面能提供什么？而我们往往会发现企业的人力资源管理人员或者老总们告诉我们的更多的是公司给大家提供的发展平台之类的内容，对此，请不要觉得对方是有意为之，因为这些人很可能已经进入自身职业发展的第二或者第三阶段了。他们一定更加关注的是发展的平台，是个人价值的体现，所以也会把这部分告诉大家。更有趣的是，当我们自己工作了几年以后，再有机会给自己的学弟学妹们讲体会时，也会谈很多这些方面的东西，因为那时我们也已经进入第二阶段，我们渴望在工作中被认同、被尊重。这个阶段，我们在工作中会更加主动、更加投入，希望能够担当某一项工作的负责人，或者希望在某个领域成为有一定话语权的人。不管如何，都请大家注意，被认同、被尊重是需要通过我们不懈的努力换来的，如果我们没有努力到那个份儿上，我们是不可能被认同和尊重的。在抱怨别人不尊重自己的同时，想想我们是否已付出了足够的努力。

在平时，我们会发现一些功成名就的校友回校给同学们作交流时，他们所讲的更多的是人生的意义、工作的意义这个话题。因为他们已经实现了生存和被认同与尊重的目标，将自己所在的行业的发展、公司的发展作为自己的责任，并且把为未来培养更多优秀的年轻人当成了自己的责任。这就是事业发展的最高境界，职业成为自我实现的方式，而不是外界的评价和成功。自我实现的阶段并不是玩个性，是在包含了前两个阶段目标的基础上，承担更多的责任，完成更大的使命，成为自己最想成为的样子。我感觉，孔子所说的从心所欲而不逾矩，挺符合这个状态，在各种法度和责任的界限内，心又无限随性宽广地做事情。

　　作为在追求第一阶段的大家来说，现实是骨感的，面对那些第三阶段的人们，我们会觉得他们说的话都在天空中飘着，而自己却在地面上趴着。其实我们确实不能奢望从他们的讲述中找出我们自己的路应该如何走这个问题的答案，我们要怀揣着对第三阶段的向往，走着前面两个阶段的路。

　　在这里，我还想就几个疑问谈一谈自己的看法。职业发展的这三个阶段有捷径吗？这三个阶段的完成需要一个过程，有人花的时间长些，有人花的时间短些，但不论怎样，都要经历这三个阶段而无法跳跃进行。相对来讲，第一阶段比较好量化，也能够看得清楚些，同时我们所需要付出的努力也会少一些。我们是否可以停留在第一阶段呢？当然是可以的。如果对于工作的态度就是打个工、挣个钱，那同时我们也需要放弃被认同、被尊重和自我实现的要求，如果放弃不了，那就改变工作的态度，不然我们的人生一定是纠结的。希望马上就实现梦想可以吗？在今天这个浮躁的时代，我们身边也会充斥着许多希望自己一年之内实现梦想的人，一旦碰壁，又马上势利地全身而退。这种人属于梦想投机分子。看清楚通往梦想的路再出发？大部分人都看不清楚。其实所谓的通往梦想的道路，很可能就是在你回首的时候看到的自己踏出来的那条路。还不清楚自己的梦想是什么，怎么办？如果你暂时找不到自己清晰的梦想，那么踏踏实实地做好现在能做的每件事，让自己努力向着顶峰走去。在顶峰，我们才有足够的视野去搜寻梦想的所在，在上山途中所积累的一切也都会在梦想出现的时刻，为你插上翅膀，当风起时，助你翱翔。

工具应用 大学的样子

高中时，让我开心的事是什么？
_____
_____

上大学了，让我开心的事是什么？
_____
_____

高中时，让我感到焦虑的事是什么？
_____
_____

上大学了，让我感到焦虑的事是什么？
_____
_____

我高中时最大的愿望是：
_____
_____

我大学时最大的愿望是：
_____
_____

第二章

自我认知

第一节 兴趣探索

兴趣是影响人们工作满意度、职业稳定性和职业成就感的重要因素。兴趣探索是生涯规划中进行自我探索的一个重要方面。我们日常所说的兴趣与选择专业、职业时所言的兴趣有很大差别。大学生需要通过本章课程的学习，掌握探索个人兴趣的方法，理解人与人的兴趣存在差异。通过学习，引导大学生在实践中不断探索、积累和提升能力的过程中，正确认识兴趣与职业选择的关系，并努力探求将兴趣转化为自身职业的路径。

兴趣是人们力求认识某种事物和从事某项活动的意识倾向，具体表现为选择性态度和积极的情绪反应。职业兴趣是指一个人是否喜爱某种职业，是一种职业选择与态度的倾向，同时是个体的兴趣类型和职业类型与目标职业对个体的能力素养要求（职业环境）相一致的状态。

大量的研究表明，兴趣和工作满意度、职业稳定性、职业成就感之间存在明显的关联。正因为如此，生涯辅导界普遍将兴趣作为自我探索的一个重要方面，并研制出多种量表测量人们的职业兴趣。

兴趣是职业成功的起点，一个人找到自己最感兴趣的工作，就更容易激发自身的主动性和创造力，兴趣会让人们充满激情。

有的大学生会说：我对玩感兴趣。需要大家注意的是，我们这里谈及的兴趣探索，更多的是指通过平时生活、学习中所体现出的个人兴趣活动，探索个人的兴趣倾向，并尝试和职业进行连接，通过发现兴趣、培养兴趣的过程，稳定、持续地带给自己工作生活中的满足感、幸福感。

《论语》借鉴　知之者不如好之者

> 子曰："知之者不如好之者，好之者不如乐之者。"

孔子说："知道它的人不如爱好它的人，爱好它的人不如以它为乐的人。"

《论语》这段话为我们阐述学习的三种不同境界：知之、好之、乐之，同时也是培养学习兴趣的三个阶段，层层深入、循序渐进。朱熹对《论语》这段话作了解读，他说："知之者，知有此道也。好之者，好而未得也。乐之者，有所得而乐之也。"此话能够帮助我们加深对学习的三种不同境界的理解。

知其所知是前提。学习任何一门学问，我们不可能开始就谈喜欢不喜欢、热爱不热爱，先要做到第一个层次：知之。有所知才会有所好，有所好才会有所乐。随着学习的深入，我们发现、培养自己学习的兴趣，变得"好之"，在热爱的领域继续学习，找到价值意义，进而"乐之"。

有些大学生在刚上大学不久就表现出对所学专业的不喜欢，认为自己没有兴趣，所以无法深入学下去。而老师们往往会告诉学生们，这个专业很广阔，有很多不同的领域可以去研究，这些领域是否适合自己，需要一个探索和询证的过程，不要在刚一接触时就武断地认为自己不喜欢、没兴趣，而后自暴自弃。

用《论语》来为学生们的求学之路作解释：要想在某一门学问领域，成为一个"好之者""乐之者"，首先要成为一个"知之者"。只有学习了相关知识，了解了这门学问的研究内容和发展方向后，才有机会找到自己喜欢的领域，继续深入学习下去，才有可能成为"好之者""乐之者"。

任何一个在某个领域有所成就的人，都是一个"乐之者"，都发现了在此领域钻研下去的乐趣。而我们往往只会看到一个人成为"乐之者"的样子，而忽略了其从"知之者"到"好之者"再到"乐之者"的成长路径。

成为"乐之者"，需要一个过程，需要我们孜孜不倦地追求。书山有路勤为径，学海无涯苦作舟，只有经历一段刻苦努力，方能成为"乐之者"。

案例分析 1　学会热爱，学会追求卓越

"老师，大学生活太无趣了。每天上课学的东西，我觉得都没用，自己也不感兴趣。天天就是混来混去的。"

"噢？那你说一件你做着很感兴趣的事情。"

"我对跟人交流感兴趣。"

"那你加入学生会了吗？跟一群人一起交流，开阔眼界，锻炼一些组织协调能力。"

"我不喜欢加入学生会，我觉得我跟陌生人在一起不太爱表达。相比来讲，我应该更喜欢独自待着。"

"自己待着，干点什么喜欢的事呢？"

"看看书，看看电影。"

"不错。你每年能读多少本书呢？不管是涉猎各个方面或者偏重某一个方面都可以。不管看书还是看电影，尝试写了些感受或点评吗？逐渐让自己在某些方面有深入的知识积累。"

"唉，我没看几本书。经您这么一说，看来我对看书和看电影也不是那么感兴趣。我想问您，是不是我对兴趣的理解有些问题？"

"是的。我们对兴趣的期待很高，必然也就需要付出一些努力才能获得。兴趣是培养出来的。"

学生小华一直在寻找自己感兴趣的事，但总觉得找不到。为此她越来越焦虑，对做什么都失去了兴趣。在谈话中，小华说她非常向往做感兴趣的事情时投入热情的状态，也很渴望在自己感兴趣的领域施展自己的才华。但现实是，自己总在做着不感兴趣的事情；有的事则是刚开始觉得有意思，但做着做着就没热度了。她很羡慕来校分享经验的学长提到的能把兴趣当事业时的样子，也想和身边的一些同学一样，做着自己感兴趣的事，并开心地大笑。但她始终没找到能让自己感兴趣的事。

在一次参加高低年级学生交流会时，有低年级的学生问高年级的学长，在大学期间最重要的事是什么。其中一位学生提到这个观点：大学期间，我们有机

会、有条件尝试很多事，做这些事的结果固然重要，但在做事情的过程中，学会如何去热爱一件事，如何全情投入地做一件事，非常重要。在做每件事时，懂得追求卓越，并在不断追求卓越的过程中超越自我。这是他认为，在大学期间最重要的事。

热爱，是我们能够做好一件事情的重要前提。如何去热爱一件事，如何去投入做一件事，需要我们在大学期间通过亲身体验，才能感受得到。每位大学生都可能会有许多喜爱的事，会有很多喜爱的东西，但这未必能叫热爱，只能叫感兴趣。我们所选择参加的学生组织和课余时间所做的事情，可能都源自一种兴趣。这样的兴趣有很多很多，这些兴趣是热爱的前提，也是热爱的开始，要想体会到热爱，还需要一个过程。

我们因为兴趣而开始做一件事，在做的过程中会遇到一些困难，如果我们因此而放弃了，那这份兴趣也就随之消失了。而如果在遇到困难时我们选择了坚持，那么，这份坚持会加重我们对这件事的认识与情感，当把这一件事全情投入地做完的时候，再回头看时，我们会品味出这件事真正的价值在哪里，这样的事情多了，我们会明白自己热爱的是什么。

大学期间，我们会有很多机会去尝试各种事，投入其中，克服困难，承担压力，忘我地把它完成，体味着那份努力付出之后的喜悦。同时，问到每一个高年级的学生，几乎又都会说出很多在大学期间遇到的不如意的地方，烦恼、委屈甚至是痛苦的经历。但只有在这些经历出现的时候，我们才真正有机会去理解什么是热爱，懂得如何热爱。

我们会发现，如果我们因为害怕这些烦恼、委屈甚至是痛苦的事情，而选择放弃的话，一同放弃的还有快乐。我们把痛苦摆脱了，同时我们也把快乐拒之门外了。而如果那份快乐牵引着我们选择了坚持，选择了去挑战痛苦，那么，在体会痛苦之后的快乐时，我们就会体会到什么是热爱，或者说体会到我们热爱的是什么，这份热爱会带着我们跨越困难，拥有幸福。不可能有哪件事是百分之百为我们量身定做的，所以我们要去热爱，去承担一些压力，方可得到我们想要的。一件事交给你，可能只有20%是你喜欢的，有80%是你不喜欢的，但你要去接受这80%，因为如果你抛弃了它，那就连20%喜欢的部分也抛弃了。

我总有这样的感觉，有时，我们可能距离成功只有一步之遥了，但这时我们所面对的仍旧是伸手不见五指的黑暗，只有当我们向前走出这最后一步，才会看到一片光明，而能够牵引着我们坚持到底的，一定是心中的那份热爱。所以，如果有人问我，大学时的学生干部工作给我的最大收获是什么时，我都会说，我学会了热爱。

因为有了一份热爱，我们就会去追求卓越。我现在回想自己的学生时代，如果我没当学生干部，我一定只是一名普通的学生，因为我对自己的要求就会很普通。

在我快毕业时我的班主任和我说："如果你不做学生干部工作的话，你的学习成绩可能会更优秀。"而我自己觉得，学生干部工作确实是占用了我的学习时间，但如果我不做学生干部的话，我的学习肯定不会有现在这样优秀，因为我不会去追求卓越，我很可能会允许自己普通。就是因为在学生干部这样的一个群体中，我才被触动去思考要去追求一些什么，自己要成为一个什么样的人。

因为学生干部的经历，我有机会看到很多优秀的人，我会不由自主地要求自己不论是做人还是做事，能做得更好，希望自己能向身边那些优秀的人靠拢。我会慢慢唤醒自己心中想要去追求卓越的那份态度，我希望自己在上课时能更认真一点，我希望自己成绩能更好一点，我希望每件事能做得更好一点，这些追求卓越的态度对我们的人生非常重要。

学生时代的我们，旁边还有老师在督促，而在进入工作岗位之后，每个人的沉浮则是由自己把握的，不可能再有外力去拽着你往上走，只有自己拥有了去追求卓越的态度，才能驱使自己不断成长。所以想往上走的状态是需要我们在大学期间自己培养的。我看到身边的人卓越，我希望能和他们一样卓越。这种状态是在我们大学的种种经历时被埋在了心底的。

案例分析2 学习和拥有那些可以让你受益一生的东西

大三学生小林找我讨论实习的经历与收获时，问我："是不是只有通过家里的关系才可以去中建这样的单位就业？"原因是，在实习时他遇到有些同样实习的学生，表现得并不是很积极、认真，话里话外暗示说，他之所以在这里实习，是因为有人推荐，而且自己不用特别努力，也能找到不错的工作。

为此，小林觉得很不平衡，觉得自己怎么努力也不可能比过那些好像是刚出生就"含着金钥匙"的同学。

我们确实要正视这样的问题，就是在这个世界上人与人之间都是有差异的，也就是说，并没有绝对的公平可言。我们不可能期待自己没拥有的别人都不拥有，同时，我们自己的经历所带给我们的东西别人也不可能拥有。与其总盯着那些别人拥有的，不如看看自己拥有什么，或者自己能拥有什么？就像我在之前的文章中提到的，关注自己名字前面的定语，不论是北京或外地，是否家里有关系，这些都是定语之一，不能代表全部。

在和小林讨论实习的话题时，我提醒他，这几届学生中有好几个去的中建系统的单位，都是靠自己的努力去的呀，你没发现吗？他确实没有注意到。当我们只盯着那些靠家里关系的同学时，别的就看不见了。因为我们被那些给自己带来负面情绪的信息蒙住了眼睛，就会由此而忽略很多对自己有益、有用的信息。关注对自己有用的信息很重要。多问问自己想要的是什么？自己现在的做法是否有助于实现自己的目标？怎样做才能得到自己想要的？与其在那里羡慕别人，不如主动去抓住自己可以抓住的东西，不然原本可以属于自己的东西，也会溜走的。

至于那些特别吸引我们眼球的"金钥匙"，在我看来，这些所谓的"金钥匙"肯定能够在找工作的时候起到作用，但如果在其他的方面不注意，给自己添加上了很多负向的东西，"金钥匙"所能起到的作用也会打折扣的。比如一些北京的学生，学习成绩差，在面试的时候也吃到闭门羹，就业时的选择也很受限制。另外，我相信我们每个人都不是以找到一份工作作为此生的最终追求的。工作是我们实现自身价值的重要载体，而实现自身价值，显然靠着所谓的"金钥匙"是不行的。随着时间的推移，在漫长的人生中，"金钥匙"的作用更不可能带来什么助力，我相信家里的关系也好，北京生源的身份也好，最多也就只能管到找到一份工作吧，进入单位之后，"金钥匙"也就完成了它的使命，大家都要在同一个平台上各显神通。没准含着"金钥匙"的身份反而会在同事眼里给自己带来不好的印象呢。

每年我和同学们都会去走访许多校友。在和众多校友接触的时候，让我们钦佩的都是他们丰富的人生经历、卓越的专业素养和身上散发出来的人格魅力。所以，我建议大家在大学期间多去学习和努力拥有那些可以让自己受益一生的东西，比如可以学习到的专业技术、可以锻炼到的能力、思考问题的方法、健康的体魄、有益的兴趣爱好以及乐观、坚韧、踏实、诚信的品质等。这些都将会在我们的一生中持续不断地给予我们前进的动力，都将会成为我们在社会上立足并获取别人的认可与尊重的财富。

前沿拓展 只要下定决心，任何人都能活得有趣

我们很向往自己拥有一个特别感兴趣的学习领域，废寝忘食地投入其中，但在现实中，自己又找不到这样的领域，总是对自己或身边的人说："我要是对一件事感兴趣，我就一定会努力学的。"

兴趣并不是等出来的，而是培养出来的。培养兴趣需要一个过程。只有在培养兴趣的过程中不断探索，才能感受到乐趣，达到乐在其中的境界。

没有谁能天生具备做有兴趣的事的能力，那些生活得有趣的人，往往懂得兴趣是项自我管理技能，他们能从工作、学习、生活中发现自己感兴趣的部分，并不断培养自己的兴趣。对于所有人来说，一旦明白兴趣是门自我管理的技能，那么只要下定决心，就一定能够培养出自己的兴趣，生活就能活得有趣。

古典老师在《我的生命有什么可能》这本书中将兴趣分为三个级别：感官兴趣、自觉兴趣（乐趣）、潜在兴趣（志趣）。

感官兴趣能推动我们探索和发现新的世界

感官兴趣对我们真的是太重要了。感官兴趣能推动我们探索和发现新的世界。如果我们拿谈恋爱来比喻，感官兴趣就是让你一见倾心的那个人，看到她（他）时，你就会怦然心动，你的眼神总是不自觉地愿意多留在她（他）的身上，主动关注她（他）喜欢的东西，关注每个和她（他）有关的细节。

我们会有这样的体会，关注什么就会发现身边有很多和你关注的事物有关的东西。我们和别人的聊天也会很自然地聊到自己所关注的事情上去。我们会发现，和自己感兴趣的事物相关的信息出现时，自己的注意力非常集中，记忆力也出奇的好，能够过目不忘。

所以要想培养出一个兴趣——首先我们要在日常的生活中找到自己感兴趣

的点，或者说，问问自己的梦想是什么？自己想成为什么样子？这些都可以成为自己的兴趣。

自觉兴趣（乐趣）能让我们主动提升自身的能力

当兴趣进入第二阶段——乐趣时，我们会发现自己愿意为了这个兴趣去学习，使其成为我们学习的动力来源。

继续举谈恋爱的例子吧，到了乐趣这个阶段，你和她（他）之间就已经两情相悦了。你们有很多共同的话题，她（他）对你现有的才干很认可，你和她（他）接触非常开心、快乐。更重要的是，你心甘情愿地为她（他）改变一些你原有的习惯，学习一些你之前不会的技能，只是为了能博得她（他）对你的认可。

当我们的一个兴趣发展成为乐趣的时候，我们会发现我们在某个领域拥有了比很多人都强的一项技能，同时，我们不需要别人的推动就非常自觉地在这件事情上投入精力和时间，我们不断地提升自己在这个领域的能力，而能力的提升又让我们对这件事情产生了更大的兴趣，在我们的身上就拥有了一件"兴趣—能力"的循环，这让我们慢慢地精通某项能力，打开某个领域的大门。在这个领域里，我们拥有了让自己变得有趣的内在源泉，不管别人如何，我们自得其乐。

潜在兴趣（志趣）能让我们找到自身终生追求的价值

当然，只停留在乐趣阶段的兴趣，也不会是长久的。我们如何拥有持续一生的兴趣呢？或者当兴趣成为我们可以追求终生的事业时，我们所感受到的可就不只是快乐和愉悦了，我们还会面对不断的重复和倦怠。持续投入的乐趣会让我们掌握更多的能力，那么到底哪一个乐趣会真正成为永不会满足的乐趣，带领我们穿越无常的一生呢？

还是拿我们刚才的那段感情举例吧。经过了一见倾心和两情相悦的阶段后，你和你的她（他）陷入普通的日子里去慢慢过。每一天的柴米油盐，每一个磕磕绊绊，甚至是经历风雨，在这样的日子一天又一天过着的时候，你是否愿意与他牵手，继续过下去？让他成为你的终身伴侣，和你白头偕老呢？

当乐趣向着志趣这个阶段发展的时候，我们需要经受很多的考验了。一件事情做得久了，重复的部分就会占据很大的空间，在这样的过程中，我们是否能够坚定地告诉自己做这件事情的意义和价值是自己最看重的，是自己要去追求的。在这时，我们就会拥有一个"兴趣—能力—价值"的循环，我们会用做这件事情产生的自我认同的价值来激发自己继续做下去的兴趣，并继续提升自己在这个领域的能力。而一旦这个价值是值得我们毕生去追求的，那这个循环就会一直有效，乐趣也就转化成了终生追求的志趣了。这让我想到了《第一次亲密接触》中对"轻舞飞扬"的描述：我轻轻地舞着，在拥挤的人群之中。你投射过来异样的眼神。诧异也好，欣赏也罢，并不曾使我的舞步凌乱。因为令我飞扬的，不是你注视的目光，而是我年轻的心。

只要下定决心，任何人都能活得有趣

每个行业的高手很多都对自己从事的事业充满兴趣。我们说他们在做自己喜欢的事，不如说他们把对自己来说很重要的事变得有趣，并成为自己的志趣。拥有志趣最重要的不是我们能够取得什么样的成就，而是我们的生活会因此而快乐、开心，并被自己赋予了更多的意义和价值。

希望我们每个人都拥有着自己的志趣，如果你还没拥有，就用我前面分享的兴趣三阶段来培养吧，先让自己拥有一双发现美的眼睛，发现生活中的种种兴趣；在这些兴趣中，你愿意为哪几个兴趣投入更多的精力去学习，不断提升相应的能力，让其成为你的乐趣呢？在你所拥有的乐趣中，又有哪一个和你的志向与价值相符，让其成为你愿意一生追求的志趣呢？

只要下定决心，任何人都能活得有趣。

工具应用 兴趣探索练习

请具体、详细地回答下列问题。回答时特别注意问题的第二部分，即"为什么"感兴趣的部分。如有可能，请与一位同伴相互讲述自己对问题的思考和回答。同伴可以提问、帮助讲述的人发掘细节和原因。这个练习的目的是帮助你回忆并梳理日常生活中有关个人兴趣的一些代表性事件、增进自我觉察，因此仔细思考和讲述的过程非常重要。

我的"白日梦"：请列举出三种你非常感兴趣的职业（摒除所有现实的考

虑）。这些工作中的哪些特征吸引着你？

_____

_____

_____

请回忆三个从事某件事情时令你感到快乐（满足）的经历。请详细地描述这三个画面，是什么令你感到如此快乐（满足）？

_____

_____

_____

从小到大你担任过哪些职务？你喜欢的是哪些职务？不喜欢的是哪些职务？请具体说明为什么。

_____

_____

_____

你最崇拜（敬佩）的人是谁？他对你产生了什么影响？你最像他的是什么地方？

_____

_____

_____

你最喜欢看哪类杂志？这些杂志中的哪些部分吸引着你？或者，如果你到书店看，你通常会停留在哪类书架前（不是仅仅因为学习需要的情况下）？

_____

除了单纯的娱乐放松以外,你最喜欢看哪几类电视节目?节目中什么吸引着你?

你喜欢浏览哪类网站?你喜欢看网站的哪部分内容?它们属于哪个专业?

休闲的时候,如果只是出于兴趣的考虑,你最想做什么或学什么?这里面又是什么吸引着你?

你最喜欢的科目是什么?为什么喜欢它(们)?

我们生活中都有过某些时刻，因为全神贯注于做某件事情而忘记了时间。什么样的事会让你如此专注？

_____

_____

_____

你的答案里面有什么共同点吗？是否可以归纳为什么主题或者关键词？这些主题或关键词可能和霍兰德的哪些类型相对应？你如何能够让这样的主题在你今后的生活中得到更充分的彰显？

_____

_____

_____

说明：对最后一个问题的回答将有助于你总结和归纳前面所有的问题，并将你在日常生活中的一些表现与本单元所讲的职业兴趣类型挂起钩来。所归纳出的主题或关键词是你今后在做职业决策时需要尽可能纳入的一些关键因素。

第二节　性格探索

性格也称人格特质，是一个人在生活中对人、对事、对自己、对外在环境所表现出来的一致性因应方式。每个人在其成长经历中，可能受到生理、遗传、家庭教养、文化、学习经验等因素的交互作用，从而形成自己的独特个性，在不同的情境中表现出特定的气质。

性格在我们的生活中占有重要的位置。谈及自己的好朋友，很多同学会说："她性格很好！""我喜欢他的性格！"不过，当仔细问及"好性格"的标准时，分歧就产生了。有的同学会说："他很爽快，做事不拖泥带水。"有的则会说："她性格随和，善解人意。"由此可见，好性格是相对的，朋友之间性情相投，就会接纳、喜爱对方的性格。

个人性格是将人与人区别开的重要个性特征，也与我们的工作、学习、生活息息相关。通过性格探索，我们会对不同性格特征有初步的认知，从而带动自己更好地了解自身性格特点。

性格类型并无好坏之分。和兴趣探索一样，我们探索自身性格特点，更多的是指通过个人行为所展现的性格偏好，理解自己的做法，尽量理解和自己不同类型的人的做法。当前社会发展越来越需要我们既能与团队合作，又能展现自身的独特性，通过性格探索，帮助我们理解不同性格特质的人对人、对事、对自己、对外在环境的不同看法，从而帮助我们在职场中更好地与人相处，并最大程度展现自身价值。

《论语》借鉴　如何在与人相处中实现自我成长

向他人学习，是帮助我们成长的重要方法。

有一位人生偶像作为自己行事的参照，遇到问题能够向他请教，给我们的成长解惑，是件幸福的事情。

在日常工作生活中，出现在我们身边的人不会都是自己的人生偶像，更多人是和自己差不多的，甚至在有些方面做得还不如自己的人。这时候，我们是否会想到，在与不同人相处中，自己都可以学习、都可以有所成长呢？

子曰："三人行，必有我师焉；择其善者而从之，其不善者而改之。"

孔子说："多人同行，其中必有值得我们学习的地方。选择别人好的学习，看到别人缺点，反省自身有没有同样的缺点，如果有，加以改正。"

如果我们能意识到，在任何团体中，和任何人相处时，都能让自己受益，我们的成长一定会更快。

与人相处不为证明，只为成长

当我们以证明自己为目的与人相处时，我们会发现身边的很多人都成了自己的对立面。我们尽己所能地在去说服别人认同自己，就失去了很多向别人学习的机会。

一人一处的证明，一时一事的证明，就算得到了认可、达成了愿望，所收获的也不过是短暂的得失而已，对于人生而言，太过渺小。而能在与人交往中不断修正自己、不断成长壮大的人，更能收获属于自己的精彩。

三人行，必有我师焉。给我们表明了一种与人相处的态度。像看待老师那样看待周围的人。多听、多看、多思、多请教，我们是以学生的态度对待别人，收获的成长必然会多。

择其善者而从之，但不盲从

别人做得好的地方，我们应该去学习。认可别人在哪方面做得好，需要学习的是做事的方法，而不是别人做的所有事都要去做。毕竟所处环境、自身能力、时间跨度方面都有不同，我们需要吸收别人好的建议，为己所用。学而不盲从。

"自己"这个东西是看不见的，撞上一些别的什么反弹回来才会了解"自己"。——山本耀司

如果我们见到一个人在哪方面做得好，我们就要去像他那样去做事，我们只会越来越迷糊。就像要过河的小马，不知道该如何办了。向他人学习的过程，是我们更好地认识自己的过程。看到他人长处的过程，也是我们理解自身特点的过程。

在择其善者而从之的过程中，这个善，既应是正确的，也应是适合自己的。

他人如镜，不以别人的错误惩罚自己

看到他人的不善之处，如果我们只是旁观者，我们会提醒自己，不要只是指责别人，而是要反省自己。遇到这类问题时，自己不要犯同样的错误。要珍惜自己现在拥有的，不要步其后尘。

而如果我们身边的人有不善的行为，这些行为会带给我们不好的情绪。需要我们提醒自己，从这些负面情绪中抽离出来，不要用别人的错误惩罚自己。

以人为镜，可以明得失。把身边的人看成一面镜子。他所做的事情对自己有影响、有触动，都是在提醒自己，更好地"照照镜子"，更好地审视自己。审视自己现在的做法、审视自己的思维习惯、审视自己所选择的路。

遇到一些不如意，我们就"照照镜子"。眼前这个做了一些让我们觉得"不善"事情的人能提醒我们什么？能在我们的成长中给出哪些助力？

没准我们正在犹豫不决，他正好推了我们一把，我们还得感谢他呢！

三人行，必有我师焉。教会了我们与人相处时应保持的心态。始终以人为师的态度，多听多看，让我们的成长更受益。

不论身边的人如何行事，我们择其善者、择其不善的过程，是帮助我们更好地认知自己的过程。每个人都是我们身边的镜子，照出我们的内心、照出我们前行的路。

案例分析 1　有形与无形的收获

有形与无形的收获，是我很想和同学们分享的话题。我清楚地记得，2010年一次我给学生做主题是介绍课外科技活动开展情况的讲座之前，有学生跟我说："老师，我很想知道参加这些活动能有什么收获？但您不用跟我说提高沟通能力、团队合作能力之类的，这些太虚了，我想知道实质的收获是什么。"我那时一听觉得挺有道理，学生要知道具体的、有形的收获是什么，才好有动力参加。于是在我讲座的一开始，就告诉同学们参加课外科技活动对于考研、就业、出国等不同选择会有哪些收获，比如把取得一些成绩的证明放到简历中，用人单位或者申请出国的学校都会看重。

这两年，随着自己经历的丰富，我对有形与无形的收获有了新的认识。我开始反问自己，有形的收获就是实的，无形的收获就是虚的吗？同学们在课外科技活动中获得了成绩，得到了一个证书，这个收获是有形的，是实的。在大学期间会对我们有用，而随着时间的推移，这些有形的收获却会变得越来越虚。通过参加课外科技活动锻炼的沟通表达能力、自学钻研能力、为人处世、团队合作的能力，这些收获是无形的，是虚的。但随着时间的推移，这些无形的收获很可能会变得越来越实，对我们的帮助也会越来越大。

有形的、实的收获有时候会更可变、更虚；无形的、虚的收获反而更有持久力、更实在。大学期间，我们应该如何看待有形和无形的收获呢？

有形的收获是我们做一件事情的外在动力。比如说我们想参加某项竞赛并取得好成绩、我们想努力学习获得奖学金、我们想成功组织某项活动等等，这些目标并不世俗，也不虚伪，这是我们希望自己的大学生活过得精彩、有意义而给自己提出的要求。我们的大学生活需要这样的目标，在追逐这些目标的过程中，我们收获别人的认可、收获自信、收获友谊、收获成长，也收获美好的回忆。在我们实现一个个目标的过程中，我们不断走出自己原有的世界，看到了更广阔的天地，我们会发现自己想要追求的人生道路逐渐清晰可见了，在大学即将结束的时候，能为自己的下一段人生确立新的目标。

但在追逐这些有形收获的过程中，也请大家注意，无形收获同样是我们所需要的。无形收获是我们走好自己人生之路所需要的内在动力。在实现每个目标的过程中，我们的经历更加丰富，我们也有机会和更多的人打交道，这能够很好地触动我们审视自己，触动我们思考人生的意义。在为了实现目标而拼搏、忘我投入的过程中，我们超越的不是对手而是自己。在这个过程中，我们的心更宽广了，我们处理事情更加从容自信、游刃有余，我们自己都能清晰地感受到自身的变化，为自己的成长而欣喜。在我们实现一个个目标的过程中，我们会发现，有形收获是我们用来获取别人认可的一种形式，而无形收获是自己对自己的肯定，无法形容，却真实存在于自己的身上，随时可以使用，不会过期、不会褪色。

有形收获与无形收获是我们在大学完成每个目标时都希望得到的。只有这样，我们的大学才算是真正的有收获，不要为了获取有形收获而寻求捷径，真正的收获没有捷径。

比如我们参加某项课外科技活动，只是为了得到一个获奖证书，在参加的过程中，什么努力都没付出；或者我们参加某个学生组织，就是为了能获得一个学生干部的称谓，实际上什么工作都没有用心做，这样的收获也许在大学期间会有点用，但放眼长远，这样的证书即使摞了一摞也不如用心参加一次活动带给我们的收获厚重。前几天看见了两幅反差非常大的图：一幅图上有一棵很小的树，上面结了一个很大的果实；另一幅图上是一棵枝繁叶茂的大树，没有果实。这就好比是我们在大学结束时收获的两个极端的结果，如果我们只冲着有形的收获去经营自己的大学，尽管获得的果实很大，但自己这棵"树"却成长得很弱小。这个果实在大学结束的时候是要摘下来的，就好像我们获得的那些证书，最多也就能证明我们在大学期间取得了很好的成绩，但后面的人生需要自己这棵"树"继续面对，一棵弱小的树很难经受大的风雨。如果非要选择，我宁愿选择现在做一棵没有果实却枝繁叶茂的大树，能够承受风雨，能够更好地吸收阳光、土壤的养分。我们现在还很年轻，人生的果实并不会在这个年龄成熟，即使开花结果，也希望是伴随着成长而来，也希望能够成为继续成长的新动力。

案例分析2　站到台上，你就是赢家

学校组织党员演讲比赛，鹏鹏是学院的参赛代表。在比赛的前一天，我让他来我的办公室，让我看看他的准备情况。

我先看了他的演讲稿和演示文稿，感觉准备得还挺认真，然后我让他在我这

儿彩排一遍。

他拿起稿子，深吸了一口气，开始读了起来。整个过程，他始终精神饱满、声音洪亮，但问题是……从头到尾，他都是一个调儿，一个节奏……

我跟他说，演讲是"讲"，不是"读"……是吧……（我尽量想用一些比较温和的话来表达我的意思，担心打击到他），能够让听者听进去，不只在于用多大的声音，还要听出你的感情。就像是讲故事那样，把这篇稿子讲出来，而不是读，读的东西只会从大家的耳朵边飘过去……

我预见到第二天演讲比赛时我坐在台下时的窘迫状况。不过就剩一天了，我只能鼓励他。

我看他听我说完后露出的迷茫的小眼神儿，就拿过他的稿子，读了几句，让他体会一下我的意思，并就段落的先后顺序以及演示文稿的内容提了很小的修改意见，并再次和他强调，还剩一天的时间，你最重要的事情就是多读，使劲读，读出感情来！

演讲比赛开始了，轮到鹏鹏上台了！他深吸了一口气，开始读了起来！

整个过程，他始终精神饱满、声音洪亮，但多了很多的抑扬顿挫，有温柔有高亢。虽然整个过程非常青涩，处理得很刻意，我也知道他可能不会取得多好的成绩，但当他振臂一挥，完成自己的演讲时，我清楚地知道，他赢了！就算他没有战胜其他任何一个同学，但他战胜了自己，他就是赢家。

在和学生们交流大学生活的时候，我总会说做每件事的过程比结果重要，会有同学反问我说，结果很实际，有证书、有荣誉，过程很虚无，只是有经历、有感悟，这能有用吗？

大学的学习为我们提供一个适应社会需求，锻炼提升自己的平台。也就是说，我们要通过大学，努力打造自己进入社会的核心竞争力。通常的说法是，核心竞争力由知识、技能和品质三方面组成。那我们就通过鹏鹏演讲的过程和结果两方面分析一下所得。

鹏鹏通过这次演讲比赛的锻炼过程，在知识方面，他学习了党的理论，并能够进行总结和应用，使之成为自身知识体系中的一部分；在技能方面，他认真地写演讲稿（辅导员老师事后和我反馈，鹏鹏对这篇稿子至少修改了5遍），他认真地制作了演示文稿，并通过一天的恶补，让自己的演讲水平得到了提高，在这个过程中，他的文字表达、演示文稿制作、当众表达、演讲等技能都得到了锻炼；在品质方面，他的认真、担当、迎难、挑战自我等品质都有展现和进一步的磨炼。

而从这件事的结果方面看，收获的是什么呢？一个校级演讲比赛的获奖证书。过程的收获很虚，结果的收获很实，但孰轻孰重其实一目了然。

当然，并不是所有经历过程的人都会收获自己在知识、技能、品质方面的提升，有些人会说，我做了很多事，但这些收获我都没感受到。我体会，那是因为他们缺了一份"努力"，缺少了在不清楚结果是什么时，仍旧选择努力；在不能很快看到收益时，仍旧选择努力；在没有别人逼迫时，仍旧选择努力。

只要你确定，自己现在是向着太阳的方向前进，道路总有起伏和转弯，只要没停下脚步，总会有收获。

努力是开启收获的钥匙，用心付出的过程才会有收获，鹏鹏拥有了这把钥匙，我相信他能开启人生的宝藏。

前沿拓展 面对情绪时对自己的提问

大学期间，有些同学会因为一些事情的刺激而做一些很过激的事情，当自己冷静下来之后，又觉得非常后悔，出现这些情况是因为很多大学生并不懂得如何控制自己的情绪，就会出现由于一瞬间的不冷静而使自己必须承担非常严重的后果的情况。

大学是人们成长、成熟非常快的阶段。在大学期间，我们会因为身边的一些人、一些事而触动自己去思考很多关于人生、关于生命的内容，会带给我们很多疑惑希望得到答案。同时，伴随着学业、人际关系、就业、情感等复杂的问题和压力，同学们也都难免会产生很多种情绪。情绪会带给我们很多的困扰，甚至是影响到我们正常的学习、生活和与他人相处。

能够控制好自己的情绪，不被情绪所控制，是每个人都需要修炼的事情。可能有一些人或者一些事会刺激到我们，引发了我们的一些情绪，而如果我们不能很好地控制，那这些情绪就会控制我们，操纵着我们的行为，就好像我们在玩一些游戏的时候，有些角色出现暴怒的状态。在这种状态下，我们就没法控制它，而只能任由它随意行动了。在情绪操控下做出来的事情多半都不会是我们的本意,很多时候都需要我们花费很多的精力和时间去弥补,甚至只能成为遗憾。

人不可能没有情绪,又不希望自己在情绪的控制下做事,我们该怎么办呢?杨长征、王小丹老师在《一生只做八件事》中对此做了解读,我很喜欢,在此也拿来和大家分享。

当出现这些负面的情绪,或者是正面的但比较过激的情绪时,我们首先要有意识地提醒一下自己,情绪来了,尽量避免因被情绪控制而造成不必要的麻烦。然后自己找一个可以独处的空间,不要刻意地去压抑情绪,而是给自己一段释放情绪的时间。

在慢慢平静之后,请给自己提一个问题:接下来,我能做些什么?这个问题很有意义,可以引导我们向着积极和切合实际的方向进行思考。因为这个问题,帮助我们在以下几个方面聚焦自己的思考。

第一,聚焦自己。接下来,我能做些什么?主语是"我"。在情绪控制自己的时候,我们大多会埋怨别人做得不好的地方,会指责甚至是谩骂。但就算真的是因为别人做错了事,而给自己带来了很大的影响,我们过多去思考别人为什么这么做,或者别人应该怎么做,对自己会比较好等,这样的问题并没有实际意义,因为我们控制不了别人,我们能控制的只有自己。同时,在经历每件事情的时候,我们都希望自己能够从中有所收获、有所成长。为此,花过多的时间去考虑别人应该怎么做,对自己的成长也没有太大意义,所以,把注意力聚焦在自己身上,问问自己,"接下来,我能做些什么?"

第二,聚焦未来。思考"接下来,我能做些什么?"的时候,是面向未来思考的。过去的已经过去了,该发生的也已经发生了。也许是因为自己的愚蠢、自己能力的不足、自己的不够自信或者准备得不够充分而让自己做了一些懊恼、后悔的事情,也有可能是因为别人的一些做法而给自己造成了损失或者带来了麻烦而让自己愤怒、烦躁。用一段时间平复情绪之后,再过多地思考之前的事情,意义已经不大了,不如面向未来进行思考。思考一下自己应该如何勇敢面对,怎样做能够弥补一下现在的损失,如果下次再遇到类似的事情自己怎样做得更好些,等等。我们不要太强求自己每时每刻的表现都很完美,如果真的是自己希望能够做好的事情,我们就努力期待下次比这次更好。

第三,聚焦正向。用积极、向善的心态去思考"接下来,我能做些什么?"被情绪所控最糟糕的后果就是在之前的基础上,做了更多糟糕的事情。到头来我们发现，引发情绪的那件事并没有给我们带来麻烦，反而是在情绪控制之后做出的事情给我们带来了更加不好的后果。所以，要能够不在情绪控制之下做事情，最重要的一点是要做一些积极、正向的事情，做一些能够对自己当下的处境、对自己的成长有益的事情。成长的过程就是从不完美走向更加接近完美的过程，如果因为一些事情的发生，能够让自己有机会审视自己，发现可以成长的地方，这本身就是一件让人开心快乐的事情。能够更好地化解别人的情绪或别人的做法给自己带来的困境，最好的办法也是用积极、向善的态度去做些事，哪怕什么都不做，一个微笑就足够了。

第四，聚焦行动。"接下来，我能做些什么？"动词是"做"，核心在行动上。想了半天，什么都不做，还是在原点，没有任何改变，这样的思考缺乏实际意义。要想对当下的局面有些改善，让未来的自己比现在有成长，主要还是靠行动，需要靠"做些什么"才能完成。有可能我们一时想不清楚到底做到哪些才能实现自己想要的结果，那先想明白第一步吧，先做第一件事吧。只要是聚焦自己、聚焦未来、聚焦正向而采取的行动，所带来的结果都会对自己有帮助、都会让自己有所成长的。等做了几件事后，也许我们会突然发现，事情没有我们之前想象的那么复杂，随着时间的推移，事情已经自然而然地过去了，留下来的就剩下行动后带给我们的收获了。

在阐述以上的四个聚焦时，我用到了很多个"成长"。不管是针对大学生还是针对当下的我，我们所想的、所做的很多事情的出发点都应包含成长，都应服务于自己的成长，让自己无论在内化于心的思想上，还是外化于行的做法上，都能有所成长，都能比之前的自己有所提高。

工具应用　MBTI 测评

在 MBTI 测评结果中，每个维度上一个人只能是一种偏好，如一个人是内倾的就不可能是外倾的，是知觉型的就不会是判断型的。但是，这并不代表一个人是内倾的就没有丝毫外倾的特征，这就好像右利手的人不代表他的左手是完全没有用处的，有很多时候需要左右手配合。性格也是如此，一个人如果是内倾的，就意味着在绝大多数情况下其自然反应是内倾的，但是也有外倾的时候。在特别的情境下，甚至可能主要表现为外倾。所以，不要绝对地看待测评的结果。

MBTI 衡量的是个人的类型偏好（preference），或称作倾向。所谓"偏好"，"是一种天生的倾向性，是一种特定的行为和思考方式"。这些偏好并无优劣之分，却形成了人与人之间的不同。它们各自识别了一些人类正常和有价值的行为，也可能成为误解和偏见的来源。MBTI 用四维度偏好二分法来评估一个人的类型偏好，每个维度偏好二分法均由两极组成，具体如表 2-1 所示。

表 2-1　MBTI 维度解释

能量倾向：你更喜欢将自己的注意力集中于何处？你从何处获得活力？E-I 维度	
□外倾 extroversion（E） 　　注意力和能量主要指向外部世界的人和事，而从与人交往和行动中得到活力。 ·关注外部环境 ·喜欢用谈话的方式进行沟通 ·通过谈话形成自己的意见 ·用实际操作或讨论的方式能学得最好 ·兴趣广泛 ·好与人交往，善于表达 ·先行动，后思考 ·在工作和人际关系中都很积极主动	□内倾 introversion（I） 　　注意力和能量集中于自己的内心世界，从对思想、回忆和情感的反思中得到活力。 ·关注自己的内心世界 ·更愿意用书面方式沟通 ·通过思考形成自己的意见 ·用思考、在头脑中"练习"的方式学得最好 ·兴趣专注 ·安静而显得内向 ·先思考，后行动 ·当情境或事件对他们具有重要意义时会采取主动
接收信息：你如何获取信息？S-N 维度	
□感觉 sensing（S） 　　用自己的五官来获取信息。喜欢收集实实在在的、确实已出现的信息。对于周围所发生的事件观察入微，特别关注现实。 ·着眼于当前的实际情况 ·现实、具体 ·关注真实的、实际存在的事物 ·观察敏锐，并能记住细节 ·经过仔细周详的推理一步步得出结论 ·通过实际运用来理解抽象的思维和理论 ·相信自己的经验	□直觉 intuition（N） 　　通过想象、无意识等超越感觉的方式来获取信息。喜欢看整个事件的全貌，关注事实之间的关联。想要抓住事件的模式，特别善于看到新的可能性。 ·着眼于未来的可能 ·富于想象力和创造性 ·关注数据所代表的模式和意义 ·当细节与某一模式相关时才能够记得 ·靠直觉很快得出结论 ·希望在应用理论之前先能对之进行澄清 ·相信自己的灵感

（续表）

处理信息：你是如何做决定的？T-F 维度	
☐ 思考 thinking（T） 　　通过分析某一行动或选择的逻辑后果来做出决定。会将自己从情境中分离出来，对事件的正反两方面进行客观地分析。从分析和确认事件中的错误并解决问题中获得活力。目标是要找到一个能应用于所有相似情境的标准或原则。 · 好分析的 · 运用因果推理 · 以逻辑的方式解决问题 · 寻求一个合乎真理的客观标准 · 爱讲理的 · 可能显得不近人情 · 公平意味着每个人都能得到平等的待遇	☐ 情感 feeling（F） 　　从自我的价值观念出发，做出一些自己认定是对的决策，比较关注决策可能给他人带来的情绪体验，人情味较浓。 · 善于体贴他人、感同身受 · 受个人价值观的引导 · 衡量决定对他人产生的后果和影响 · 寻求和谐的气氛和积极的人际交往 · 富于同情心 · 可能会显得心肠太软 · 公平意味着每个人都被作为独特的个体来对待
行动方式：你如何与外部世界打交道？J-P 维度	
☐ 判断 judging（J） 　　有计划、有步骤的方式推进任务，过程中反复矫正和修改，通常也会定期对上汇报，确保最终的效果。 · 有计划的 · 喜欢组织管理自己的生活 · 有系统有计划 · 按部就班 · 爱制定短期和长期计划 · 喜欢把事情落实敲定 · 力图避免最后一分钟才做决定或完成任务的压力	☐ 知觉 perceiving（P） 　　喜欢以一种灵活、自发的方式生活，更愿意去体验和理解生活而不是去控制它。详细的计划或最后决定会使他们感到被束缚。愿意对新的信息和选择保持开放，直到最后一分钟。足智多谋，善于调节自己适应当前场合的需要，并从中获得能量。 · 自发的 · 灵活 · 随意 · 开放 · 适应，改变方向 · 不喜欢把事情确定下来，以留有改变的可能性 · 最后一分钟的压力会使他们感到活力充沛

第三节 能力探索

能力的内涵非常丰富,既包括日常提及的社会能力、人际能力,也包括诸如绘画、表演等艺术方面的能力,以及打球、滑雪等体育方面的能力,还包括人人都需要的学习能力、抗压能力,也包括从事某项工作所需要的专项能力。心理学中的能力是指人们成功完成某种活动所必须具备的个性心理特征。

各个职业都会对从业者的能力提出要求,当个人能够满足工作的要求时,便会获得外部给予的认可;当工作环境能够满足个人的需求时,个人也同样会收获内在的满意。当个人能够同时收获外在和内在的满意时,个人便处于较好的工作状态,个人工作满意度高,同时也能收获很好的个人发展。

需要注意的是,职业对能力的要求不仅包括专业能力,还包括自我管理能力和可迁移能力。在能力探索的学习与实践中,希望同学们对能力有更全面的了解。

有些同学会早早地认为自己某些能力欠缺,某些事情不擅长做。其实,能力的锻炼有一个过程,通过一段时间的实践,相信同学们的相关能力都可以得到提升。

同时,同学们在大学期间也可以尝试通过了解职业对能力的需求的方式,帮助自己明确能力锻炼的目标,也可以通过个人与职业间需求匹配的平衡,清晰个人求职时对职业的期待和自我发展方向。

《论语》借鉴 工欲善其事,必先利其器

立足社会,我们通常会说,人要有一技之长。在求学的过程中,我们应努力

打造自己的一技之长，让自己成为一个能为社会做出贡献的人，才能在社会中收获个人价值。

> 子曰："工欲善其事，必先利其器。"

孔子的弟子向他求教如何追求仁的理想，孔子用到了这个比喻，他说："工人欲完善他的工作，必先快利他的器具。"意在告诉弟子，要先有德，注重提升个人修养，而后再去追求仁的理想。有其德而后可以善其事，犹工人之必有器以成业。

当前，我们也可以用"工欲善其事，必先利其器"来鞭策自己，努力求学，练就成业的利器。

在大学阶段，同学们都会对自己的未来有很多美好的愿望，有些同学会懂得一步一步踏实努力地去实现自己的愿望，也有些同学过多地将注意力聚焦在对未来的期望上，却没有想自己是否具备能收获这些愿望的能力。到即将毕业的时候，发现自己根本不满足一些单位的用人条件，或者无法取得继续深造的入学资格，梦想也就成了"做梦时想想"。

参加工作后，更要有提升个人能力的意识。需要我们利用很多业余时间，进行学习充电，不断打磨自己立足职场的本领。经常看到一些文章提到"8小时之外的安排，决定个人成长"这类的观点，说的就是利用业余时间做好自我提升的问题。

《论语》中强调的"利其器"是提升自身的品德修养。在当前社会，"利其器"也同样需要提升自身品德修养，同时，还应在知识、技能方面同步加强。

美国心理学家辛迪·梵和理查德·鲍尔斯将经过学习和练习而培养形成的能力分为三种类型：专业知识技能、可迁移技能和自我管理技能。

专业知识技能是需要经过有意识的、专门的学习才能够获得，常常与专业学习或工作内容直接相关，是不能够迁移的。我们在大学期间专业课程学习的知识，大多属于专业知识技能。

专业知识技能在职业生涯的初级阶段起到的作用非常大。企业会根据我们所拥有的专业知识技能来划定初始的岗位类型，比如我们所学的专业是经济学、土木工程或者新闻学，就会对应不同的岗位类型。

可迁移技能是个人所能做的事，是个人最能持续运用和最能够依靠的技能。可以从工作、生活的各个方面得到锻炼和发展，可以从一个领域迁移到不同领域加以使用。

可迁移技能在职业生涯的发展阶段起到的作用非常大。企业会通过我们在具体工作中所表现出来的解决问题的能力来进行评价、铺设我们的发展通道。可迁移技能通常包括：团队合作能力、语言或文字表达能力、组织能力、沟通协调能力等。

自我管理技能经常被看作是个性品质，它的获得需要持久的练习，是个人完成工作不可或缺的品质，也是个人最有价值的资产。自我管理技能中包含很多个人品德修养的内容，这些内容在职场中也被企业高度看重。

职业生涯发展越久，自我管理技能的作用越显著。自我管理技能包括责任感、逻辑性、条理性；吃苦耐劳、认真踏实、善于合作等个人品质。在每个人职业发展的过程里，面对重大选择与逆境，能否持久坚持、积极主动，都由自我管理技能决定。

不论是在大学阶段，还是在职场中，我们以"工欲善其事，必先利其器"来鞭策自己努力提升自身全方位的能力。同时专业知识技能、可迁移技能和自我管理技能的分类，能够帮我们更清晰认识自身所具备的能力，并为下一阶段的能力提升制定具体、明确的计划和实施方案。

以"利其器"为目标，我们积极提升自身能力。在这个过程中，还需要注意对知识、技能的全面涉猎；注意不要只关注专业知识技能和可迁移技能，应注重对个人品德的不断提升。

子曰："君子不器。"

孔子说："一个君子不像一件器具，只供某一种特定的使用。"

人应当怎样立身处世？怎样才能使人生之路更加坚实而宽广？"君子不器"，一方面，是告诉我们，不应只专注一种能力，让自己的格局变窄；另一方面，是提醒我们，应该有自己的价值判断，不要仅成为一个被使用的器皿。

这就更需要我们在日常的工作、学习、生活中不断注重自身能力的提升，从增长知识、锻炼技能、培养品格三个维度，让自己拥有更广阔的视野和格局。

毛泽东在湖南第一师范读书时，曾和自己的老师杨昌济有过一段关于学习的讨论。毛泽东问杨昌济老师，在自己上学的阶段，应该注重学习哪些知识？提升哪种能力？杨老师没有直接回答，而是拿毛笔在纸上写下了四个大字"先博后渊"。杨老师解释说，在青年人成长阶段，广阔天地，每一种知识、每一份能力都值得学习，不要用"哪些知识""哪种能力"而将自己束缚住，而是广泛涉猎所有的知识和能力，并积极开展社会实践。只有博采众长，才能触类旁通；而如果只关注"某些知识""某种能力"，则会导致思想狭隘，粗陋浅薄。

按照《论语》中"君子不器"的教导，我们在提升能力的过程中，不局限某个单一领域，并同步提升自身品德修养。"先博后渊"，是我们避免局限的好方法。以此为指导，在提升我们各项能力的同时，更能让我们拥有广阔视野，在更大的格局下，审视自身的定位。

案例分析1 勇于挑战自己的舒适区

大三的同学小项，作为这项工作的负责人，负责组织一期工作坊。工作坊请到了一个企业的人力资源管理人员来给大家介绍企业的用人标准和从他们的角度看大学生应在大学期间如何经营自己，有40多个人来听这个讲座。在活动开始之前，小项跑到我面前，说："王老师，人家企业的人力资源管理人员希望在他讲座之前能够有人给他做一个开场。"当然我听出来他的意思，是希望我能够干这件事，但我却说："好，你去做吧！"他愣了一下，很明显，他没想到我会这样说，但他还是选择自己去做了这个开场。

这个开场，小项讲得有些语无伦次、结结巴巴，但总算是讲了下来。尽管如此，对于他来讲，这仍旧是一次特别精彩的开场，因为在之后他和我的交流时提到了这次开场。他告诉我，那天的整个工作坊他都不知道在讲什么，他一直在想他那两分钟的开场，反复重复着当时的画面，反复思考他哪句话讲得不对之类的。这样的环节，对于他来说是一个突破自己舒适区的过程。小项从来没有想过自己能够去做这样的事情，他自己觉得那天他讲得很糟糕，但自从那次之后，他的心定了下来，从此不再怵头这样的事情了，在那之后，他经常做工作坊的开场。他突破了第一次，第二次就没有问题了。

我不知道大家会不会也有过这样的体验，最难的就是第一次的挑战。如果你想在哪个领域有发展，最重要的就是刚开始那一次，那一次你冲出去了，你突破了，接下来就容易很多。不要轻易给自己下定论，我在某某方面不擅长之类的。

每个人都有自己擅长做的事和不擅长做的事。在平时的生活中，我们可能都有这样的体会：接触到自己觉得擅长的事时，自己会觉得游刃有余，如果接触到的是自己不擅长的事，就会觉得有些焦虑，不愿意去尝试。舒适区，其实就指的是我们自己所擅长的部分，做这部分的事情时，就会感到很舒服，你会觉得这件事做的过程很享受，做好了很容易。但是也许在别人看来，会说："哇，你真了不起，能把这件事做得这么好！"但是我们同时也会觉得，对方做的事情才特别厉害，如果换成是自己，肯定做不好。

其实每个人都有自己的舒适区，你这部分做得好，他那部分做得好。随着时间的推移，每个人的舒适区就会越来越固化，比如当我们看到一些职场的成熟者时，会发现他们身上鲜明的特长，同时我们也很容易发现，有些人擅长的事情很多，有些人擅长的事情少一些。这主要是因为，每个人对探索与挑战自己舒适区的态度不经相同，久而久之，就发生了不同的变化。

在大学期间，我们所能经历的事情是非常丰富的，有很多可以突破自己舒适区的机会。其实我们每个人的心里都非常清楚，自己的舒适区在哪里；非常清楚，做哪些事情时自己就像坐在沙发上一样舒舒服服，而做哪些事情，会让自己有如坐针毡的感觉。通过去挑战舒适区，突破舒适区，慢慢地自己会发现原来让自己如坐针毡的事情，经过一段时间的尝试后，自己已经游刃有余了。而在这个时候，自己的舒适区就变大了。因为当你一旦突破某件事后，它便成了你舒适区的一部分，以后你再做这件事，你就可以像做其他擅长的事情一样，能够舒舒服服地做下去了。

当自己可以去挑战一下自己的时候，别轻易放过它，因为这很可能就是你自己舒适区的边缘，尝试着去挑战，尽管很可能你的第一次挑战并不会特别完美，但这并不重要，重要的是，通过这样的挑战，你拥有了做这件事的自信。在这样的领域里就会比别人更从容一点，比别人更有经验一点，比别人做得更到位一点。尝试着突破一下，勇于挑战、不断突破自己的舒适区。

案例分析2 努力是最珍贵的天赋

成功考取某学科排名全国领先高校研究生的啸啸，在读研一年后，回校参加考研的工作坊，讲他自己备考和读研的体会。交流中，一位学生问啸啸，咱们学校的学生考外校的研究生非常难，每年就只有几个人能考上，你觉得原因是什么呢？

这个问题在我自己的工作坊中也做过回答，我首先会说大家所学习的专业竞争压力很大；咱们学校的排名不高；各高校有很多保研名额等。啸啸作为一个成功考出去的学生，他的回答很简单，他说："我觉得，还是我们不够努力。"

他讲到，他自己考研的成绩并不高，如果能高一些，其实会更稳，能上这所大学的研究生他觉得很幸运。在大学期间，他觉得自己也并没有全力以赴地努力，中间也有因为一些原因的思想波动而导致成绩下滑。在他的所见所感中，觉得我们之所以考外校很难，最主要的原因还是努力不够。

前些天我和一个朋友聊天，他跟我说，他觉得他的自身条件在现在的工作中有很多劣势，比如专业、背景、写作能力等，他看不到成功的可能，所以不敢去努力。我反问他，有多少优势不是靠努力换来的呢？

在这个社会中，我们会给很多成功者戴上"天赋"的帽子，认为他们在某些领域具备天生擅长的能力。我觉得，即使这些人具备这样的天赋，他们能够出现在大众的视野中，也是因为他们在这份天赋中加上了厚厚的努力。百度百科中对"天赋"的解释是这样的，"在某些事物或领域具备天生擅长的能力或者天生执念（极大的热情）"。这份天生执念是驱使人们在某个领域不断投入的动力，而天赋并不直接等于成功，这其中必然要加入努力。

对于更广大的普通人，我们所表现出来的在某些领域的天赋，很多时候都来自过去的努力。比如我们发现某人沟通能力很强，某人逻辑思维缜密，这些大多源自过往的不断积累。人们的很多天赋是从过往的经历中习得的，只是旁人在看时，往往忽视掉了对方努力的部分和成长的过程。

看不到成功的可能，从而不敢去努力。我感觉这源自对未知的不安。我们都无比渴望安全感，又都不喜欢一眼望到头的人生，应对的方法只有不断地进步，通过在动荡中的不断自我提升,获得来自自身的平衡能力。

努力,是一件人人都会做,也都能做的事情,所以我们从不觉得是一种天赋。然而当我们见的人多了,走的路长了,我们渐渐发现,努力并不是其他天赋的附加品,努力本身就是一种天赋,一种带领着我们在漫漫人生中追求幸福的天赋,一种最珍贵的天赋。

前沿拓展 用"新木桶理论"解读职场竞争力

如果从百度上搜索"木桶理论",置顶在前面的往往是我今天要跟大家分享的话题——长板理论,也就是新木桶理论。

木桶理论的内容及含义

当然要讲新木桶理论,我们首先就要从木桶理论讲起。我相信大家都应该比较熟悉我们原来所熟知的木桶理论,下面我们来看一下关于木桶理论的这张图片。

木桶的盛水量取决于桶壁上最短的木板

图 2-1 木桶理论

(1)木桶理论内容解读

传统的木桶理论介绍的主要是每个人的能力都像木桶上的板,有长有短,决定我们每个人收获多少的是我们短板的长度。在木桶理论中,我们用盛水来比喻我们能收获的东西,水一旦达到了我们最短板的部位以后,就会溢出来,所以我们能装多少水,取决于我们最短板的长度。以此来说明在我们能力增长的时候,应该注意补足自己的短板,因为短板越长,我们的木桶当中能够装下的水就越多,用这样的一种方式来解读我们在职场上所需要的能力。

(2)木桶理论含义阐述

木桶理论的核心观点是希望我们每个人都能全面发展,希望自己不要有明显的短处。在我们平时的职场生活中,我们也有这种体会,就是一旦遇到我们自己不擅长的地方时,可能就会影响我们职场的发展。所以用木桶理论来解读的话就是说,超过了自己不擅长的短板时,水就装不下了,所以我们的收获可能就会受到限制。

新木桶理论的内容及含义

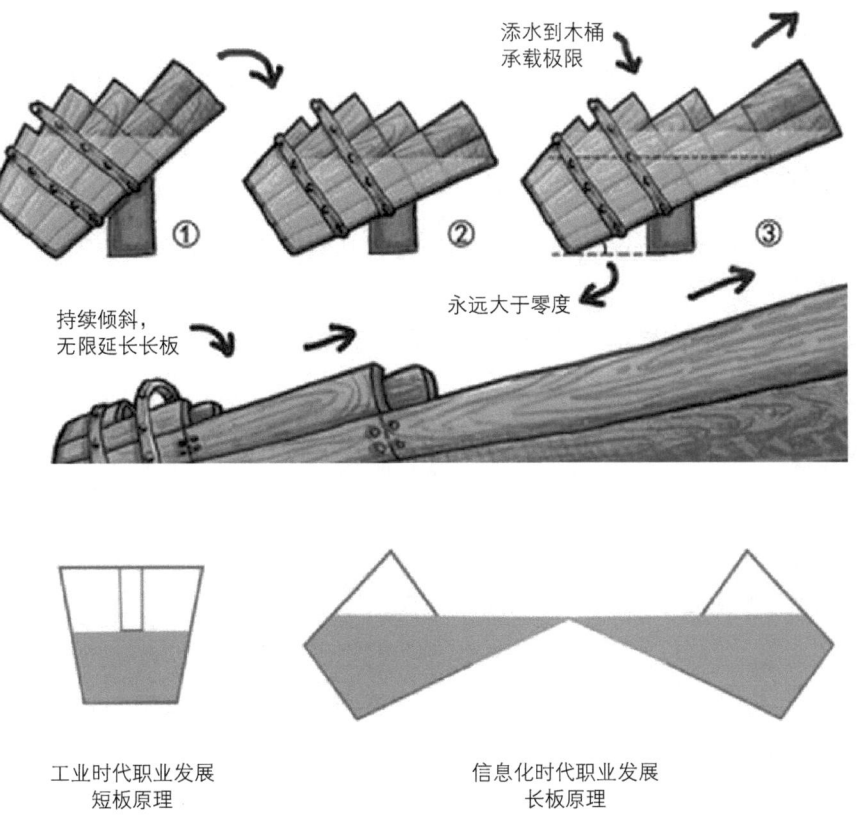

图2-2 新木桶理论

这张图片跟大家展示了新木桶理论的观点。它有别于传统木桶理论的最重要一点是，我们希望每个人都能在职场当中发挥自己的长板，发挥自己的强项。

（1）长板决定了盛水的多少

用新木桶理论大家可以看到，长板的部分决定了我们能盛多少水。新木桶理论的诞生确实也是源于我们现在社会发展的状况。社会的发展对于人才的需求越来越专业化了，节奏也越来越快，有时候在职场当中对于个人的使用并不会要求一个人的全面素质，很多的时候考察的是，当下这个人的专长是否能够满足这个岗位的需要。那么怎么能够满足这个岗位的需要呢，往往是在于他的长板。

（2）求职时关注的是每个人的长板

我记得特别清楚的是，有一次我跟某企业的人力资源管理人员聊天，我问他您最看重大学生哪方面的品质？他说我们最看重的是学生能不能扛事。他这个话是比较江湖的一种说法，其实他考察的主要是学生的沟通和解决问题的能力。

当大学生求职中进行自我展示的时候，我们先要展示的是自己的长板。你的长处是不是企业所需要的，这个是决定你能不能在这个岗位上立足的关键所在。

木桶理论与新木桶理论的区别

我们有的时候会用原来的木桶理论去解释我这个地方不足，我那个地方不足，我这个地方需要补齐，我那个地方需要提高等，而其实有时候在领导这个角度来看的话，我可以容忍你的不足，但是关键的问题是你的长处在哪里，你的长处是否可以给我赢取更高的价值。如果你的长处能够给我赢取更高的价值，那么实际上我对你短处的包容度也会更大。这一点其实就是新木桶理论所揭示的一个最核心的地方。

长板是我们在职场生存的立足点

那么怎么去经营好自己的长板呢，我们把哪些部分作为自己长板的潜在点呢，我个人觉得有两个方面大家需要关注：一个是自己特别喜欢的部分，还有一点大家要注意，自己喜欢的部分还要是跟工作紧密结合的，也就是能在工作中发挥竞争力的部分，将这两者进行统一的结合。

我们去找一找我们每个人自己在工作中的长板在哪里？抛出这个问题，可能会有人给我这样的反馈：我没有长板。这个原因不是因为你真的没有长板，而是因为我们平时可能没有关注自己的长板，更多的是关注自己的短板。所以再给自己一点时间，再问问自己我的长板在哪里，两个方面，一个是自己感兴趣的领域，另一个是要和自己的工作紧密结合的部分。

经营长板的三部曲：意识、发现、锻炼

（1）意识。首先要弄清楚我们立足于职场的是我们的长板，就是说我们的竞争力是在我们的长板上。不是说你没有什么明显的缺点你就可以在职场上立足，或者你就可以胜任自己现在的岗位，更重要的是你的长处是否充分发挥出来，你让你的领导或者这个单位觉得你是有价值的。所以第一点是你的意识，要知道长板对于我们自己是非常重要的事情。

（2）发现。那么如何发现长板？找找自己喜欢的部分还有和工作紧密结合的部分，通过这两者你总会发现自己擅长哪些事情，而且从大体上面来讲可以这样划分：我们是擅长跟人打交道还是擅长处理具体问题，我们是擅长通过结果反推过程，更看重结果，还是更加关注细节，关注整个过程，这些是我们每个人最基本的特长。还有就是在我们的日常工作经验和我们的阅历当中，你会发现自己在哪些方面有长处，在哪些方面有特长。

（3）锻炼。所有的长板都是靠不断地锻炼练出来的。经过不断地实践，不断地提高，让自己的长板部分成为你所在的领域里大家公认的比较强的能力，不断地把这部分打磨成你自己的长板。

前段时间看了一本书，叫作《异类》，那里面主要讲了很多很有天赋的天才的成功秘诀。当中有一个非常重要的观点，就是所有的天才要想成功，都有一个"1万小时积累"的观点。也就是说，成功者即使很有天赋，也都需要1万小时的积累才可以。"1万小时积累"的观点让我觉得很受用。

书里举了很多例子，我们比较熟知的像比尔·盖茨、甲壳虫乐队等，这些都是被大家公认得很有天赋的人，我们可以看到，积累是一个非常重要的部分。

长板是通过不断积累得来的

对于我们大部分普通人来讲，其实我们并没有特别明显地在某一方面的天赋，所以我们要想展现出自己的长板，更多的是靠不断地锻炼，也就是不断地努力。我们能见到身边的很多人在某一方面有一定的特长，这更多的还是源自他们在之前生活当中的一些积累和努力，只不过他们积累和努力的过程我们没有机会看到，我们看到的更多的还是他努力之后能够展现出来的部分。

由兴趣出发积累自己的长板

当然积累的起因在于我们的兴趣。比如你是喜欢跟人打交道还是喜欢专注做事情，这些可能都是一些。我们对于某些事情感兴趣，然后我们投入进去，在这个部分不断努力，让它成为自己的一个特长。

这时候我们可能会有这样的感觉，尤其是这个阶段，我们会觉得我对这个东西挺感兴趣的，同时我们也有了一定的积累，我觉得自己这部分是有一定能力的，但是它距离真正的长板可能还欠缺一些火候，也就是说我们还没有被认可，没有公认我们在这方面有很大的特长。

而这种想法其实也是相对的，我们所希望的标准可能会比较高，我们希望在所有人那里都认可我们这方面的能力，或者我们希望在关键的时候都能发挥。但不要着急，如果我们认定某几个领域确实是我们在工作当中的长板的话，那我们就在这些领域不断地锻炼和提高，然后让它在更广泛的人群当中被认可。

如何看待补足短板

说完长板之后，我们还要说一下对于新木桶理论当中有关补足短板的部分我们应该如何解读。

在新木桶理论当中，我们更加强调的是长板是我们的生存立足之点，但并不能说我们在整个木桶当中只注重那一块板，其他的板什么都没有也是不行的。也就是说让自己短板的部分尽可能地有所提高，在长板比较长的情况下，短板越长整体性的提高越好。

（1）我们的短板尽量不要在职场当中给自己惹事

如果我们工作了几年大家会发现，在工作当中有些地方会不可避免地用到自己的短板，这个时候，如果能稍微避免一下的话就稍微避免一下，比如我们可以采取不同的办法来把这件事解决，这个是需要我们的职场智慧的。

实在躲不开的部分自己一定要注意，这是自己的短板，在使用短板部分之前的准备时间要更长，准备得要更加细致，要靠更加倍的努力才能避免自己在发挥短板的时候产生很大的偏差。

（2）利用团队力量补足个体的短板

在职场中，我们都隶属于某一个团队。一个团队的经营其实可以帮助自己弥补短板。我们不应只和这个团队中与自己相近的人接触，应努力拥有能够补足你短处的团队伙伴。如果我们能负责一个团队的人员配备，那就尽力保证整个团队不出现明显的短板，这也是作为一个领导者很好的策略。

这样的观点也有助于你在平时团队建设当中发挥别人之所长，不然在这个团队里面所有方面都是你最强，那么跟你一起配合工作的人不会有主动性。你能够发挥好他的所长，而且在这部分并不是你最强，那么在这种互补的过程中，其实每个人都有很好的参与感，同时他有弥补你短板的能力。

（3）短板关系到你下一步的发展

在这个过程当中，先要将自己现有的长板强化，因为他是你能够在现有岗位上生存的立足点，你的短板实际上关系到的是你下一步的发展，也就是说你后面有没有很好的发展，在于你的短板到底能有多长。

有时候领导看你是不是适合某个岗位，这个在于你的长板，同时你的短板会让他去包容，但如果包容的东西比较多，那么可能你的上升通道就会变窄，如果你的短板能够在不断地补长，那么你可能会有一个更好的发展。这就是长板和短板两者之间的逻辑关系，长板代表你生存的立足点，而短板关系到你下一步的发展。

所以大家在面对长板和短板的时候都需要打定这个主意，当下我们需要把自己的长板找清楚，我们才能让自己在现有岗位上更好地立足，但如果要想有更好的发展，那就不能回避自己的短板。因为如果你想要去一个更高的职位或者发展平台，那就要不断地补足，让自己的短板成为自己新的长板。

工具应用 他人眼中的我

通过他人对自己的反馈了解自己是一个很好的方式。

向你身边的亲朋好友询问一下：

如果让他们用三个到五个词来形容一下你,他们会说什么?

_____

_____

_____

你可以通过面谈、打电话、发短信或电子邮件等多种方式来完成这个练习。请询问至少 10 个以上的人。

得到他人的反馈以后,看一看他们对你的描述中,有哪些是你知道的,有哪些是你以前没有想到过的。

他们所说的符合你对自己的评价吗?哪些方面是你的长处?哪些地方你需要改进?

第四节　价值观探索

价值观是人对客观事物及自己的行为结果的意义、作用、效果和重要性的总体评价,是我们在生活和工作中所看重的原则、标准或品质,它会推动并指引一个人做出决定、采取行动。

价值观对动机有导向作用,人们的行为动机受价值观的支配和制约。在相同的客观条件下,具有不同价值观的人,其动机模式不同,产生的行为也不相同。

在同学们探索价值观之前,可能并没有意识到自己的决定、行为会受到价值观的影响。尤其在进入大学后,当同学们的学习生活有了更多的自由空间,对未来发展需要自己进行选择时,探索个人价值观就越来越重要。从每天上课是否要求自己必须认真听讲,是要多参与一些社会活动还是更希望多一些独处时间,到选择更能学到新东西的职业方向还是找一个更安稳的工作,看似我们纠结于一个又一个的选择,背后其实都和每个人的价值观有关。

价值观在职业领域的体现,即我们的职业价值观,它是人在从事满足自己内在需求的活动时所追求的工作特质或属性;它是人生价值观在职业问题上的反映,即个人对于与工作有关的客观事物的意义、重要性的评价和看法。不同的人对职业的需要和看法各不相同,因而产生了不同的职业价值观。

同学们通过探索个人价值观,理解自身对当下生活追求的内在意义,了解价值观会如何影响我们的职业选择和职业发展,明白不同的人会因为价值观不同而做出不同人生选择、走出不一样的人生道路。

《论语》借鉴 我们所追求的人生状态

我是个爱给自己定目标的人。小到每天要完成什么事，大到年度甚至更远的目标。

过去我曾认为，目标是很严肃的，定的目标都应是工作里、个人成长里需要完成的事。比如，要写几篇高质量的论文、申报个项目、做成哪些成绩等。

确实，在这些目标的带领下，自己也取得了一些成功。但同时也隐隐遇到了些问题。比如，我的注意力特别集中在目标上，目标之外，没有生活。

实现目标的过程，总是特别苦，而实现目标一瞬间的喜悦，又会被新的目标迅速带走。所以，几乎每天都在为目标而奋斗。时间久了，我前行中背负的包袱越来越重，行动的步伐越来越迟缓。

于是我改变了自己目标的内容，改成了愿望清单。月初，写下这个月要实现的心愿。买一双新鞋、陪家人出游、看电影，都成了我的愿望清单。

开始时，我只是希望通过这种方式来给自己减减压。时间久了，我发现实现愿望清单的过程，让我对生活充满热爱，让我追求自己理想状态的愿望成为现实。

我不仅在问自己：活成自己喜欢的样子，这不就是我所希望追求的最大目标吗？

其实，把一些生活里的琐事当目标，把一些不是很大的小事当目标，带给我的并不是消极、懒散的躺平状态，而是更接纳自己、更积极向上的生活状态。是我向往的生活状态。

《论语》中记录了一段孔子和他的弟子子路、曾皙、冉有、公西华一起闲谈理想时的对话。

孔子让几个弟子不要有任何顾忌地畅所欲言。他问大家，不用考虑当前的是否有人赏识的局限，你最想实现的理想是什么样？

子路为人率直，也是大师兄，于是最先回答。

> 千乘之国，摄乎大国之间，加之以师旅，因之以饥馑；由也为之，比及三年，可使有勇，且知方也。

子路很有抱负，也很有信心。他认为他可以用三年时间，将一个在大国夹缝中生存的、内忧外患丛生的中等国家治理得井井有条。

按照现在的话说，就是接手一个底子不错但正处于发展困境的公司，担任首席执行官，子路有信心用三年时间，让公司步入正轨。

孔子听后微微一笑，接着问冉有、公西华。

> 方六七十，如五六十，求也为之，比及三年，可使足民。如其礼乐，以俟君子。

冉有说，对于一个更小规模一些的国家，让他去治理，三年时间，他能保证国家百姓富足，但对于礼乐教化等精神层面的追求，他没法给予指引，需要更贤德的人来推行。

也就是说，对于一个中等规模的公司，冉有觉得自己能做好执行副总的工作，但一把手，他干不了。

> 非曰能之，愿学焉。宗庙之事，如会同，端章甫，愿为小相焉。

公西华回答说，他不敢说能胜任国家治理的事情。但自己愿意学习。宗庙祭祀的工作，或者是诸侯会盟及朝见天子时，他能够穿着礼服，戴着礼帽，做好一个司仪的工作。

公西华觉得自己没有能力管理一个公司，但他愿意朝着这个方向努力。目前的能力，他觉得自己做一个部门的负责人是可以的。

在这个闲谈的过程中，曾皙一直在弹琴。三个弟子都回答完后，孔子问曾皙的志向。

曾皙停下来，站起身回答说自己想的和他们三人不同。孔子鼓励他想什么就说什么。

曾皙描绘了他追求的理想画面。

> 曰："莫春者，春服既成，冠者五六人，童子六七人，浴乎沂，风乎舞雩，咏而归。"

夫子喟然叹曰："吾与点也。"

暮春时节，换好了春天的衣服，和五六个成年人，六七个少年人，在沂水游泳后，在舞雩台上吹风，而后唱着歌回家。

孔子长叹一声说：我赞同曾皙啊。

初听这段话时，觉得曾皙的理想太小、太生活化、太懒散，这怎么能是奋斗目标呢？这样的目标能指引前行吗？

追求的不是外在的目标，而是人的状态

外在的目标，会更聚焦、更有动力。但聚焦的外在目标，也容易让人只盯着目标看，却没注意过程，没注意变化。

子路、冉有、公西华都很具体地说出了外在的目标。什么规模的国家、自己能做成的事情等。这样的量化数据摆在那里，会让我们把它们当成了人生追求和实现个人价值的最终呈现形式。

不管是带领团队也好，经营个体也罢，我们现在都很难能以某个具象的指标来评判成败。当只盯着外在目标，我们的思维就僵化了，人也容易为了追逐目标而远离团队、远离身边的人。

稻盛和夫谈他的经营哲学时就讲到，企业要始终把追求员工的幸福生活作为奋斗目标。他一直坚持和员工谈心。只身一人加入日航，靠着和员工一起，以都认同的目标为基础，共同奋斗，而取得了一年扭亏为盈的经营奇迹。

进入知识经济时代，企业最大的竞争力来自知识工作者的创新能力。

像曾皙所描绘的画面，三五成群共赴理想国的状态，更关注身边人的感受，更符合现在企业经营的要务。团队的终极愿景，不再是一些数据成就，而是一群志同道合的人，做着一件热爱的事业。

其实不论执掌多大的企业，能成就多大事业，最终的成绩都要回归到员工的幸福感。曾皙描述的一群人积极幸福的状态，才是企业永葆生命力的核心竞争力。

也是孔子为什么会赞成曾皙的原因所在，因为他的理想也是百姓的生活的幸福，社会的仁爱。

决定能否实现目标的，不是做成多少件大事，而是个人的内在修炼

表面上看，曾晳的目标太小了。三五好友一起洗洗澡、晒晒太阳，聊着天，享受着生活。这就实现人生价值了？

其实曾晳关注的是每个人的内在修炼。

只有我们能让自己保持良好的身心状态，我们才有动力去追求美好的生活。只有良好的身心状态，我们追求的生活才是美好的。

如果每天苦大仇深、郁闷憋屈而无法自拔，在这种状态下，我们提的任何目标都不是正向的，甚至有可能让自己的生活陷入更大的困苦之中。

古人讲，欲治其国者，先齐其家；欲齐其家者，先修其身。

快节奏的生活状态，让我们习惯把目光盯在"治国"甚至是"平天下"上，都希望尽快成就一番事业。

然而，当自己没注重修身齐家，直接想完成治国目标时，我们的根基不牢，做事无法持久。

当前看到的能持续走红的表演艺术家，以及我们欣赏的董宇辉、刘畊宏等网络红人，他们在多年注重自身品德、知识、专长的沉淀、打磨下，自然地走入公共视野。在拥有"治国"机会时，也能摆正自己的位置，这需要每个人在修身上下工夫。

曾晳提到的理想，看似只是在关注日常事。但我们如果能记得再忙也要停下脚步，体会生活的美好，我们就能懂得正心修身的重要性。

目光不只是盯着成大事，而是注重提升自身修养，保持平和状态。

积极正向的态度不是来自对自己的苛刻，而是享受过程中的美好

一个极具挑战的目标摆在那里，鞭策着自己努力向前。但如果过于苛刻自己，总是盯着自己离目标还很远，给自己的鞭策就未必是正向的。

再正确的目标，也需要一点点的努力去实现。实现目标的过程很长，中间需要我们及时给自己补充能量。

我开始给自己定月度愿望清单的时候，就觉得这些生活里的愿望，能缓解自己工作中的疲惫。

随着实现愿望清单的次数慢慢增加，我发现，每次实现生活中的愿望，都给自己带来很大的能量值和幸福感。

我的生活有了更多色彩和温度，我对目标的追逐就更有动力了。毕竟工作中，总会遇到不少挑战，难免收到负能量。而用心完成生活中的愿望，就是给自己补充积极正向状态的好方法。

生活中的点滴美好，平凡中的幸福，更是我们积极进取的动力所在。如果我们的注意力总是盯着未来的某个时刻，我们的心没法踏实在当前的事情中。

感受过程、记录过程，并用心享受生命的过程，我们会聚焦在当前做的事里。专注反而能更大限度地激发创造力，能看清楚前行的方向。

案例分析 1　为自己的需求排个序

大四学生小张在找工作的过程中参加了很多场招聘会，但始终觉得没有一个单位适合自己，为此他特别苦恼。

"王老师，没有一家单位适合我！"小张很沮丧地说。

我疑惑地看着他，鼓励他继续说。

"老师，我这个专业都要去外地吗？我不想去。"

于是，我引导小张关注那些技术型或者研究型的岗位。

"我看了，太安逸了，没有什么发展，我觉得刚毕业应该闯一闯。"

听后我想了一下，又引导他关注那些刚起步的企业或正在发展中的行业领域。

"嗯……我觉得这种企业不太稳定，如果我干了几年，企业倒闭了，那我怎么办呢？我觉得我还是应该找个规模比较大的企业，对我更有保障。"

谈话进行到这里，我知道要转换思路了。小张的问题不是他找不到适合自己的工作，而是还不清楚自己的需求是什么。

"我发现你在选择工作时有不少需求，你能说清楚你到底有哪些需求吗？"我给了小张一张白纸和一支笔。

写需求的过程并不长，10分钟左右这张纸就写满了。之后我又给了他一张白纸，并对他说，"把你写的所有的这些需求排个序吧，注意，不能有任何需求是并列的哟。"

这个过程时间很长。经过了漫长的思考与确定后，小张的需求排序表诞生了。在这个过程中，他先后三次向我要了新的白纸重新写他的需求排序。

我问小张，通过这个过程发现了什么？小张告诉我给需求排序实在是太痛苦了。但拿到结果的时候，自己好像发现找不到工作的原因了。

我跟他说，每个人在找工作时都有不同的需求，如果说，只要这个单位有一点是自己不喜欢的，就不选择这个单位的话，谁都很难找到工作。我们需要花一点时间，让自己静下来，澄清一下自己的需求有哪些，并且给自己的需求排个序。需求不能是平行排序的，必须得有个先后的顺序。当不同的单位展现在自己面前时，看看这个单位自己满意的方面排在需求列表的第几位，自己不满意的方面排在需求列表的第几位。然后再对照看看哪个单位满意的方面排序最高，不满意的方面排序最低，最终帮助自己做出选择。

在我上职业规划课时发现，很多同学都特别希望通过这门课程了解用人单位的分类和特点，了解更多的就业市场信息。而作为老师，我也总会提醒同学们首先要深入了解自己。当同学们清晰地了解自己最看重的到底是什么的时候，才不会在就业市场纷繁复杂、铺天盖地的信息冲大家涌来时，出现上面这位同学所遇到的困惑，也不会随波逐流，人云亦云，更不能让别人帮自己选择未来的路。

如果你现在也正处在面对周围纷繁的信息不知所措的时候，静下来给自己半个小时的时间，聚焦于内，问问自己的需求有哪些，并给自己的需求排个序吧！

案例分析2 找到一份工作带给我们的内在价值

小Z这几年在某区国资委下属企业工作。他是海归研究生，又有在现代化企业工作的经历，在目前的企业里，属于领导重点培养的年轻干部。他找我沟通近期的工作感受，咨询我对他换工作的看法。

之所以来到现在的企业，按小Z的话讲，他喜欢经过自己的努力，踏实做成些事情的感觉。在这里，通过他的努力，自己能看到项目确实落地，能感受到服务一方百姓的价值感。

小Z和我分享了他在工作中正在推进的事、目前因工作需要正在学习的内容。近期，他遇到的困惑是，家里人希望他能认真考虑是否考取公务员。

家人给出的理由很明确，觉得小 Z 目前公司上升通道非常清晰，也比较有限；而如果选择考取公务员，则会拥有更广阔的发展空间。年纪轻轻，不应该这么快就把自己局限住。

聊到这里时，我给小 Z 提了个醒：不要只因为现在工作的不好和另一个选择中的好而决定是否换工作。

我们很自然会关注当前工作中不让自己满意的部分，也会满怀期待地关注着另一个工作选择中吸引自己的部分。但当真的要做出决定时，还是需要做理性梳理。可以通过 SWOT（态势分析）法则的方法，从优势、劣势、机遇、挑战四个维度，帮助我们对每个工作选项做梳理。让自己跳出单一理由，全面比对。

我和小 Z 继续聊着对于不同工作机会的看法。

小 Z 觉得，考取公务员对他而言，比较好的地方就是有机会获得更高的社会地位，能够在不同的平台上增长见识。

我回复他说，我更看重他描述这两个工作机会时所提到的，希望能踏实做成一些事、能在不同平台上增长见识的价值追求。

我个人觉得，如果想让自己在一份工作中安心投入、不断主动进取，更多的还是要找到这份工作能给予自己的内在价值。

内在价值包括个人成长、自我实现等较少受外在因素影响，主要通过自我行为和自我评价获取的价值。

与其对应的外在价值，比如金钱、地位等，有社会普遍评价标准，除个人努力外还要受外在诸多因素影响。

如果在一份工作中，单纯追求外在价值，可以在短时间内获得努力动力，但容易患得患失、缺乏持续力。

如果需要选择工作，尽量先找到不同工作选择能给自己带来的内在价值是什么。在内在价值间做取舍，让内在价值支撑自己不断前行。

如果长期从事一份工作，但有些倦怠了，则也可以通过找到更多内在价值的方法，让自己重新出发。

前沿拓展 关注长期期待

一些大学生在和我的交流中表达了这样的困扰，"老师，我知道自己想要实现的目标是什么，也清楚努力实现它后会给我带来益处，但我就是没有动力坚持。"

究其原因，是因为我们对美好生活的期待有长期的和短期的之分。同学们在困惑中所提到的想要实现的目标大多是我们的长期期待，导致我们没有坚持下来的原因多半是因为短期期待在作祟。

长期期待是我们很向往的，但实现它所需要的时间会很长，而短期期待会比较容易实现，能够给我们带来即时满足。在日常的学习生活中，我们会发现短期期待和长期期待是反向的，比如吃肉和减肥、放松和取得好成绩、发呆刷朋友圈和博学多才。如果想实现长期期待，就需要我们克服短期期待的诱惑，而能抵抗住诱惑却绝非易事，所以才会有"成功的道路并不拥挤"的调侃。要想实现我们自己的长期期待，想要实现我们追求的幸福生活，都需要通过不断坚持、不断战胜短期期待的挑战，没有哪个我们期待的长远目标是可以"轻轻松松、敲锣打鼓"就能实现的。

比如我的长期期待是瘦身。我目前的体重比我的期待多了二十多斤。为了要实现自己瘦身的这个期待，需要我每周坚持一小时以上的锻炼至少三次，并合理膳食，不吃垃圾食品、不喝饮料。听起来我的目标和实现路径都已经很明确了，但结果是我连续三年都没有实现自己瘦身的这个期待。原因有三，其一是吃垃圾食品、喝饮料给我带来的即时满足非常明显。尤其是在我感觉工作压力大，加班写报告的时候，一听可乐给我带来的补偿能让我马上缓解因工作带来的不快。其二是总有比较紧急的事情占用锻炼的时间。说好的每周三次锻炼，总会被各种事情无限地往后拖，最终导致总也实现不了预期计划。其三是坚持了一周锻炼及合理膳食后，并不会马上给我带来积极反馈，我发现我并没有比一周前瘦，身体机能也没什么改善。

于是，我瘦身的期待总是遥遥无期。总是重复着，在某天安静的时刻，狠狠地提醒自己，不能再这样啦！一次次树立从这周开始一定要采取行动的宏愿。

在平时学习生活中，我们的长期期待被短期期待所打败的例子也会经常出现。比如学习英语这件事，我相信所有的同学都会说学好英语很重要，每当老师找自己谈话时说起学英语的重要性，我们都会觉得不耐烦，我们想说："老师，我知道学好英语的重要性，但我就是坚持不下去呀。"这里面的原因，也可以用长期期待与短期期待间的矛盾来解释。学了几天甚至几周也看不出提高；一看英语就犯困，还不如去睡一会儿；还有好多事要做，学英语先放一放吧。

完成长期期待的过程是我们实现自身梦想的过程。我们会发现自己身边那些在某个领域比较有建树、有成就的人，或者能够把握自己的人生，做自己想做的事，追求自我价值的人，都是在比较长的时间内朝着一个方向坚持不断丰富自己、不断精进，久而久之打造出自身立足于社会的核心竞争力和不可替代性的人。

被确定为我们长期期待的，一定是对我们而言很重要的事。它们的重要性不会体现在当下，但在不久的将来，这些事情所发挥的作用是非常强大的，强大到能左右我们的生活。

比如我的瘦身目标，现阶段没实现并不会给我带来什么问题，但如果我一直是这样的状态，在年龄再大一些后就会对我的身体造成影响，"三高"问题、颈椎腰椎问题就会变得很严重，给我的生活造成很多影响。而如果到那时才开始干预，那就不会只是合理控制饮食、每周锻炼3次这么简单了，付出的辛苦肯定很大，同时也不可能再回到完全健康的状态了。然后再后悔当初怎么不注意身体健康。

长期期待无法在短时间内实现，一旦我们发现它马上就要影响我们时，我们已无力通过短期突击而改变什么，只能根据当下的完成情况来调整预期。

比如我们很多同学的英语水平一直没怎么提高，但在快毕业时发现一个非常心仪的企业提出了很明确的英语水平的要求，或者在工作后，一次很重要的汇报展示机会需要用英语完成，在这时我们才开始恶补英语，肯定是来不及了，只能将这样的机会拱手让人了。然后再无限后悔自己当初怎么不好好学英语。

长期期待有助于我们的成长，坚持朝着长期期待的目标努力前行的过程，一定是一个自我提升、自我成长的过程，在这个过程中我们逐渐成为自己期待的样子，逐步实现着自我价值。

每个人都希望能够有一技之长而立足社会，希望靠自己的努力实现自身价值。在大学生找工作时，如果一个企业来问你，你为什么选择这个职位呢？你回答说，我是学这个相关专业的。而这时旁边有个同学回答说，他在哪个企业的相近职位实习过，做过哪些事情，完成了哪些工作任务。我相信如果你是企业的人力资源管理人员，你也会选择旁边那位同学。在进入职场后同样如此，如果我们没有在每天的业余时间坚持学习、不断丰富知识、锻炼能力，久而久之自身的不可替代性就会降低，当身边有的同事因为自己长期的储备而实现职位提升或重新进行职业选择的时候，我们可能也会后悔，为什么自己只想着窝在家里无所事事，没有做些更有益的积累与尝试。

在长期期待上不断坚持是一件很难的事，那有什么方法能够帮助我们把注意力放到长期期待上，并帮助自己坚持下去呢？

第一，阐述清楚要实现这个长期期待的原因是什么。我们总是要给自己长时间坚持去做的事赋予意义的。比如我这些年一直坚持写有关大学生成长类的文章，因为我很清楚自己的价值追求中有很重要的一项是陪伴学生的成长，如果能够做一些帮助到大学生成长的事情，如果因为我的讲座、课程、文章能够给大学生们的学习生活带来启发，我就会觉得很开心。于是我不断地学习、写作并进行主题分享，在这个过程中，自己并不觉得疲倦而是觉得很有意义、很有价值。

对于我们的每一项长期期待，都需要问清楚自己为什么要做，如果自己的回答很犹豫或者很被动，那就缺乏坚持下去的内因，在面对迷茫不知去向时、在面对困难无从下手时，在面对诱惑难以取舍时，只有内心的动力能帮助我们渡过难关，坚持到底。

第二，沿着长期期待的路径，给自己设立几个短期期待的奖励。长期期待并不能在很短的时间内实现，而且在一段时间内看不出积极的变化，会让我们很沮丧。我们可以自己设立一些短期期待奖励，来帮助自己渡过这段困难时期，当我们在一段时间之后看到了坚持朝着长期期待的方向努力而发生的积极改变时，我们就会更加坚定地走下去了。我听说有些人在瘦身这件事上给自己设定一些短期期待奖励，比如如果自己能坚持一周的锻炼和合理膳食目标的话，就奖励自己去看场电影；如果能坚持一个月，就给自己买一个心仪已久的礼物；如果瘦身到多少体重时，就奖励自己去做一件一直想做的事。

通过将自己渴望的东西与某项长期期待绑定起来，起到起步阶段的激励作用，让自己摆脱因时间太久、收益不显著而导致焦虑或放弃的困扰。

第三，和有长期期待的人为伍，不同的路也有互助的力量。多和积极向上，有梦想有行动的人交朋友，即使大家追逐的梦想各不相同，也同样会在别人的经历中找到自己坚持的动力。电影《缝纫机乐队》，诙谐幽默又很感人，一些有着摇滚梦想的普通人，通过努力，克服重重困难终于举办了乐队的演唱会。我不是一个追求摇滚音乐的人，但我仍旧看得热泪盈眶，因为我从他们讲述的追逐梦想的经历中看到了自己。他们通过电影点燃的是每一个看电影的人自己的梦想。如果我们用心去观察，都不难发现自己身边有很多正在朝着自己追逐的方向不断努力的人，其实每个人对于长期期待都不可避免的有坚持的乏力、方向的迷茫，但互相从别人行动中获得的力量会帮助我们自己坚持下去。

我的学生就曾给我留言说，看到我这些年一直的坚持与不断地自我突破，给他的工作和事业追求带去了动力。他会以我为榜样追求自己的幸福生活，我同样也从他的反馈和做法中获得继续坚持下去的动力。

每个人都有自己的长期期待，对多年后的自己的样子都有美好的向往。希望我们在蓦然回首时都能感激过去几年一直坚持、不曾放弃的自己。在面向未来时也会因为自己曾经的经历而让前行的路更宽广、更踏实。

工具应用 价值观市场

（1）参照价值观列表，挑选出其中五种对你来说最重要的价值，分别写在五张小纸条上。如果你认为重要的价值在表中没有列出，也可以另写。

价值观列表

人际关系/归属感，团队合作，物质保障/高收入，稳定，安全，创造性，多样性和变化性，新鲜感，乐趣，自由独立，被认可，受尊重，能帮助他人，能发挥自己的才能，成就感，成功，名誉，地位，有意义，有学习/发展/成长的机会，权力/领导或影响他人，有益于社会，挑战性，冒险性，竞争，符合自己的道德观，工作环境，工作地点，工作与生活的平衡，健康，家庭，朋友，亲情，亲密关系，爱，信仰，幸福，为社会服务，和谐，平等……

（2）给每一条对你来说很重要的价值下定义，并在纸上写下来，即要达到什么样的水平你才能满意？个人对同一种价值的定义可能并不相同，比如，对于"物质保障"的理解，有的人可能认为是月薪至少3000元以上；也有人可以接受2000元月薪的工作，但一定要有医疗保险。

（3）如果你不得不放弃其中的一条，你会放弃哪一条？将写有你准备放弃的价值的纸条与其他人交换。

（4）保留刚才别人给你的纸条，放在一边。现在，如果你不得不继续放弃剩下四条中的一条，你会放弃哪一条？再次与另一个人交换。

（5）继续下去，直到最后一条。这是否是你无论如何也不愿放弃的？

我的五样重要价值观及其定义（按重要程度排序）：

a. _____

b. _____

c. _____

d. _____

e. _____

（6）讨论：

通过这个活动，你对于自己的价值观有什么样的了解和想法？

_____

_____

_____

你的价值观会对你的职业选择和人生产生什么样的影响？

_____

_____

_____

他人的价值观会对你的生活造成什么样的影响？

_____

_____

_____

第三章

求职准备

第一节　外部探索

荀子《劝学》中称："不登高山，不知天之高也；不临深溪，不知地之厚也。"从孩提时代开始，我们就努力探知外部世界，对外部世界的探索是我们自身成长的重要部分，我们需要不断探索，并找到自我实现的路径。就像荀子所说，不登高山、不临深溪，无法了解天之高、地之厚，当我们对外部世界的探索未达到一定高度和深度时，我们只能做盲人摸象般的探知，这对我们制定自己的生涯发展规划无疑是有影响的。

在职业生涯与发展规划的课程中，外部探索是指通过一些方法对职业及分类、职业环境、职业观念、职场状态及职业发展趋势的了解。外部探索是学生进行职业决策的前提条件，是搭建学生从大学到社会的联系桥梁，更是学生进一步认知自我的催化剂。

在学校读了十几年书，突然要面向社会，进入职场，这份陌生感对大学生们而言，产生一定的焦虑非常正常。同学们对工作世界的不了解，有时会表现出两种极端状态：一无所知和想当然。这两种状态常常会令同学们在进行职业规划或者求职时产生困惑，在生涯规划中难以决策，陷入被动。学习对工作世界的探索和了解可以帮助大学生更为主动地把握个人生涯的发展。

外部探索需要一个长期的过程。同学们要树立进入大学后便开始注重探索工作世界的意识。通过专业学习、实习实践、与不同工作状态、年龄的人谈话中都可以捕捉职业信息、丰富自身对工作世界的认识。

外部探索能为我们的大学生活提供可供参考的具象目标。比如我们通过切身走访，发现某一个职业、某一类工作岗位是自己比较向往的。而和其对应的入职要求相比，自己在某些方面还有所欠缺。尽快积累、补充自己欠缺的部分，并强化自身优势，便可成为下一阶段大学学习生活的目标。

在外部探索过程中，同学们也可能陷入两难境地。比如留在大城市找一份相对不太稳定、目前不太理想的工作，但有很多学习、发展机会；还是回到家乡小城镇有个待遇不错的、稳定的工作，但是自己将来的发展前景相对有限。是先不找工作、专心考研究生，等研究生毕业后再进入职场；还是抓住现在遇到的工作机会，早点在职场打拼积累。

世间的事没有完美的，外部条件总给我们设立这样或那样的限制，看上去似乎很难，也会有些沮丧，但是深入思考，就会发现我们正是在这种两难的选择当中，越来越知道什么是对自己真正重要的，也越来越了解自己是谁，从而调整自己的行动，走出属于自己的生涯道路。

《论语》借鉴 我们如何走出眼前的迷雾？

问身边的人，如何看待未来？很多人会说，眼前是一团迷雾，不知道未来是什么样子。

面对这团未知迷雾，有人选择躺平，浑浑噩噩地做着眼前事，每天忙着，但也盲着。有人选择让自己成为陀螺，把看到的、想到的事都要做好，每天忙着，但也茫着。

面对现在变幻莫测的外部环境，我们需要重新获取如何在社会中持续保持竞争力、如何在社会中寻找自身价值的方法。

罗振宇在新年演讲中问到我们一个问题：坚持10年时间等待一项事业的收益，久不久？当一个项目的分析报告显示，利润要在10年后才会出现，我们是否会选择投入？

如果我们能认定10年后一定可以得到回报，便会投入。因为谁愿意在迷雾中行走呢？有一条清晰的路指向远方，只需踏实前行即可，很多人都会走。

但关键的问题是，没有人能为10年后的收益打包票。我们是否还愿意选择这条长久的路。

只有愿意选定一条路，坚持做好一件事的人，才有可能走出眼前的迷雾。

子曰："岁寒，然后知松柏之后凋也。"

孔子说："要到岁寒，才知松柏的后凋呀！"

本章中，孔子借严冬中的松柏，告诫弟子，在艰难的时刻才会凸显一个人君子的品行。也只有经历艰苦的环境，才能考验君子的气节，才能感悟人生的真谛。

君子的成长需经历岁寒的考验。在现今社会，想要走出眼前的迷雾就如同经历岁寒的考验一样。通过坚持做好一件事的过程，让自己经历岁寒，看到不一样的风景。

明明我们都只要专注一件事做下去，会收获成功。为什么真到做的时候，又坚持不了呢？

因为我们经受不了岁寒的考验。

能够将一件事坚持下来，需要接受三个考验：选定一件事的纠结；尝试新行动的忐忑；短期低预期的焦虑。这三个考验都如岁寒一样难熬。

选定一件事的纠结

这个时代造成我们忙忙碌碌又不能达到自己心中目标的原因，不是没有成功的机会，而是成功的机会太多。

我们能从各种途径了解到各类人的各类成功经验。我们羡慕他人的社会成就、羡慕他人的自由生活、羡慕他人的一技之长、羡慕他人的理财收入。

我们是否也能看到他人都在自己的领域做了很久的铺垫和耕耘？我们只想要那个结果？还是愿意经历一样的岁寒？

在所有的羡慕中，先不说我们是否能经历一样的持久投入，就算是选定一件事，都很纠结。

在这个月初自己制定月度计划的时候，我就感觉到自己想做的事情太多，一列就能列出10多项。列计划的时候斗志昂扬，但自己怎么可能有时间、有精力都做呢？

一个月的计划都无法聚焦一件事，更何况一年，以及选定一件事做10年呢？

只有选定一件事，我们才有资格去经历岁寒。每件事都想做，我们也就只能当个生活的看客。看花园中繁花似锦，永远不知道它们如何做到这般娇艳。

尝试新行动的忐忑

美好的愿景，会在很多新尝试时停滞。我们害怕新的行动。行动不难，难的是，我们不能承受自己不够完美而得来的评价。

写作社里的新伙伴跟我分享，他很久之前就想坚持写作。写作能留下美好记录，写作能帮助捋清思路，这些好处他都认可，但就是迟迟无法动笔。

不能动笔的原因，是看到写作社里其他小伙伴们的文章，自己觉得差距太大。

做一件事的动力来自所追求的价值。这份价值中必然会包括别人的正面评价。但如果把正面评价的要求给得过高，则会让我们迟疑新的行动。

对新行动的忐忑，还来自不知道哪个方向是对的，不知道怎么做最精准。

行动的意义在于行动本身。行动的价值在思考之外。

如果我们已经能够准确预判到行动后的所有结果，行动本身也就没有意义了。行动最大的意义就是突破我们的思维认知，拓展我们的思考边界。

先行动起来，只有行动才能经历岁寒。只有经历岁寒，才能看到岁寒后的风景。

短期低预期的焦虑

做一件事的初始阶段，都会遇到低预期的情况。我们经常会过高估计自己一天、一个月的能力。许多持续奔跑，却依旧不能走出迷雾的人，通常是因为坚持不住短期低预期的焦虑，而频繁切换赛道。也有可能是被一些短期高预期的广告所吸引，把精力、时间和自己的热情放到那些快捷成功的事情中，而掉入旋涡。

我在做很多事情的时候，都会着急着尽早实现预期甚至是超出预期。但往往有这样想法时，所做的事都坚持不下来。于是，我提醒自己，是不是自己太着急了？于是我尝试着把想做的事情纳入生活里，成为生活的一部分。因为生活，就是一天天过着就好，不会有太多短期预期。

不管是家人间的感情、身体锻炼、写作、咨询或是讲座，还是朋友间的相处，在生活中慢慢滋养、不断提升。所有的事，都是生活中的一段体验。焦虑的心态每个人都会有。

忍耐住坚持一件事过程中的低预期，也是"岁寒"。只有经历这份"岁寒"，才能形成心中的气节。对人的包容、温暖，对事的果敢、坚守，这份拨云见日后的内心状态，不是一朝一夕实现的。同时，也只有经历内心的苦痛，方能参悟。

岁寒，然后知松柏之后凋也。

于外人看，是在某个艰难时刻，钦佩的君子本身。于自己看，是只有经历漫长的寒冬，才能拥有的内心风景。

松、竹经冬不凋，梅花耐寒开放，岁寒三友的美，只有经历岁寒的人才能知晓。

案例分析1　了解外部信息，需要一个由浅入深的过程

大三的学生小许是山西人，在大学期间经历很丰富，学习成绩在班里属于中上水平，同时又参与了学生工作，组织协调能力、沟通能力等方面都有很多的锻炼和提升。目前，他已经确定了将考取本校的研究生作为自己的目标，他想让自己早一点选择研究生的专业方向，从现在开始能够有意识地多去了解，早做准备。如何了解研究生的专业方向，我们的话题就顺着这个主题展开。

首先，我很赞赏小许在这个阶段就开始考虑这个问题。能够提出这个问题，说明他对自己的未来发展有思考，考研是为了过自己想要的生活，而不是人云亦云或者是按照父母的要求，再或者是不知道别的选择能做什么，而选择考研这条路。同时，在大学期间利用本校优势，提早了解研究生的专业方向并开始接触是非常好的，能够让自己比别人先走半步。

当然他也和很多来找我咨询的学生有共同的问题，希望我这个"大夫"有包治百病的灵丹妙药，希望我能告诉他，他最适合哪个研究方向。我确实很高兴大家对我很信任，不过，真的没有人可以替代你为自己做选择。

于是我先问他，"你事先做了哪些了解呢？"

他说，"我和三位大四的学长交流了。"

"那有结果吗？"

"他们都告诉我要根据个人的情况做个人的选择。"

我俩都笑了。

"你对这样的答案并不满意,所以就来我这里寻求帮助?"

"是的。"

接下来我问他,针对了解研究生专业方向这个问题,你觉得能从哪些方面获得信息呢?他告诉我能从学长、网络、老师这三个方面。那么,有哪些学长可以去询问呢?他觉得可以从大四的学长、研一的学长和已经毕业工作的学长方面了解。这个时候他发现了自己之前只问了大四的学长,太单一了。那么在网络方面呢,他觉得可以从研究生招生网、校园网和"贴吧"上了解信息。而老师这个方面,有团委的老师、我、专业老师和研究生处的老师或研究生教务员老师可以去咨询。

突然有这么多的渠道展现在眼前,也觉得有点晕,无从下手。通过这些渠道了解外部信息,应该如何进行呢?我告诉他了解外部信息,需要一个由浅入深的过程。

我们所能应用的了解信息的渠道是有难易区别的,有些获取信息的渠道比较容易,投入的时间少,需要花费的精力少,以刚才这个例子来说,从网上查资料、找大四的学长和研究生教务员老师了解信息都属于比较容易的获取信息的方法。而找相关专业的研究生、在"贴吧"上找到自己想要的信息和找我咨询相比较而言就属于难一点的方法。找已经毕业的学长、有针对性地找专业老师了解信息就属于需要投入更多精力来选择并付出非常多的时间成本去完成的了解信息的方法了。

为了能够更加有效地获取想得到的信息,我们可以将所需要了解的信息进行拆分,由浅入深地分出层次来,然后通过容易获取信息的渠道去获取浅层的信息,再通过较难的渠道去获取较难的信息,最后再通过最难的渠道去获取最难得到的信息。再看刚才这个例子,首先,他可以通过校园网查询和去研究生教务员老师处了解到都有哪些研究生的专业方向,每个专业方向具体是做什么的。假如说一共有10项的话,通过校园网查询和与研究生教务员老师的沟通就能全面了解这10个专业方向的基本情况。在这10个方向中,你结合自己的实际情况,选择出感兴趣的3-5个方向。然后再就这几个方向的情况,向研究生学长了解目前的学习状况和他们的体会。再结合自己的情况和了解的信息,向我或者其他辅导员了解这几个方向的就业情况。根据这些情况,自己再挑选出最适合自己的1-2个方向,找到相关方向的专业老师去了解本方向的发展,并跟随相关老师进行一些基础的研究工作，在实践中体验和感受，并最终确定想要挑选的研究方向。

每一个了解信息的渠道都不是万能的，我们需要知道从不同的渠道去了解不同的信息。同时不同的渠道所需要付出的成本也是不同的，我们需要将所需了解的信息内容按照由易到难的顺序进行层级分类，先从较容易获取信息的渠道获取比较广泛的和基础的信息，再从较难获取信息的渠道获取深入的个性化的信息。试想一下，如果他针对这10个研究方向，每一个都去预约这个领域的专家老师咨询并去实践体验，我们需要投入的时间肯定会非常长。同时，如果好不容易约到了这些专家老师，而我们前面并没有做太多的功课，只是问他们一些特别浅显的问题，和我们付出的成本比起来，就太可惜了。同时不同的信息获取渠道都有优势和劣势，比如网络获取的渠道比较容易，信息覆盖面广但比较浅显，而向专业老师了解情况，获取的信息很准确，但信息覆盖面比较专一，且需要付出较多时间。

总之，想要对某一方面的信息进行了解，首先要梳理一下有哪些渠道可以使用，而后区别出这些获取信息的渠道的难易程度，最后利用容易获取信息的渠道获取表层的、广泛的信息，并留下需要深入了解的部分，再通过较难获取信息的渠道去深入了解，最终实现自己的目的。

案例分析2 现在能在高档写字楼里上班，得益于我5年在坑里的日子

美女师姐是一个充满正能量的人，我非常愿意和她交流，总能在她这里感受到积极与乐观。我了解到的她是一个每天光鲜亮丽，在高档写字楼里上班，周末画画、跑步、做慈善，忙得不亦乐乎，美美地享受着生活的人。而在一次聊天中，我们聊到了对现在大学毕业生的建议，师姐谈到了如标题的话。

现在的她非常愿意和年轻的大学生们分享自己工作20年的体会。她说："大家看我现在，穿着西服套装，在高档写字楼里上班，我有自己的专业，我很享受自己现在做职业经理人的状态。能够成为现在的样子，得益于我刚工作时在施工

一线工作的5年。就好像我现在在写字楼的7层上班，可能将来我还会上到更高的楼层，但在开始的阶段，我就如同在坑里滚了5年，如果没有滚的这5年，就没有自己现在的样子。"

我们都很难想象，在我们面前的美女师姐当初如何能在施工企业工作。而且从她的话里，我能清楚地知道，她在施工企业里摸爬滚打的日子绝非混日子，而是认认真真地在那里历练过。她告诉我们，由于这些经历，让她现在对于一线的工作非常清楚，并且，她现在仍然保持着去施工现场的习惯。按她讲话，只有到了现场，心里才会踏实。

另外一位和我同龄的校友也聊到了一件事。一个亲戚希望他帮忙给一个毕业生推荐份工作，他带着这个毕业生去了施工现场，待了一天，这个毕业生就不去了。亲戚跟他说，希望让这个毕业生去做监理，觉得这份工作会舒服些。他很认真地回答，"如果没有在施工一线的历练，就选择监理工作是在害这个学生，可能别人只用两条烟和一瓶酒就把他带到沟里去了。"

这让我想到了古典在《你的生命有什么可能》中，对于人生目标四个维度应该如何追求的话题。高度是最表象的维度，职位、外在的状态、影响力等。对于刚毕业的大学生，很容易将高度作为自己最急切想要去追求的目标，而实际上，由于刚刚工作，处世不深，在高度这个维度很难有发展，即使有，也会由于自己在各方面的缺乏而带来失败。对于刚入职的人来说，古典建议先将目标设立在深度上，认真钻研业务，将自身做强，待到机会合适的时候再去追求高度、宽度、温度方面的目标。

包括近来我们很多人都喜欢听李健的歌。在喧嚣的闹市，在激烈的歌手竞赛中，他的歌带来的宁静与清雅让人神往。这美妙的旋律不仅出自专业的演奏和他美妙的嗓音，更源于他的内心，源于他多年读书、创作的积累，源于他对于自己想要什么的思考与认知，源于他生活中的起起落落和对于自己梦想的不懈追求。

现在有好多学生在择业时都会告诉我，自己不喜欢施工单位，不想去现场、不想出差等，同时又都希望自己的工作能够环境好、发展有前途等。因为我们平时会关注很多在各行各业的成功人士，他们都坐在优美的办公室里，做着自己喜欢的事情，工作有前途，挣得又多。我们看到的是他们安逸的状态，于是，我们也很自然地将这样的安逸状态作为自己的择业目标，殊不知想得到这样的结果需要一段不一样的路程。正如美女师姐说的那样，"现在能在高档写字楼里上班，得益于我5年在坑里的日子"。我们看到的每一个现在在自己满意的状态中自由翱翔的人，都有一段让自己受益匪浅的历练岁月。

同时，我还很想告诉那些跟我说自己想选择安逸工作的学生，如果你在追逐外在的安逸，那么你只会离安逸越来越远。因为安逸不是一种外在的环境，而是自己内心的状态。一步一个脚印努力工作的人会因为一份踏实而感受到安逸；经历大风大浪后仍坚定前行的人会因为一份从容而感受到安逸；向着自己的梦想不懈追求的人会因为一份执着而感受到安逸。

就像我们都认为正在享受安逸生活的美女师姐，她每天只睡5个小时：早上4点半到5点阅读；周一到周五早7点半到晚7点半工作。所有项目都要到现场踏勘；定时听经济调频的广播；在清华读EMBA；每周跑两个5公里；周末画画，定期办画展和拍卖会，把自己的画和卖画的钱捐给慈善机构；参与到我们的工作中，希望能够为师弟师妹们做点事情。这就是她正在充分享受着的安逸生活。

前沿拓展 以完整的职业生涯来定义现在的人生

职业生涯是一场至少长达45年的"马拉松"。缺乏远见意识的人会把注意力放在近在眼前的下一步，从而做出非常局限的职业决策。

比如，如果我们把职业生涯当成短跑，注意力就会放在近在眼前的下一步，比如明年的升职加薪、下次的跳槽机会，或者为了现在的安逸而放弃提升能力的机会，等待我们的很可能会是四五十岁时的举步维艰。

如果我们能从职业生涯的整条路径着手，为自己制定出至少长达45年的职业规划，并且积攒足够的职场燃料，就能从眼前的困局中跳出来。想实现给自己45年的职业做出规划，则需要一些重要工具和技巧。

在职场马拉松当中，脱颖而出的选手，往往是那些能够纵观全局的人，他们不仅具备职场战略上的远见思维，还能针对不同阶段采取相应的战术策略，在职业生涯的前中后期用不同的配速，最终华丽地跑完全程。

我们可以将自己的职业生涯划分为三大阶段，每个阶段都有大约15年的时间。

职业生涯的第一个阶段：初入职场的第一个 15 年。

这个阶段的重要任务是找到自己职业发展的"甜蜜区"：我们"热爱的""擅长的"和"社会需要的"，这三个区域的交集。

只有在这三个区域的交集部分，才能最大程度发挥自己的创造力，最大程度拥有获得感，并取得必需的社会价值。以此为接下来两个阶段打好基础。

在职业生涯的第一阶段，我们有 15 年的时间可以学习和探索，直到发展出自己的甜蜜区为止。当然，这其中必然会出现很多错误的选择和一定的弯路。坚持学习、努力成长，保持良好的心态去不断摸索。在这个过程中，也会不断积累自己的专业知识，锻炼可迁移技能，为自己漫长的职业旅程储备燃料。

职业生涯的第二个阶段，就是接下来的 15 年。在自己拥有甜蜜区的基础上，第二阶段就要开始创造真正的差异，找到自己身上的"尖峰点"：自己能够远远超过平均水平的技能，那就是自己的天赋、是自己持续的热情所在。

职业生涯的第三个阶段，一般会在一个人的 55-70 岁，甚至年纪更长的时候。这一阶段的核心发展目标是优化长尾，发挥自己的持续影响力。需要注意的是，不要在 60 岁就突然选择脱离职业生涯。这样的急刹车，会让自己身心健康受到影响。更合理的规划是，缓缓减速，逐渐退出职业生涯。

可以说，第三个阶段的职业生涯，是我们获取持续的幸福以及繁盛人生的阶段。我们以奉献、分享的方式，让自己提升职业生涯的意义感。

工具应用　探索职业范围的思考

1. 请学生们分小组在规定时间内用头脑风暴法列举出与手机（或其他关键词）相关的尽可能多的职业，并将所有联想到的职业做好汇总。

_____

_____

_____

2.请每组派一位代表跟全班同学分享本组列出的所有相关职业内容。

_____

_____

_____

3.你从这个活动中得到了什么启发?

_____

_____

_____

第二节　简历撰写

从字面意思上来看，简历就是人的简单履历。同学们在制作个人简历时，应注意满足简略性、真实性、针对性的特征。

一般来讲，简历的篇幅应控制在 1-2 页，不宜过多。同学们需经过多次修订、精练，在有限篇幅中，展现个人突出竞争力和全面素养。

有些学生会因缺乏实习经历、资格认证或为了更好地突出自身能力，而在简历中夸大个人业绩，这是不合时宜的做法。一旦被发现简历和个人经历不符，则会直接丧失应聘资格。

同学们还需要注意的是简历的针对性。针对性的意思是针对不同的行业、企业、岗位准备的简历应有所区别。同学们在经过前期调研的基础上，按照应聘单位的需求对简历进行设计，把准备去应聘的单位最看重的成绩或经历放到最突出的位置，并根据篇幅进行必要的取舍。

一份完整的简历应该包括个人信息、教育经历、技能认证、实习实践、荣誉获奖、个人评价六部分，同时加上附件应包括成绩单、证明材料复印件等。

个人信息、教育经历、技能认证部分属于简历的基础部分，同学们在撰写这部分时应做到清晰、准确、易读，不产生歧义。实习实践部分的写作通常应遵循 STAR 法则。可借鉴以下内容：第一，阐述你实践的机构和组织的价值；第二，阐述你的岗位职责，具体负责哪一块内容；第三，阐述你做了什么、达成了什么成果，最好能用数字或事实说话；第四，阐述你将所学的什么知识、模型、工具应用到实践中；第五，阐述你在实践过程中学会的系统、流程、工具等；第六，阐述你在实践过程中产生的影响和效果。这样就能将所做的工作连成线，构成一个整体。

简历的加分部分由荣誉奖励、个人评价组成，这部分应避免荣誉奖励的过多堆砌和个人评价的千篇一律，应通过本部分的撰写实现为简历增光添彩的目的。

简历没有最好，只有更具针对性。简历是修改出来的，不是一次就能写成的。只有通过每次应聘经历不断修改，不断打磨，做出来的简历才能真正有用、实用。有些应届毕业生的简历内容很丰富，需要做好压缩；有些同学的简历却很简单，因为平时积累少，简历不用提炼就成了简单的履历。

因此，建议同学们不论所处哪个年级，都要做好简历管理。现在就可以做出一份自己的简历，而后每经历一件事、完成一门主要课程、参与一个项目、取得一个成绩等，都在简历中记录下来。这个过程也是自我鞭策、不断成长的过程。在需要使用简历时，便可以及时进行简化、调整。

《论语》借鉴　待到花开花需开

子曰："苗而不秀者有矣夫！秀而不实者有矣夫！"

孔子说："长苗而不开花吐穗的有呀！开花吐穗而不结果实的有呀！"

植物生长并不是一定会开花，如果养分不足，错过了开花的季节而没开花的植物是有的。如果阳光不够，错过了收获的季节而没有结果的植物也是有的。孔子借用植物生长的规律来告诫我们要珍惜时光、抓紧努力，在该开花时开花、在该结果时结果。

大学生拥有人人向往的青春年华。有些学生却因觉得人生时间还很富余、什么事都可以明天再说，慢慢让自己变得懈怠、混沌。如果我们这样明日复明日地拖下去，就很可能成为不开花的苗、不结果的树，让一生留下遗憾了。

不论是在大学还是步入职场，我们都有该开花、该结果的成长规律。比如大三的时候，我们通常会因为之前的不断积累开始收获一些科技竞赛的成绩、荣获一些优秀奖项；即将毕业的时候，会因为大学期间的不断努力而选定了一条自己向往的未来发展道路。如果该开花的时候花没开，该结果的时候果没结，时间的齿轮也不会停止转动，我们只能看着别人收获，而自己两手空空。

步入职场后，面对未来几十年的人生奋斗，我们仍旧需要保持"苗而不秀者有矣夫！秀而不实者有矣夫！"的紧迫感，珍惜时光、努力奋斗。一旦有所懈怠、以一副得过且过的状态混日子，我们的一生也可能成了不开花的苗、不结果的树。

案例分析1　请关注你名字前面的定语

大四的学生小陈是来自山西的男同学，身高一米八，长得也很精神，专业是土木工程。在校期间并没有参加学生组织，也没有获得奖学金，通过了英语四级，在运动会的短跑项目上取得了好成绩，学习成绩在班中属于中下水平，曾经有过不及格的科目。进入毕业季后，他听说土木工程专业的男生很好找工作，自己很高兴地和身边的同学们一起去投简历，结果很多的市属企业都希望要本地的学生，而央属企业又希望能够录用学习成绩和日常表现更加突出的学生，他这两方面都不具备。眼看着身边的同学纷纷找到合适的工作，他却四处碰壁，这下可着急了。

小陈一见到我，就着急地说他到现在还没找到合适的工作，自己很费解。他说，"不是土木工程的学生都很好找工作吗？怎么我这么难呢？"工作好不好找，也要取决于你名字前面的定语有哪些。

在百度中搜"定语"，是这样解释的：定语是用来修饰、限定、说明名词或代词的品质与特征的。在对一个人进行评价的时候，我们往往也会用上很多的定语，比如某某是一个个子很高、工作很勤奋的人。放到每个人名字前面的定语，是用来修饰、限定、说明人的品质和特征的。

在大学生求职时，这些定语对于能否找到一份称心的工作是很关键的，每个毕业生都希望能够拥有很华丽的定语来修饰自己。当然这些定语不能是凭空捏造或者想当然就写上去的，都必须靠自身的实际条件和在大学期间的积累来获得。

在一起学习、生活的同学，由于每个人名字前面的定语不同，而让每个人拥有了自己独有的特质。每个人名字前面的定语由固定的定语和可添加的定语两部分组成，固定的定语是每个人无法改变的不同的实际条件；可添加的定语是每个人在大学期间通过实际行动积累得来的。可添加的定语又包括两种，分别是因努力而添加的定语和因懈怠而添加的定语。为此在求职时，用人单位评价某个大学生，可用这样的公式来解读：他是一个（固定的定语+因努力添加的定语或因懈怠添加的定语）的人。

固定的定语，比如男或女；比如北京或山西；比如土木工程专业或建筑学专业，等等，这些定语是固定的，在进入大学时就已经确定，绝大部分是不会改变的。面对这种固定的定语，需要我们先做一些梳理和对比，从中了解清楚这些定语给自己带来的优势是什么，不足是什么，然后正视这些优势和不足，在大学期间努力将优势发扬，努力通过增加其他的定语将不足进行弥补。像这位同学固定的定语中，学土木工程专业的个子很高、长得很精神的男生，这部分会给他带来优势，而他来自山西这部分会让他在找工作时受到一些限制。

对于固定的定语，最重要的要做到"正视"，过分问自己：我为什么有这样的定语？或者想别的拥有另一种定语的人如何有优势等，是没有意义的。不如静下来问问自己，这些固定的定语能给自己带来的品质和特征中哪些是对自己有帮助的，哪些是会给自己带来压力的。其实每个人名字前面的这些固定的定语都包括优劣两个方面，让自己的优势发挥作用并努力补足自己不足的行动是有益处的。

在自己名字前面可以添加的定语，有一种是靠自己的努力添加的。比如四级通过或六级通过，比如良好的谈吐和沟通，比如丰富的履历，比如写作能力等。这方面的定语非常多，在大学的每一天，每一段经历，每一次付出都可以成为你名字前面的一个定语，这些定语就是你大学生活的印迹。比如这位同学在大学期间通过了英语四级，在运动会的短跑项目中取得了好成绩。

在大四的时候，尤其是在书写自己简历时，这些靠自己的努力而添加的定语就会被你挖掘出来，一条条放到自己的名字前面。当面试官通过简历、面试等环节看到这些靠你自己努力添加的定语时，他们会在你的名字前面加上新的定语，比如积极、勤奋、踏实、善于沟通、有创新精神等，这些定语都会成为你在应聘时的加分项。同时，这些靠自己努力添加的定语，也会成为你的一种习惯，成为你人生中的助推器，帮助你取得更大的成功。

在名字前面可以添加的定语还有一种是因为自己的懈怠添加的。比如有不及格课程，比如不够健康的体魄，比如苍白的履历，比如不会在生人面前讲话等。这方面的定语也会很多，大学里自己看似过得很舒服的每一天，也都可能会给你的名字前面加上这种定语，这些定语也同样是你大学生活的印迹。比如这位同学在大学期间没有参与学生组织、学习成绩中等偏下，曾有过考试不及格的科目。

这样的定语通过应聘环节展现出来的时候也同样会让面试官给你加上新的定语，比如懒惰、浮躁、不善言谈、不思进取等，这些定语会为你减分，降低你成功应聘的概率，同样，这些定语也会成为你的一种习惯，在人生中阻碍你获得成功。

有一些在固定的定语中拥有很好的词汇的同学，也有可能会因为同样添加了很多因懒惰而产生的定语，将自己的竞争力降低了；同样也会有些同学虽然固定的定语并不理想，但添加了很多积极的定语，而增强了自己的竞争力。这些在大学期间可以添加的定语是最需要我们关注的，因为我们可以把握它们。同时，固定的定语随着时间的推移，所起的作用会越来越小，而添加的定语所起的作用会越来越大。所以希望每个人都能依靠努力，为自己添加积极的定语，成为自己希望的样子。

案例分析 2　职业选择的宽度

又到了繁花盛开的毕业季，徜徉在校园里，看着擦肩而过的大四学生，有的满面春风，已经为自己寻找到了职业发展的方向；有的一脸淡然，面对未来平淡自如；有的眉头紧锁，还在为何去何从纠结苦恼；也有的失意懊恼，感慨着世事的凄凉。职业的选择关系着人一生事业的发展，也是大学四年归宿的见证。

然而有这么一批同学，他们苦恼于职业的选择，认为自己临近毕业却无路可走，没有合适的企业或岗位选择。

小萍就遇到了这样的困惑，在大学期间她是一个努力上进的学生，学习成绩也属于班级中上等，担任过学生干部。对于未来的选择，是留在北京，还是回山西老家工作？这让她万分苦恼。留在北京又不想做北漂一族，那就需要找一份稳定能解决户口的工作，这对于成绩优良，但又不是极为优秀的她，是难以触及的。如果回山西老家工作，工作稳定又相对好找，但是对于好不容易考进北京求学的她，又十分地不甘心。面对两个选择，一个难以触及，一个不愿触及，看着身边纷纷拿到三方协议的同学们，小萍心急如焚。

职业选择是个人对于就业的种类、方向的挑选和确定，职业选择的宽度是指自己能够选择的就业种类的数量。每个毕业生都希望自己在毕业前能拥有很多种选择供自己挑选，职业选择的宽度受到就业竞争力和就业期望的双重影响。

用一个公式来简单展现一下：职业选择的宽度 = 就业竞争力 — 就业期望。案例中的小萍就是就业期望大于就业竞争力，导致的职业选择的宽度为负值，呈现出的职业选择的困扰。

就业竞争力是一个人综合素质的展示，能够对用人单位产生一定的吸引能力。用人单位对应聘者的选择主要是审视应聘者所具备的就业竞争力是否符合企业和岗位的需求。主要包括毕业生所具有的思想道德素质、职业技能和专业知识、思维能力、语言表达能力和交际能力等内在竞争力和学校的排名，家庭背景和社会关系等外在竞争力。就业竞争力越大，相对能吸引到的用人单位和岗位就会越多，职业选择的宽度就越大。

小萍在大学期间担任过学生干部，后来为了准备考研，就安心学习去了。虽然没有考上研究生，但学习成绩一直还是不错的。但小萍对自己的评价很低，她觉得自己没有什么能拿得出手的能力。她觉得自己在大学期间没有积累什么成绩，考研也失利了，学生工作也没有坚持下来，自己没做成什么事情。我反问她，真的是这样吗？她说身边有朋友提出过她在哪些方面很不错，但她自己都不这样认为，可能是自己对自己的要求太苛刻了。

能够看到自己的不足是好事，这样的自省可以让自己不断努力。但能否在社会立足，能否找到一份工作，首先还是要看我们拥有哪些就业竞争力，我们需要做的是不断锻炼自己的长处，尽可能地弥补自己的短处。如果像小萍这样只关注到自己的不足而没有挖掘出自身的长处进行很好的展示，用人单位就无法发现她的就业竞争力，她职业选择的宽度就必然会变窄。

我们再来看看公式中的另一个影响职业选择宽度的因素：就业期望。就业期望是指毕业生希望获得的就业岗位、就业地区以及薪水标准等的综合体现。就业期望是毕业生对自己理想职位的描述，对自己物质、精神需求的满足程度，如工资收入、福利待遇、工作环境和条件，是否能受到同事的尊重和领导的器重，自己的能力和特长能否得以施展等。就业期望是影响毕业生进行职业选择的第二个因素，就业期望很高或者很多，会导致很多用人单位和岗位被自己拒绝。随着就业期望的不断增长，职业选择的宽度会不断变窄。

所以出现无路可走的情况，主要是因为自身的就业竞争力与就业期望之间的平衡出了问题，随着就业期望与就业竞争力越来越接近，职业选择的宽度就随之变窄，当就业期望大于就业竞争力的时候，就会出现无路可走的情况。

对于未来的选择，小萍自己觉得有两个方向，一是留在北京工作，但因为自己是外地的同学，所以留在北京很没有安全感；二是回山西老家工作，她的家人为她找了一个坐办公室的工作，但她觉得这样的工作很没有发展空间。帮她梳理一下职业价值观，就可以看出小萍最看重的是安全感和工作环境。她觉得回家工作对于安全感和工作环境方面都能够给她提供很好的支持，但她又很希望能够得到的是有一些挑战又兼顾安全感的工作，太安逸的工作有些不能忍受。留在北京工作，未来的前景太未知了，这让她很恐惧，不知道未来会是什么样子，所以也没有办法选择这条路。在帮她梳理职业价值观的过程中，她自己发现她的要求比想象中的多很多。她一直觉得自己是一个没有什么要求的人，但现在看来不是这样，自己想要的挺多的。想要的多了，就业期望就会增加，会把自己有可能的选择给堵上，导致自己面前的路变窄。

在我们面临职业选择时，自己面前的路到底有多宽，取决于两方面，一方面是我们的能力储备，储备的越多，我们可以选择的就会多；另外还要注意的一方面是我们的需求有多大，需求越大，我们面前的选择会变少。我和小萍讲了这个观点，如果像她现在这样，对自己能力的认知很低，同时对下一步选择的需求很多的话，那必然会觉得自己无路可走。

所以，当同学们在进行职业选择时发现自己无路可走的时候，可以参考这个办法。一方面努力发现并阐述清楚自己的就业竞争力，一方面要弄清楚自己最看重的是什么，能够专注其中而舍弃其他，理性确定自己的就业期望，我们面前的道路才会宽广。

前沿拓展 大学毕业生制作简历时应注意换位思考

简历是大学毕业生向企业进行自我推荐的有效方式。一份优秀的简历能帮助大学生从众多应聘者中脱颖而出，受到用人单位的青睐。

有些大学生知道简历的重要性，于是把简历做得非常精美，简历制作了好几页，还精心设计了封面，本以为自己会因此收到很多单位的面试通知，结果事与愿违，并没有单位给他回应。

制作简历也需要换位思考。简历不仅是大学生向单位进行自我推荐的有效方式，用人单位也要通过简历挑选最适合自己招聘岗位的员工。通过简历快速筛选出进入面试环节的大学生，继续推进招聘工作。

众所周知，投简历最重要的目的是让自己获得用人单位岗位招聘的面试机会。如果大学生只从展示自我的角度制作简历，不关注用人单位的需求，则会降低自身获取面试机会的可能性。

所以大学生需要在制作简历时换位思考，认真了解用人单位需求，投递的简历不是展示最优秀的自我，而是展示最适合用人单位需求的自我。

了解收集简历环节在招聘工作一般流程中所处的位置

大学生要想做到换位思考，就需要先了解一下用人单位进行校园招聘的一般流程。用人单位的人力资源部门进行校园招聘工作不是从走进校园开始，而是从征求业务部门需求开始。

进行校园招聘工作的第一步是要确定岗位需求。人力资源部门向所有业务部门征询岗位需求，而后汇总评估。综合各部门需求和企业发展方向，权衡确认本年度的招聘工作计划。认真确定每个招聘岗位的需求数量、用人要求和岗位工作内容后，人力资源部门牵头制作招聘简章，并确定招聘工作方案。

如果用人单位面向全国招聘应届毕业生，招聘工作方案便会在全国选好要前往招聘的城市、学校，沟通确认好前往时间。大学生就要注意，如果在企业走进校园进行招聘时，你的简历未做好而错过了招聘时间，企业很可能就不再来到你所在的城市进行招聘了。按照制定好的招聘工作计划，用人单位便开始校园招聘之旅，前往各高校收集简历等应聘材料。这时，大学生们才会见到企业人员。

收集简历后，人力资源部门进行简历筛选，组织测评、笔试，而后组织多轮面试。组织通过面试的大学生进行体检和政审等工作，而后发放录用通知函。

大学生向企业投递简历，是用人单位和大学生们第一次直接接触。大家需要注意的是，这只是第一个接触环节，此环节中，人力资源部门不是要确定录用对象，而是挑选出需要进一步接触的应聘者。人力资源部门已经明确了本年度企业各部门的岗位需求，所以他们会按照岗位需求挑选简历。

结合用人单位需求制作简历内容

了解人力资源部门挑选简历时的关注点后，大学生在制作简历时就要明确，自己的简历需要呈现的不是详尽的内容，而是精简的内容，以便人力资源部门能够迅速了解你的基本情况。简历需要呈现的不是个人偏好，而是与招聘岗位间的准确定位，以便人力资源部门能够清楚地将你的简历放入某个岗位的后备人选中。简历需要呈现的是自身亮点，让人力资源部门从众多简历中记住你的不同之处。

在换位思考思维方式的引导下，大学生需要按照内容精简、定位准确、创意出彩三个基本原则制作自己的简历。一份完整的简历包括六个部分：个人资料、教育经历、技能认证、实习实践、荣誉获奖和个人评价。

同时，结合具体情况加上必要的附件，包括成绩单、证书复印件、个人作品集、科研论文专利等证明。

（1）个人资料的很多细节决定简历投递的成功率

个人资料包括四部分：私人信息、学业信息、联络信息、其他信息。

个人资料部分看似都是基本情况，只需要如实填写，但其中很多细节直接决定着你投递简历的成功率。我们自己看简历时也会发现，第一个关注的一定是照片。每个人都需要拍一张符合自身形象气质的照片放在简历上。有的学生的照片明显比例、色彩失调，让人一看简历就觉得不舒服，便会给别人带去不好的第一印象。简历上的照片也不要过于失真。因为进入面试环节时，面试官会对照着简历和应聘者交流。发现本人和照片相距太大，会影响面试官对应聘者的印象。

学业信息中的毕业院校、专业和学历是帮助人力资源部门结合岗位要求做专业匹配筛选的。如果你的学业信息非常符合用人要求，则会很容易被归入继续考核的范围。联络信息是方便人力资源部门联系你的，接下来的笔试、面试通知都会通过你提供的联系方式给予反馈。

如果应聘者明确写出个人求职意向，会让用人单位感受到你对此次应聘的重视。学业信息和联系信息中的最重要内容，需要放置在最醒目的位置，方便人力资源部门能及时确认并联系到你。千万注意不要写错电话号码和邮箱地址。

（2）教育经历和技能证书是审核人岗匹配的重要内容

简历中的教育经历和技能证书是用人单位最关注的内容。应聘者需按照招聘岗位信息中提出的明确要求投递简历。如教育经历和技能证书不符合用人单位要求，则不需投递简历。同时，应聘者自身也需在简历中将个人在教育经历和技能证书方面的优良成绩突出展示出来，以便用人单位及时了解你的情况。

如果应聘者是研究生以上学历，则一定要撰写自己的教育经历，因为用人单位招聘时要参考应聘者本科和研究生的各段学习经历。本科学历的应聘者，如果你所学专业新办时间不长，就需要对应应聘岗位需求罗列主修课程及分数。在注明学业时间时，最好用标准的年月标注，避免出现"某某级""某某届"这种口语化并有可能引起歧义的表述方式。

对于综合成绩比较好的应聘者，可以注明自己的学业排名或者平均学分绩点，让用人单位清楚知道你的学业掌握能力。毕竟对于大学生而言，在校学业成绩代表着其专业学习掌握情况、学习能力和自我管理能力等多方面综合素养。对于综合成绩一般的应聘者，则可以挑选自己和岗位要求比较匹配的个人某几科良好成绩进行说明，展现自身在专业知识方面的掌握情况。

有些岗位需要提前拥有对应的技能证书，有些技能证书则能展现应聘者的综合素养。例如应聘教师岗位均需提前获得教师资格证书，而计算机等级证书、英语等级证书有些岗位要求中会有明确要求。即使岗位要求中没有明确，如果应聘者拥有这些证书，也能证明其在计算机、英语方面具备专业素养。

文体类的技能，并不需要必须拥有对应的专业证书，如果应聘者在文艺、体育方面取得一些成绩，并展示在简历中，也会受到一些用人单位的青睐。这些文体方面的经历，一方面展现应聘者良好的素养，另一方面也能表现出其具备团队合作精神。当前很多用人单位都非常注重团队建设，为此对于有一定特长的应聘者会有很好的印象分。

（3）实习实践经历是简历中最能打动用人单位的部分

实习实践经历的展示是简历中的重点。应聘者有时不注重挖掘自身实习实践经历，写得很少，或者对所从事的工作写得不够具体。用人单位会从实习实践经历中看到应聘者在哪些具体工作中拥有实操经验，掌握基本工作规则。这部分有助于用人单位挑选出最适合招聘岗位的人选。

应聘者在描述自己某段实习实践经历时，应阐述清楚实践的机构和组织名称。写明你所从事岗位的职责和具体负责的工作内容。说清你在实习实践中做了什么，达成了什么成果，并能够用量化的数字或者事实进行陈述。

如果在实习中运用到了专业知识，则一定要具体说明在从事哪项工作时运用了什么知识、模型或者工具。并总结一下自己在实习实践中学会了工作方面的哪些系统、流程或者工具等。

选择放哪些实习实践经历时，应聘者需要结合所应聘岗位要求进行选择。将和岗位要求最贴合的实习实践经历放在最重要位置并详细说明。简历中最多放三项实习实践经历，如果应聘者自身与应聘岗位要求直接相关的实习实践经历没有三项，则可选择展现自身组织协调与沟通能力方面的经历。

（4）罗列荣誉获奖时注意分类

在展示荣誉获奖方面，应聘者要注意重要性和相关性，将和所应聘岗位要求最匹配的荣誉排前展示。如果奖项较多，可以以奖学金、个人荣誉、科技竞赛、文体竞赛等进行分类展示，并通过加重文字方式突出重点奖项。

（5）精练撰写个人评价

个人评价可放在简历的最后，客观、准确的自我评价，能够让用人单位了解到应聘者善于思考、能够对个人发展做出准确定位等。如果简历篇幅已经过多，个人评价部分可以省略。如加入个人评价部分，撰写时则需要结合应聘企业的企业文化、岗位要求相关的部分进行自我评价。

简历的日常管理

一份简历介绍的是每个大学生从大一到大四的学习、实践经历。好的简历不是一蹴而就的，而是不断积累、修改完善形成的。有的大学生在招聘会开始前一天才开始制作简历，这样的简历既无法展现个人的突出特点，也无法贴合所应聘岗位做精准描述。每个大学生都应该树立简历的"母版"意识，通过简历制作的过程，督促个人成长。

对于进入毕业季的大学生而言，准备个人简历的准备过程可以分为四步。

第一步，发散思维。

先准备一份不受字数限制、非常翔实的简历。把个人基本情况，尤其是学业成绩、实习实践、获奖情况等都做最翔实的罗列。让自己全面审视一下大学生活的成果。不要一上来就用一张纸限制住自己的思维，先任由自己的思维发散开来，把想到的都写下来。在辅导学生修改简历时，经常遇到学生说，自己把某些经历给忘了。大学学习生活中会经历很多事情，先把各方面经历、收获都回忆出来，做好分类整理，而后再进行精简。

第二步，精准对接。

根据所应聘的职位需求进行简历内容筛选。因为投递简历的目的是帮助自己获得用人单位的青睐，进入面试环节。所以，在审视应把哪些内容放入简历中时，需要结合所应聘岗位进行对比分析，在简历中体现那些和应聘职位要求相吻合的内容。比如，应聘的是更突出专业技术能力的岗位，就需要在学业成绩、实习实践中优先放入和专业相关的经历，突出相关专业课程的完成情况。如果应聘的是更突出综合技能的岗位，则要优先放入社会工作类、志愿服务类的实习实践经历。

第三步，检查核对。

简历篇幅有限，每句话都力求精练、准确，最能准确展现应聘者的特长。所以在完成简历制作初稿后，需要再次检查、核对调整简历内容。看看排版是否舒服，文字是否通顺。尤其注意有没有错别字，以及重要信息是否有遗漏或错误。同时，再次结合所应聘岗位的要求进行对照，转换到用人单位的角度看自己的简历，是否具备竞争力。

第四步，做好标记。

每份简历和所应聘岗位都是一一对应的。千万不要一份简历走天下。针对不同类型的岗位要求，要制作出一份适用的简历，再在向对应用人单位进行投递前，做好针对性的修订和标注。在进行简历"母版"的制作时，需要及时标注好不同简历对应的岗位类型，以便自己随时能够调用。

通常一份简历中所放入的内容是要从每个人众多的个人经历中筛选出最适合用人单位招聘岗位要求的内容。但有的大学生在即将进入毕业季时才开始关注个人简历。这时发现，自己没有什么能放入简历中的内容。不论是成绩还是经历，不是拿不出手，就是空空如也。

这就要提醒大学生需要树立从低年级便要开始收集简历素材。每个学期结束时，都可以结合简历内容中的学业成绩、实习实践、荣誉获奖、技能证书等内容，对自己过去的一个学期进行总结。

不管哪个年级的学生都可以开始制作自己的简历。自己经历一件事，或者修完一门重要课程，或者完成一个项目、撰写一篇文章，都可以在简历中记录下来。真正要用的时候，再根据当时的需要进行简化、调整。

这种方法不仅能帮助我们管理好自己的简历，更可以帮助我们管理好自己的大学乃至整个生涯。

还要提醒大学生的是，简历是个人经历的书面美化，是求知者的职业定位。简历没有最好，只有更具有针对性。

简历是修改出来的，不是一次性写出来的。只有通过每个阶段的经历不断更新，通过每次应聘后不断修改和打磨，做出来的简历才能真正有用。

工具应用　简历评议

- ◆ 公布一个相同的职位信息，全班同学一起撰写个人简历。
- ◆ 学生6—8人一组，每组发6—8份简历。
- ◆ 请各组通过集体讨论方式，将6—8份简历按优秀程度排序。
- ◆ 各组派一名代表简略说明排序的理由。

第三节　面试准备

不同招聘单位面试过程有很大的不同，所考察内容的侧重点也有很大的差异。我们一方面提倡求职者有针对性地做一些准备；另一方面，提倡求职者真实地表现自己，而不是把自己"扮演"成招聘单位"想要"的人。面试前，同学们需要理解好面试的目的是向面试官证明你能胜任这份工作，同时了解该组织/公司及职位的条件、要求等，判断自己是否真想在那里工作。同学们可以在正式参加面试前了解常见的面试形式，并通过模拟面试的练习，了解面试流程，掌握顺利完成面试的能力。

虽然你不能控制面试，但可以控制会谈的内容。面试前，同学们需要尽可能多地了解有关公司/组织及职位的情况（如公司文化、管理、发展前景、主要业务和产品、分布、发展方向、人才培养方案等）。做好准备工作，这一点至关重要。同时，要准备好要问的问题，准备好所有的相关证明材料。参加面试的衣着要得体，通常面试者的服装应较正式，以与你希望的职位相匹配为宜；通常情况下，不要用气味太浓的香水或化浓妆、不要戴太多的饰物；开始面试前，将手机调至静音状态。建议同学们比预定时间提前一点到达，比如15分钟，这样可以有时间整理你的思路。利用这段时间观察公司的工作环境。

面试是一个双向选择的过程，我们最终选择什么样的工作岗位背后是由自身的择业观、价值观所决定的。准备面试的过程，绝不是进入招聘季时才开始的，从日常大学生活中，同学们便可以通过专业学习、社会实践等环节不断加强对行业、企业的认知，也应在日常生活中不断做好自身积累，看似面试只有几分钟的时间，但却能展现每个学生大学几年的收获、个人的日常思维行为习惯和品德修养。

《论语》借鉴 我们如何看待安逸状态？

在辅导学生选择未来发展目标时，不时会有学生说自己不想找有压力的工作，特别希望能找到一个安逸的工作，希望有好的工作环境、不紧不慢的工作节奏、不用太奔波等。

在我们面对工作时，思考对未来规划时，如果都以一些外在的安逸生活作为自己的参照标准，越追求越得不到。有些人还有可能为了保住当前的安逸，而丧失了奋斗机会，让自己的发展陷入被动中。当我们把安逸理解为外在追求时，我们便没法安逸。如果反其道而行之，不追求外在的安逸，才有可能拥有内心的安逸。

> 子曰："君子食无求饱，居无求安。"

食无求饱、居无求安，是孔子对君子的评价。告诫我们，不求安逸的外在状态，追求内心的价值，在努力前行中，才能收获踏实与从容。

安逸的状态应有张有弛，如果只有弛没有张，会让自己懈怠。社会发展有其一定的节奏，我们赢不了这个节奏，就不会有安逸。主动求变，主动成长，自己掌控自己的未来，让每一天在奋斗中过得踏实，在聚焦中变得从容，才是我们能够追求的安逸状态。

周末和一位毕业6年的学生通了个电话，聊了聊他近期的发展情况。主动求变，是我对他的最大印象。

他在现有的单位工作业绩不错，也比较稳定，但他还是想选择换工作。为此，我特意给他打个电话，问问原因。他说目前单位接下来的发展平台已经有限了，最主要的是自己没有更好的工作积累平台。他自己目前想争取的单位，工作地点离家远了很多，待遇也没有提升太多，但他看中的是工作中给自己带来的经验。

因为这里所做的项目在国内具有标志性，能有这样的工作履历，对他未来的发展很有益处。

不是为了离家近、挣得多这些目标，而是用多一份的辛苦换来更多历练，他追求的是能对未来有选择权。

他跟我说，自己快30岁了。再过几年再换工作，年龄就是阻碍了。虽然现在工作比较舒服，但只有提升自己的能力和位置，才能在未来拥有更多的掌控权。于是他认为，当前需要主动求变。

我们有没有安于现在的舒服状态而不敢有所突破？我们有没有只以增加收入、减少辛苦来衡量工作选择的优劣？食无求饱、居无求安，是我们需拥有的积极状态，并不断在行动中进取，才能在当前社会中收获安逸状态。

子曰："君子食无求饱，居无求安，敏于事而慎于言，就有道而正焉，可谓好学也已。"

孔子说："君子不追求要吃得多饱多好，也不追求住得有多舒服。但是做事要勤勉，说话要谨慎，接近有道德修养的贤人，以此来端正自己的言行，这样的人就叫好学。"

拥有了不求安饱的积极状态后，靠勤勉行动、向带给自己更多成长的人求教来提升自己；靠减少夸夸其谈、不断修正自己来降低内耗，让自己成为一个好学的人。

这是孔子对自己弟子的教诲，也是我们面对当前现实生活的生存准绳。

案例分析1 求职中的田忌赛马策略

学生小曲，进入招聘季时，他找我咨询求职准备的事情。小曲的成绩基本都处在刚刚及格的程度，其他的社会工作、获奖方面也没有拿得出手的东西。还有一年就毕业了，这会儿再说赶紧提高绩点（GPA），效果不大了。我先和他强调必须保证所有课程都及格的情况下，开始帮他一起制定发挥其优势的田忌赛马策略。

人们往往觉得学习成绩优秀的学生一定会找到满意工作，其实更准确一点的表述是：能在企业中展现出自身价值的人才会受到青睐。

在进入求职准备阶段时，如果学生还是只盯着自己的好或者不好的地方，而不知道如何发挥优势满足企业的用人需求的话，便很难在求职中胜出。因为企业需要每个员工运用自身优势，在岗位上创造更大价值。

抓住实习机会，实现求职时间的错位差

小曲的成绩差，导致其在求职面试时很难通过简历初筛。如何能在企业中展现出他人机灵、会来事的优势，就需要抓住实习机会，进入企业。实习面试的淘汰率不高，毕竟多一个少一个实习人员，对企业压力不大。

小曲在别的学生还在准备考研、抓紧暑假休息的时候，认真准备实习面试，帮助自己顺利通过简历初筛。

发挥自身优势，形成能力的错位差

任何一个实习生，即使自己在校期间的学习成绩多优秀，初入企业时都会有很多需要学习和适应的事情。每个实习生都要从最基础的打杂工作开始做起。

我和小曲说得很明确，他的专业能力不足，就更需要把日常琐事做好。自己踏实、勤快、肯付出，便能在实习阶段赢取信任感和良好印象。

企业选人，先看人品、态度，再看合作精神和业务能力，如果小曲能在人品、态度、合作精神方面争取到好的得分，就有机会争取正式员工的岗位。

优势产生价值，再带动自己补短板

调动出一个人的学习激情，他学习的速度就会很快。如果小曲在企业实习阶段，通过发挥自身待人接物的优势收获同事和领导的认可，这时他会为争取难得的就业岗位而迅速补知识、能力短板。这时的学习，既能针对企业需求针对性地积累技能，又能在自身主动性的带动下迸发出学习的创造性。

即使业务能力有限，但我相信小曲表现出的对就业机会的珍惜，积极的学习态度和学习能力，也会是他难得的成长机会。

进入求职阶段，我们的思维方式就需要做转换。不是从自己的角度看优势和不足，而是从企业需求的角度看我们的哪些能力可以满足对方的需求。尽可能扬长补短，充分展现自身价值。

案例分析2　学会在每一段经历中收获成长

很多同学在准备面试时，都非常用心地梳理好自己在大学期间有什么样的经历。从事科研实践的经历、做学生干部的经历、去某些企业实习的经历等等。这些经历都很珍贵，也确实是企业在面试时经常容易问到同学们的问题。但除了准备这些经历外，同学们还需要问一下自己，通过这些经历收获了什么？

在一次和一位地产企业的人力资源管理人员聊天过程中，她提到这样的观点：从企业的角度，关心的是你能不能把交给你的事情办成。所以，从筛选简历到整个面试环节，企业所要了解的是每个人具备什么能力，而不是拥有什么经历。

在学校组织的就业双选会上，一些同学拿着简历来找我们这些老师帮忙修改。很多同学的简历都是先介绍自己有怎样怎样的经历、取得了怎样怎样的成绩，然后再写自己具备什么能力。这样的写法，让我看不出独特之处，好像把名字和照片一换，就可以用在别人的名下。这样千篇一律的简历，人力资源管理人员一天能看上很多份，怎么就能从这中间将与众不同的你挑出来呢？那天，我更多的是建议同学们能够更加直接地将自身所具备的能力写出来，然后用经历作为佐证写在后面，在这个过程中，发现自己与众不同的部分。

而对于还没开始写简历的低年级的同学们，我想说，从现在开始，更多的通过大学期间的各种经历去积累能力，对自己的成长有用的不是别人可以随意复制粘贴的经历介绍，而是刻在你身上，不可能被抢走的能力与品质。这也同样回答了一些同学的困惑，觉得自己参与了很多社会活动，却为什么没觉得有什么收获？这是因为不是简单的付出时间或者拥有一段经历就可以让自己有收获，在这个过程中还需要自己去总结、去领悟，在这些经历中积累能力。在张志老师的《不要等到毕业以后》这本书中也提到了这一点，"告诉别人参与了哪些事情，叫工作经历。告诉别人可以独立完成哪些事情才叫工作经验。工作经历多不代表你有工作经验。"

任何经历都会对将来的发展有帮助，关键是你从这些经历中收获了什么。今年的毕业生中有这样一位特别的同学，他的妈妈是学校做宿舍管理工作的阿姨。

这四年，他没有获得奖学金，也不是学生干部，但是他被一家颇具实力的央企签约的事却让很多同学羡慕。他在大学期间做了很多的兼职，从一个普通的销售，做到了万事达中心活动的区域主管。在这个过程中，他所积累的能力、收获的成长，让他与众不同，最终脱颖而出。

一位毕业六年的学生跟我聊了聊他的工作经历。他一直在某区的国土局工作，我们见面的时候，他刚刚办理了离职手续。我很惊讶地问他："选择这份公务员的工作不就是图个稳定吗？"他说："不是的，我在开始工作的时候就告诉自己，在这里工作的目的是学东西。"在他的介绍下，我了解了房地产开发业务中一级开发和二级开发的区别以及房地产企业经营、投资方面的知识，而他自己可以骄傲地说，他已经精通一级开发方面的各项业务。他不担心辞职后找不到工作，只是在挑选去哪里更合适。他告诉我，工作久了，毕竟还是能感觉到工作对个人发展的一些限制，于是他选择离职。他说，他离职的举动引起了周围很多年轻人的关注，也许有些是羡慕的，但并不是每个人都能走、都敢走的，因为六年的工作经历并不一定就能给你带来能力，带来能够立足于社会所需的价值。在和他的交流中，多次听他说到了这样一句话："我的这六年，没有虚度。"

怎么就能算是没有虚度年华呢？不是每一段经历都能收获成长，在经历的同时，也许还需要一份精益求精的态度，一份持之以恒的坚持，一份在迷茫时的自我肯定，一份在孤单时的独立思考，一份在成功或失败中的总结与感悟，一份在志忑与胆怯中的突破与创新。总之，具体多一份什么不重要，重要的是在经历的同时，再努力多上一份，能让自己在每一段经历中收获成长。

前沿拓展　就业求职中的现存问题

大学生就业求职中的问题可以分为两类，一类属于就业准备问题，另一类属于就业能力问题，前者会出现发展定位模糊、就业单位认知缺失、就业环境期待过高，简历制作粗糙等问题，后者会出现实践经验欠缺、解决问题能力不足、职业选择受限等问题，这些问题会让学生进入"就业迷茫期"，直接影响大学生的就业质量。

一、就业准备不足

传统教育以灌输式为主，学生的自我辨析、独立思考能力相对不足。而就业求职、选择未来发展方向，受每个毕业生的家庭状况、成长经历、个人期待等差异性因素影响，很难依照他人经验来解决自身问题。毕业生在就业问题上需要有独立的思考和对未来的研判。但在现实就业过程中，大学生呈现出自我认知不准确的现象。求职择业时对自己的性别、年龄、身体健康、胖瘦、高矮等身体因素以及家庭、经济等现实问题了解不充分，面临巨大就业压力时，往往很少真正做到全面了解自己。另外自我角色转换不及时，不能清晰地认识社会，了解社会，主动适应社会需要。

（一）发展定位不清

大学生存在盲目考研而错失就业机会的现象。在大二、大三时，有的学生在不了解本科生与研究生就业区别、研究生考试所需条件及自身能力的情况下，简单地将考研作为自己大学毕业后的发展方向。但是在准备考研的过程中，又因为承担不了压力，或信心不足，动摇了考研的决心，最后既没能考上研究生，又错过了就业准备时间，错失很多就业机会。

有的学生虽然决定就业，但是对自己的认知不到位，不清楚自己看重的就业核心要素是什么，人云亦云。这些学生时而看重薪酬高低、时而看重未来发展空间，时而看重就业环境……存在盲目跟风现象。还有的学生过于依赖父母的想法，缺少独立思考，患得患失。

就业岗位出现时，同学们可以对应岗位需求排序，查看满意的方面排在需求列表的第几位，不满意的方面排在需求列表的第几位，通过对比作出选择。

（二）缺少对就业单位的认知

同一行业不同企业，在用人条件、主营业务等方面都会有一定的趋同性，大学生不需要对每个企业都详细了解，只要选取代表性企业进行了解，找到同一行业的共性，就可以对此类企业有一定认知。在找工作之前，很多大学生常会因为就业工作准备不足，缺乏对企业的常识性了解，错失就业机会。例如，道路桥梁施工企业工作地点多位于城乡接合部，从业环境相对艰苦，毕业生参加面试前就要预设面试题目，考虑到企业会从吃苦耐劳等品质考察毕业生。这类问题属于常识而非秘密，需要大学生在求职之前就有一定了解，不要等到面试时企业问出这样的问题才开始思考自己到底是否适合这类工作。

有的学生对企业的基本信息缺乏了解。互联网时代，企业都很注重网络文化宣传和网络平台建设。企业的发展历程、规模资质、品牌工程、员工培养等信息都可以通过企业网站获取。学生也可以通过学校、老师、学长等渠道了解更多企业内部信息。但是有些毕业生不仅缺乏对企业基本信息的了解，而且也不知道应该如何了解以及了解什么。而在面试时，很多企业都会结合企业实际情况提出问题。对于了解企业基本信息的毕业生，企业会感觉毕业生关心企业发展、认同企业文化，对毕业生产生好感。这种好感很有可能成为毕业生成功就业的关键因素。而对于不了解企业基本信息的学生，面试时会缺少与企业的融洽感，增加面试者与求职者的对话难度，影响就业结果。

（三）就业环境准备不足

就业环境包括作业环境和人际环境两个方面。大学生在校生活环境相对舒适，如果对工作环境认知不足，到实际工作中，会产生理想和现实的认知差距，进而影响工作。建筑类毕业生工作环境多以施工现场为主，远离都市，舒适度相对较低，很多学生对此表现出很大的不适应。这种不适应会让毕业生把更多注意力集中到工作环境上，影响工作投入和对工作的认可，很难在工作中认真钻研。

大学生在校期间的人际关系相对简单，以老师、同学、家长为主，这些发展出的师生、朋友、家人关系，不涉及利益关系。无论是老师还是家长，都会从爱护、关心学生的角度出发，给予大学生更多的包容和善意的提醒。而工作中的人际关系相对学校则显得复杂，同一个单位中员工间有等级、部门间有分工、业务上有利益关系，同一单位的员工过往经历、年龄结构均存在差异。同时，建筑类毕业生工作中除了要和同一单位不同部门的人员产生工作关系外，还要和施工单位的很多一线工人密切接触，这使得大学毕业生在学历水平、文化背景、生活习惯等方面与一线工人存在较大差距。而建筑工程工作需要较强的实践经验，一线工人是开展工作实践最前沿的实践者，他们有着丰富的实践经验，有些经验甚至是工人自己发明创造或者实践总结而来的，虽然这些经验缺少理论基础，但却是理论创新和实践创新的来源。如果能处理好这些复杂的人际关系，毕业生就会在较短时间内增长见识、开阔视野，从一线工人那里学习到丰富的实践经验，甚至可以总结归纳为新的理论。但如果处理不好这个关系，就会影响个人发展，甚至产生工作的不认同以及挫败感。

（四）简历准备不足

很多学生在参加招聘会前，并未认真制作自己的简历。很多简历样式陈旧，内容千篇一律，简历上的照片是自己在宿舍或教室中随意拍摄的。还有的同学简历中错字病句很多。很多同学并未意识到简历对求职就业的重要性。有的同学对面试的准备更是缺乏，甚至没有准备就进入了面试现场，面对面试官提出的问题，思考不周，很是被动。还有一些同学语言表达能力欠佳，无法缓解自己面试时的紧张状态，发挥不出自己的正常水平。

大学生制作简历要了解人力资源部门挑选简历时的关注点。简历需要呈现的不是详尽的内容，而是精简的内容，方便人力资源部门能够迅速了解你的基本情况。简历需要呈现的不是个人偏好，而是与招聘岗位间的准确定位，以便人力资源部门能够清楚地将你的简历放入某个岗位的后备人选中。简历需要呈现的不是千篇一律，而是自身亮点，让人力资源部门从众多简历中记住你的不同之处。大学生要学会在换位思考的思维方式下，按照企业用人需求精简内容、准确定位，做出有创意、有特色的简历。

简历中实习实践经历是最能打动用人单位的部分。有的学生不注重挖掘自身实习实践经历，写得很少，或者对所从事的工作写得不够具体。用人单位会从实习实践经历中看到应聘者在哪些具体工作中拥有实操经验，掌握基本工作规则，而这也是用人单位挑选最适合人选的关键。在描述自己某段实习实践经历时，应阐述清楚实践的机构和组织名称。写明自己所从事岗位的职责和具体负责的工作内容。说清在实习实践中做了什么，达成了什么成果，并能够用量化的数字或者事实进行叙述。如果在实习中运用到了专业知识，则一定要具体说明在从事哪项工作时运用了什么知识、模型或者工具，最后总结一下自己在实习实践中学会了工作方面的哪些系统、流程或者工具等，选择放哪些实习实践经历时，需要结合所应聘岗位需求进行选择，将和岗位要求最贴合的实习实践经历放在最重要位置并详细说明，简历中最多放3项实习实践经历，如果自身与应聘岗位要求直接相关的实习实践经历不足3项，则可选择展现自身组织协调与沟通能力方面的经历。

二、就业能力不足

大学生就业能力不足主要表现在知识结构不健全、实践经历不足、批判性思考欠缺、解决问题能力不足、就业决策能力欠缺、职业选择受限等方面。

（一）知识结构不健全，实践经历不足

知识结构是一个人经过专业学习培训后所拥有的知识体系的构成情况与结合方式。合理的知识结构是胜任现代社会职业岗位的必要条件，是人生成长的基础。所谓合理的知识结构，就是既要有精深的专业知识，又要有广博的知识面，具有事业发展实际需要的最合理和最优化的知识体系。这一方面要靠学校合理地设置课程，另一方面要靠学生自觉地完善和构筑本身的知识结构。从大学生参加工作后的社会效应看，表现水平高低除了反映学校的教育水平之外，一个本质的原因就是知识结构不同。用人单位反馈好的毕业生，普遍具有合理的知识结构，用人单位反馈差的毕业生，多是知识结构有缺陷或尚不完善。

随着建筑业新业务、新模式和新技术的出现以及建筑业的快速国际化，建筑业需要大量优秀毕业生的加入，为行业发展添砖加瓦。而一名优秀的"建筑人"需要具备扎实的专业知识和学习能力、丰富的社会经验和创新能力、突出的组织管理能力和综合素质。建筑业的招聘对象逐渐由"实用型"人才向"发展型"人才转变，从经验、才干人才向学习、消化、吸收、创新能力强的人才转型。除此之外，企业还要求科技研发和管理团队的知识结构更加多元，即技术研发工作者不仅需要拥有过硬的技术前沿知识和新技术研发能力，还需具备较强的团队管理知识和组织协调能力。同理，职能管理型员工除组织协调和基础业务能力之外，还必须了解行业与企业发展情况、先进技术相关知识；现场作业人员则需要增加对先进设备和智能化工具的掌握。在实际招聘过程中，企业人力资源管理人员们会更加关注学生多方面的综合素质，在拥有较好学业成绩的基础之上，还会关注学生是否具有社会实习实践经历、多学科背景、校园实践经历等，而不是单一的"唯学历"或"唯分数"。这些知识结构的构筑需要大学生在校期间进行合理的学习规划，主动增加课外科技活动及社会实践锻炼，关注时代需求和专业前沿发展，构建复合型人才的知识架构。

大学本科一般是四年制，部分建筑类及相关专业是五年制，譬如，建筑学、

城乡规划等专业。在进入毕业年级之前，学生可以有3-4年时间，利用课余时间和寒暑假开展实习实践。但很多大学生升入大学后，存在高考后放松心理，缺少对就业的思考和就业能力培养的长远规划，再加上企业对实习生的门槛要求和信息不对等因素，大学生在毕业前的实习实践经历有限。即便是有实习实践经验的同学，由于缺少对职业和就业能力培养的规划，对自己实习实践目标定位不清晰，存在走马观花的现象，实习质量不高，错失了近距离了解企业内部信息、行业发展前景、企业文化的机会，缺少对于职业的认知与思考，势必影响合理知识结构的构筑。

（二）批判性思考欠缺，解决问题能力不足

今日职场需要的核心能力，是要能提出好问题的能力，而提出好问题的能力来自批判性思考和解决问题的能力。现代化企业组织结构越来越倾向于扁平化。一项工作常常是由很多跨职能团队合作完成的。工作已经不再是由个人的专长决定，而是团队正在试图完成的任务、解决的问题或者想要达到的目标共同决定。团队需要紧密合作找出最佳解决办法。对于大学毕业生来说，想要在工作中尽快占有一席之地，在团队中表现出色，最大的挑战是必须拥有批判性思考与解决问题的能力。没有人会告诉你下一步应该做什么，必须自己找到答案。尤其是面对企业各种各样的信息流，刚入职的毕业生要学会从大量信息中筛选出重要信息，这就需要批判性思考。

在大学教育中，批判性思考能力不是通过大学教学的传授和考察获取的，不包括在任何一个考试中。它蕴藏在平时的学习生活中，是一种思维习惯的养成，具体表现在对问题的分析解决，即抓住问题根本，找出最深层的原因，搞明白问题的演变过程，是批判性思考的核心所在，作为大学生应该对事物充满好奇心、具备持续学习与系统思考的能力。当遇到问题与挑战时，不能满足于"知道答案"，因为昨天解决问题的方式并不能解决今天的问题。在习惯的养成过程中，注重提出问题，强化自主学习意识，独立思考、创造性解决问题。

（三）就业决策能力欠缺，职业选择受限

职业选择是个人对于自己就业的种类、方向的选择和确定。职业选择的宽度是指自己能够选择的就业种类的数量。每个毕业生都希望自己毕业时能拥有很多

种选择供自己挑选。职业选择的宽度受就业竞争力和就业期望的双重影响。用一个公式来简单表示一下：职业选择的宽度＝就业竞争力－就业期望。

就业竞争力是一个人综合素质的展示，能够对用人单位产生一定的吸引能力，用人单位对应聘者的选择主要是审视应聘者所具备的就业竞争力是否符合企业和岗位的需求。其主要包括毕业生所具有的思想道德素质、职业技能和专业知识、思维能力、语言表达能力和交际能力等内在竞争力和学校的排名、家庭背景和社会关系等外在竞争力。就业竞争力越大，能吸引到的用人单位和岗位就会越多，职业选择的宽度就越大。

影响职业选择宽度的因素：就业期望，就业期望是指毕业生希望获得的就业岗位、就业地区以及薪水标准等的综合体现。就业期望是毕业生对自己理想职位的描述，对自己物质、精神需求的满足程度，如工资收入、福利待遇、工作环境和条件，是否能受到同事的尊重和领导的器重，自己的能力和特长能否得以施展等。就业期望是影响毕业生进行职业选择的第二个因素，就业期望很高或者很多，会导致很多用人单位和岗位被自己拒绝。随着就业期望的不断增长，职业选择的宽度会不断变窄。

大学是一个爬坡的过程，有些学生可以通过积累，把职业选择范围变得很宽；有些学生缺少前期努力，职业选择受限，不知前路在何方。但无论是哪种类型的同学，都会面临就业决策。而就业决策需要整合毕业生能力、就业期待以及企业用人需求、工作环境和待遇等信息，信息量很大，在决策时需要一些方法来帮助毕业生更好地将信息进行分类、整理，将自我期待和企业价值进行合理的澄清。很多学生没有学习过任何就业决策的方法，在面对如此复杂的决策局面时，十分焦虑，不知道如何下手，只能到临近时间节点时仓促抉择。而就业决策关系到每个毕业生的未来发展方向，至关重要。

工具应用 模拟面试

请一位企业负责招聘的人员，或由同学现场扮演面试官，一位同学扮演求职者，进行模拟面试。

学生对模拟面试点评，教师总结。

注意：如果是由同学扮演面试官，最好提前能够确定人选并请他们做好准备。扮演求职者的同学也要提前确定下来，以便请他做好准备，并根据他期待的目标职位准备职位说明和面试问题。

第四节 决策方法

决策，就是做出决定，指为了达到一定的目标，从两个或者两个以上的可行方案中选择一个合理方案的分析判断过程。

其实，同学们每天都要进行决策。早晨醒来，是马上起床，吃完早饭去上课，还是多睡一会儿，压着上课铃声跑进教室；上课时是跟着老师节奏学习，还是等着最后突击学会等，细想起来，我们每天会有很多自觉或不自觉的决策。

同学们可以看出，我们对事情的决策会和自身价值观、性格、兴趣以及能力有关，我们对一类事物的看法，会影响我们决策时的选择。同时，决策也会因带来后果的严重程度而增加我们决策时的压力。不是特别重大的决策，我们的选择可以相对随意，觉得不合适，下次再改。然而，职业生涯发展过程中的决策通常特别重大，需要同学们做出审慎的决定。

有些同学会觉得只有到了临毕业时的决策才会和职业生涯发展有关，才需要慎重对待。事实上，决策是连环发展的过程而非单一事件，整个生涯发展过程都会不断面临生涯决策问题。

职业生涯决策是综合了个人对自我的认识以及对教育与职业等外在因素的判断，面临生涯决策情境时所做的各种反应，其构成要素包括：决策者个人的目标、可供选择的方案与结果以及对各个结果的评估。决策的过程与结果将受到行业发展趋势、国家经济形势、地域、家庭观念等社会因素以及个人价值观与其他内在因素的影响。

在过去一个多世纪中，中西方很多学者提出了许多帮助人们开展职业发展决策的有效方法，为我们全面、理性地了解自身需求和决策选择提供有力支持。同学们可在课上、课后自行学习并进行切身体验，也可通过彼此间交流，了解人与人在职业生涯决策方面存在的差异性和复杂性，不断锻炼自己独立决策的能力。

《论语》借鉴　有远虑，方可解近忧

近日为刚上大三学生小范梳理出国留学的前期准备情况。

本科毕业后出国留学需要准备的材料大致包括四类：成绩单、英语成绩、个人简历和推荐信。前两项是硬性条件，必需达到申请学校的基本要求。后两项是软性条件，供高校择优挑选时查阅。

学生小范希望申请国外排名全球前100左右的学校。学校的申请门槛在大学成绩、英语成绩方面公布得很清晰：大学成绩要达到平均分80分，英语成绩需要雅思6.5。

目前，小范的大学前两年的平均成绩是76分，雅思还未参加考试。看似距离目标平均成绩只差4分，但提升却很难。

首先，科目越多，平均成绩的改变就越困难。第三年课程成绩要想将前两年课程的平均成绩提高4分，就意味着大三每门课程均需要88分以上。

其次，大三课程难度高于前两年课程。工科课程难度大体上是由易转难的。课程从基础课到专业课，从单一知识考核到综合知识运用考核。通常，三年级课程难度最大。四年级课程则丰富了实践应用类及毕业设计，难度会有所降低。

最后，堆积任务太多。以小范为例，他需要补报一些选修课，以保证课程都修满；需要补之前一门需要重修的课程；需要完成雅思考试，并达到对应要求的分值；需要多参加竞赛，以丰富个人简介。

人的精力是有限的。一年中完成这么多任务，还要提高平均成绩，难度可想而知了。除了帮小范梳理清楚当前的任务及难点外，我们还一起探讨了预期目标。结合当前的难度，我们认为，大三第一学期的任务是在课业成绩和英语成绩上做最大的努力，以第一学期成绩为基础，预判一下是否在大三结束时能实现所有目标。

本学期先玩命努力再说。一旦发现结果不达预期，则需要调整自己的预期目标：降低申请学校的难度，以实现毕业后如期升学的个人发展规划。

案例展示到这里时，一定会有人有疑惑：为什么读大一、大二时不能积累得更好些？留学学校的入学标准一查就能查到，大一就能知道需要在大三结束时做到什么，为什么剩大三这一年给自己这么大压力呢？

绝大部分学生的原因是自己在大学低年级时并未思考未来发展目标。

人无远虑，必有近忧。

有远虑方可解近忧。

有时候我们会觉得因为想不清楚那么远，所以就先不想了。因为不想了，就导致对当下的自己放松了要求。

事情到眼前了，成了近忧了，发现积累了一堆忧，给实现目标增加了很多难度。人与人的不同就会在远虑与近忧中慢慢拉开。希望大家都能尝试着多些远虑、早些行动，让自己事到临头时能少些近忧。

案例分析1 没看清楚选项，如何做选择？

新年伊始，万象更新。过年总是热热闹闹、高高兴兴的，但对于即将毕业的同学们来说，在喜庆中总有一丝隐忧，还不知道自己未来到底选择哪条路。毕竟新的学期已是自己大学时代的最后一个学期了，随着毕业的临近，自己的忐忑、焦躁情绪越来越重了。一位来自山东的学生小东非常苦恼自己到底是留在北京工作还是回老家工作，在这两个选择中不知如何决定。他向我求助，希望我能指导他接下来的路径如何选择。

寒假期间，好几位学生就自己未来发展的问题和我探讨，都在告诉我，不知道自己应该如何选择，在为选择焦虑着。而通过聊天，我和这几位学生都发现原来所纠结的选择问题有些可笑，因为还没有看清楚选项是什么，又如何做选择呢？

小东自己希望留在北京工作，因为北京工作的优势在于拥有开阔的发展前景和更多的机遇，但是会给家里造成一定的压力。如果在山东工作，那么发展的面稍微窄点，而且会失去同学等人脉资源，但是山东是他的家乡，他熟悉这里的气息，而且家里也可以提供更多的帮助。

听完后，我问他，这两个选项所阐述的内容是怎么得来的呢？他回答说大多是通过听别人说和自己的感觉得来的。

让我们来看看他的这两个选项的内容：在北京工作这个选项，他阐述的内容是发展前景比在山东工作开阔，机遇更多，同时给家里造成经济压力。在山东工作这个选项，他阐述的内容是发展面比北京窄，将失去人脉资源，但家里能给予的帮助更大。当我们清晰地把这两个选项的内容陈列出来的时候，就会有一个疑问：不一定吧？

是的，不一定吧。这个疑问代表着纠结着他的这两个选项的内容存在很多的不确定性和片面性。于是我问他，在做选择之前，是不是应该先把选项的内容弄清楚呢？

在小东向我提出帮助的时候，他正在山东的家里，每天纠结于这个选择，茶饭不思，无所事事，觉得自己不把这件事想明白了，什么事情也不能安心去做。我建议他，不如趁着在山东的时间，先把留在山东工作这个选项的内容弄清楚，到当地的招聘会现场了解一下自己能应聘到什么样的企业，目前企业的发展前景如何？有机会到企业去实习一段时间，深入感受企业文化，了解企业的实际工作情况，看看是不是如自己所说的那样。

这段时间，学生们向我咨询的问题大多都是如此，比如目前有两个单位，到底哪个好；比如考研落榜后何去何从等。大家都觉得是选择让自己苦恼，不知道应该选哪一个，在我看来，大家还没有把选项的内容弄清楚，就急于做选择，这肯定会让自己纠结。

就像小东一样，每天苦恼得不知怎么办，实际上是在浪费自己的时间，错过了选择之前的准备。

每个人的一生中要面对很多次的选择，每一次的选择都标志着自己每一次的进步、每一次的成长。面对选择时，我们之所以会纠结、会焦虑，是因为我们深知选择的重要性，是因为我们希望对自己负责，认真地过好自己的生活。然而，在面对选择时，我们又总会无所适从。在选择之前，我们是否已经澄清什么是自己最看重的东西，以及每一个选项的内容到底是什么，也就是我在职业生涯与发展规划课程中教给大家的生涯规划决策过程：自我认知并认知外部世界，而后决策、行动、再评估的循环过程。

我相信很多的同学都在此时或者某个时候纠结于选择的问题。在这个时候我希望大家能问问自己，每一个选项的内容是否都弄清楚了。与其纠结于选择，不如先认真去了解、去体验每一个选项，也许在这个过程中你就能找到想要的答案了。

案例分析 2　用 SWOT 分析法解决职业决策问题

小北是土木工程房建方向的男生，家是河南的，在校期间学习很努力，荣获了一等奖学金，英语通过了六级，加入了党组织。他希望自己能够毕业时户口落户北京或者天津，希望从事市政、房建领域的工作。小北认为应从基层开始锻炼自己，所以他愿意从事施工一线的工作。小北想要应聘的是一家央企施工单位，在房建施工领域具备较强实力，在全国各地都有项目部，在我校进行校园招聘时，人事部主管提出希望招收北京男生，成绩优秀，政治素养高，学生工作经历丰富，如遇到特别优秀的外地男生，也会适当考虑。面对一家央企施工单位的应聘机会，小北犹豫不决，于是我帮他用 SWOT 分析法来解决困惑。

SWOT 分析法是用来确定企业自身的竞争优势、竞争劣势、机会和威胁，从而将公司的战略与公司内部资源、外部环境有机地结合起来的一种科学的分析方法。

S（Strengths）是优势，W（Weaknesses）是劣势，O（Opportunities）是机会，T（Threats）是威胁。按照企业竞争战略的完整概念，战略应是一个企业"能够做的"（组织的强项和弱项）和"可能做的"（环境的机会和威胁）之间的有机组合。

图 3-1

企业战略决策是一项非常复杂的问题，对于一个企业的长远发展至关重要，甚至关乎企业的生死存亡，所以在决策时需要企业家们慎之又慎。同时和决策相关的信息错综复杂，或有利益或有风险，让决策者无从下手。

SWOT方法的贡献就在于用系统的思想将这些似乎独立的因素相互匹配起来进行综合分析，用一张图展现企业战略决策过程中所出现的所有相关信息，并归为四类，供决策者综合判断，使得企业战略计划的制定更加科学全面。

大学生所面对的职业决策问题，和一个企业的战略决策有类似之处。都是对自身有非常重要影响的一次决策；都有很多相关信息需要分析；都有不同的机会或者挑战需要权衡。

那我们不妨试试用SWOT分析法来解决职业决策的问题。观察SWOT分析模型，我们会发现，四个区域是由两个坐标轴划分出来的。纵向坐标轴划分的是对内能力分析和对外期待分析两个方面，即左侧是分析自己所拥有的职场竞争力，右侧是分析应聘岗位提出的待遇和要求；横向坐标轴划分的是正向分析和负向分析两个方面，即上面是分析你拥有的和你想要得到的部分，下面是分析对你来说存在的风险。

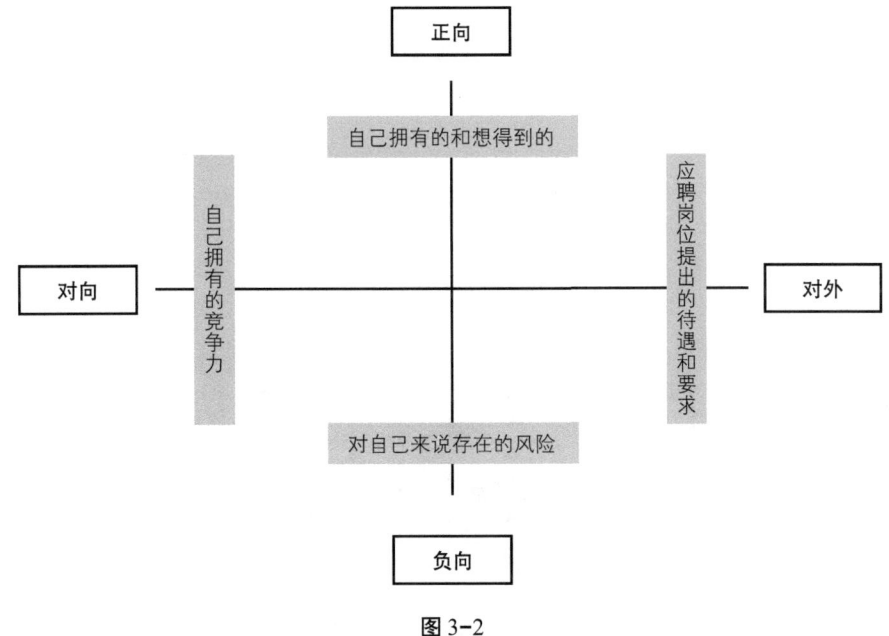

图3-2

我们继续按照这个思路来定位一下四个区域分别应填入哪些内容。左上区域为：优势，我所具备的核心竞争力优势。左下区域为：劣势，我的竞争力劣势。右上区域为：机会，应聘岗位能提供的待遇。右下区域为：挑战，应聘岗位对我的要求。

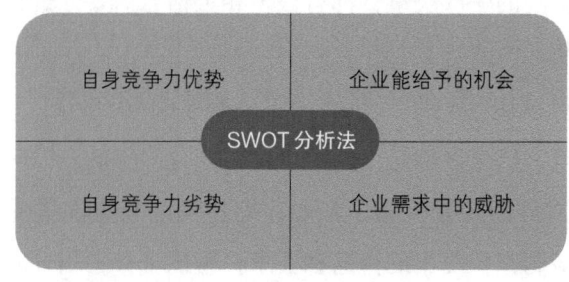

图 3-3

这样一来，对于每一个竞聘岗位我们所关注的信息就都可以放到一张表格中来展现了。

我们把小北的信息填入 SWOT 分析模型中。

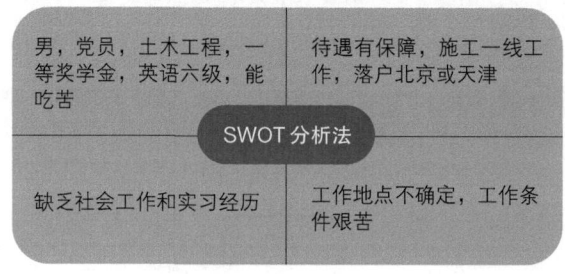

图 3-4

优势：

基本条件：男，党员，专业：土木工程房建方向，学业：一等奖学金，通过英语六级。品质：农村家庭出身，能吃苦。

劣势：

户口：河南，缺乏社会工作经历，缺乏实践经历。

机会：

待遇有保障，施工一线工作，落户北京或天津。

挑战：

工作地点不确定，工作条件比较艰苦。

在 SWOT 分析法的帮助下，小北清楚地知道了自己在这个求职意向下的各项信息，并也清楚地了解了信息之间的关联，这对他做出最终的职业决策提供了很好的帮助。

SWOT 分析模型构建的是自己与某一个特定应聘岗位之间的分析。通过小北的案例，我们会发现，左侧两个象限中对自我优势与劣势的分析是针对企业的要求来确定的。如果企业对于社会工作经历没有要求，那就不算是一项劣势。而如果企业需要的是其他专业的学生，那小北的专业就不再是优势，而可能成为劣势。

右侧两个象限表现的是应聘岗位提供的机会和挑战，也会因为每个人的期待不同而发生改变。比如小北期待从基层做起，所以在施工一线工作这一项会被他放到机会里。如果你也遇到了类似的问题，就试试看吧。

案例分析3 用决策平衡单的方法排解幸福的烦恼

临近毕业，很多同学因为大学期间的不懈努力，找到了最适合自己的发展路径，也为未来积蓄了充足的能量。即将毕业，他们已经很期待踏上新的人生旅途了。大学是一个爬坡的过程，通过在大学期间每一天、每一个阶段的积累，同学们可以将自己未来的路铺得很宽，发现自己有很多个不同的选择。面对各种选择，同学们也容易陷入幸福的烦恼中。

小菡是个快乐的女孩，什么时候见到她，她的脸上都露着笑容，尽管并不是每次和她聊的都是顺心事，但那份笑容没有变过，以至于我在回想她大学经历的时候，印象最深的就是她的笑容。

小菡的大学生活是丰富的，在学习上她一直是同专业学生中的前几名，在学校第一次组织部分学生前往北京航空航天大学交流学习半年的时候，她积极申请并最终成行。在大学期间，她一直担任着学生干部，从容淡定又雷厉风行，亲和中有着她独有的坚韧，我之所以这样形容她，是因为我很清楚在她的笑容背后经历的并不全是一帆风顺，庆幸的是，面对每一次挑战和困难时，她都选择用坚持来回应。在社会实践风采展示的舞台上，她最后一个出场，将社会实践的成果如讲述一个故事般地娓娓道来。在这个过程中，我看到的是她在经过大学期间的种种历练后留下的那份自信。

小菡就是一个在即将毕业时遭遇幸福烦恼的人，出国深造是她为自己下一阶段人生做出的规划，和所有想出国深造的同学们一样，她向很多学校递交了申请。由于大学经历丰富，这段时间她收到了很多学校寄回来的确认函，这其中包括了好几所她心仪的学校，能够收到这些学校的确认函，她非常高兴，觉得自己的目标终于要实现了！但在兴奋之余，她的烦恼也随之而来了，到底去哪所学校呢？她和我聊到，英国的学校学制时间短，能够早些毕业，但担心学到的东西少，不够硬气；美国高校的科研水平被公认是比较高的，但课业压力大，而且学制长，回国就业时，自己的年龄就更大了，作为一个女孩子，会更加有压力；同时，她也关注到现在好多同学选择去澳大利亚留学，那里的生活条件挺好的，但感觉专业可能并不对口。于是，到底选择哪所学校作为她出国留学地点的问题让她犯了难，和一些到这会儿不知道毕业后要做什么的同学或找不到自己理想单位的同学相比，我将她遇到的困惑笑称为"幸福的烦恼"。

有的可选总是一件幸福的事情，犹豫去这个学校或者是另一个学校，起码是有地方去，只是在选择到底哪个对自己会更好一些。选择本身就是一件让我们很纠结、很痛苦的事情，因为选择就意味着放弃。当小菡选择了一所高校的时候，其实也就意味着她放弃了其他所有高校。如果这个选择能简单地用好与坏或者对与错来区别，那选择就不会纠结，而往往这些选择的每个选项间都不能用好坏对错来衡量，每个选项里都有自己想要的"好"，也都有自己不想要的"坏"，于是选择就变得纠结，甚至是异常纠结起来。

在和小菡的交流中，我跟她介绍了金树人老师提出的"决策平衡单"方法，来帮助她进行选择。首先请她将不同的选项横向依次写到不同的列中，比如英国的学校、美国的学校、澳大利亚的学校，然后来梳理一下在决策时她所在意的各个方面：比如学制的时长、经济投入、生活环境、专业素养、未来前景，甚至是有没有熟悉的朋友等，只要是影响到自己决策的方面都可以依次列出来，然后在左侧竖着写在每行里。这样就做出来了一个表格，纵向列着自己所在乎的方面，横向写着自己可能选择的学校。接下来就是针对每个内容给不同高校进行打分的环节了，从1到10，如果觉得在学制的时长方面，英国的学校给予你满意的程度能够是10分，那你就写下来，相对地，如果美国的学校在这方面你的打分是5分，那你就写在所对应的格子里。把所有的分数都打完后，还要再问自己一个问题，对于影响决策的这些方面，自己最在乎的是什么，当然也要打个分数，从1到5，比如对于经济投入给5分，对于是否有朋友在身边给2分等，这个分数是选项的加权分。接下来就可以做数学题了，对于不同的学校，每个选项的分数乘以加权分数后再求和，就是这个学校的总分了。通过这个方法，她就可以给不同的学校算出不同的分数，帮助她进行选择。

当然，如我之前所说，选择就是放弃，在每次决策时，总要放弃些什么才可以继续前行。和很多在职业决策时苦恼的学生聊天时，我发现困扰大家的共性问题是想要每个选项中好的一面，不想要每个选项中坏的一面。这样的选择是无法实现的，而且好与坏也都是相对的，能否利用好每个选项中好的一面，如何弥补不好的一面，更多的还是要靠我们自己。如果因为选项中有自己觉得不好的一面，就持否定的态度，不愿前行，不去探索，我们所能等来的只能是更多的"不好"。

前沿拓展 哪些是我们之前面对决策时没想到的

贾杰老师在《活得明白》一书中，在"决策"这一章的开篇写了这样的话："当你无法决策的时候，有一个思路就是：最坏的结果你是否能够承载？"

当我们因决策而烦躁时，这个问题是否能让自己静一些？决策是一件需要理性思维来完成的事情，所以保持平稳的情绪很重要。人的一生就是由一个决策接着另一个决策构成的。决策能力成为一个人思维成熟度的标准。周围的同龄人中,你感觉那些比自己表现成熟的,一定是在遇到选择时,表现得更加理性的人。那我们看看在书中,贾杰对于"决策"谈到的这些内容,有没有哪一点是我们之前没有想到的。

与成功决策相随的几项必备品质

(1) 要决策,就必须有勇气

决策本身就是一种朝向未来的冒险。一些大学生在决策时抱着为自己找到一条能看清未来路径的目的进行决策,希望能通过一次决策就把未来很多年的规划都做好,这样的愿望很难实现。

(2) 要决策,就必须学会舍弃

决策意味着取舍。在进行职业选择的时候,我们很纠结不知道选择哪个,原因是我们希望找到一个完美的选择,然而完美的选择是不存在的。如果我们不能在利弊因素之间区分重要性,很容易就陷入完美倾向带来的决策困难中。

(3) 要决策,就必须有行动

决策是由两部分构成的,一是选择,二是行动。选择并不能解决所有问题,如果只有选择而没有相应的行动,还是解决不了问题。而如果只有行动而没有明确的选择,也很难保持持久的行动力。

(4) 学会决策的方法,比做出选择更有意义

决策是要根据当下掌握的信息选择未来。所以,决策永远是当时当下、此时此刻的,没有一成不变、一劳永逸的。

不需要进行决策的几种情况

有些看似困扰我们的决策,实际上并不是决策问题,而是在决策之外出现的问题夹带到决策中。这就需要我们对这几种情况进行辨识,非决策的问题用非决策的方法来解决。

(1) 没有时间底线的决策

决策的压力很大程度上来自时间底线的压力,即在什么时候之前必须要做出选择。如果一件事情可以被自己一拖再拖,并不需要在哪个时间节点之前必须选择好的话,就不需要决策了。也有一些同学会采取逃避的办法来面对决策,让

自己最终错过了最佳决策时机，从而被动地进行了决策，甚至是承担了严重的后果。

所以，如果想要解决问题，就必须给自己一个时间底线，在这个时间之前必须要完成决策，采取行动。

（2）自己很清楚结果的决策

在生活中，我们可能会遇到这样的情况：朋友遇到自己拿不定主意的事情，来找你，见面第一句话就说："我跟你说个事儿啊……"然后我们会发现，在聊天的过程中，对方并不需要我们帮他提意见，甚至是否听明白都不是很重要，当个听众就好。

有些决策的问题也是如此，我们很可能已经掌握了大量的信息，在心里可能也已经有了答案，只是不是很确定。在这时，我们需要找一张纸，边想、边在纸上写，条理清楚地把自己的所想所感都记录下来，然后念给自己听，觉得不合适的地方再修改。反复几次，你的思路就清晰了。

（3）不拥有决策权的决策

有些同学面对的决策困扰，仔细听来会发现，决策权并不在自己身上。比如面对自己到底选择哪家单位或者是选择就业还是考研的问题时，在有些选项上，自己根本没有能力左右最终的结果，为这样的事情困扰只能算是自寻烦恼。

从别人的建议中探究个人观点

在进行决策之前，我们鼓励大学生去多方听取意见。有些意见是信息型的，可以帮助我们了解不同选项背后的实际内容；有些意见是方法型的，能够给我们提出进行决策的方法；有些意见是观点型的，明确地告诉我们他们对这件事情的看法和建议。

观点型的建议听起来是最有力量的，帮助我们做出了决定，但如果这个建议并不是自己认同的，或者自己并没有想清楚决策的结果是不是自己想要的结果的话，这样的建议所带给我们的力量就不会持久。

不知道是否有很多同学会遇到这样的情况，当被问到你为什么考研，或者你为什么选择这家单位时，经常会回答："因为我父母希望我考研。"或者是"我听某某人说，这个单位不错。"在此时，不妨问自己一个问题："在你看来，为什么他们会有这样的建议？"对于这个问题的答案是我们对于别人建议的理解，将别人的建议转化为自己的观点，得出的答案才是自己做出选择的原因。

跨越选项看目标

当我们不知道要去哪里的时候，对路径的比较是没有意义的。在对不同的选项进行利弊比较之前，最好先澄清一下，目标是什么。一旦明确了自己的目标，你可能瞬间就能做出决策。

我遇到过很多同学纠结在决策的选项中，无法自拔，不清楚选择哪个好。在这个时候，我们往往纠结于每一个选项的细节，觉得每个选项都有好的和不好的方面，无法取舍。这时不妨跳出来，问问什么是对自己最重要的，现阶段对自己而言最重要的目标是什么，其实也就是对自己的职业价值观进行一次澄清。平时我经常会建议同学们用价值观排序的方法来完成澄清，弄明白自己的目标后，自然就作出了决定。

读贾杰的这本《活得明白》，能感受到行文中流露出的幽默、从容。这本书展示了贾杰在生涯咨询中的18个案例，是他十年间3000多个案例中的代表，从案例的描述中，也能看到他工作中展现出的专业、细致和热爱。读一本书，就像是和作者聊天，不论我们是否从事咨询工作，贾杰做人做事的态度都值得学习。

工具应用 决策平衡单

1.将你的各种生涯选择水平排列在决策平衡单的顶部。

2.在平衡单的左侧，垂直列出你在"自我物质方面的得失""他人物质方面的得失""自我精神方面的得失""他人精神方面的得失"四个方面的重要价值观和考虑因素。

3.给各种价值观和因素按1-5的等级分配权重。一项价值观或因素的重要性越大，它的权重就越高。5为最高权重，表示"非常重要"；3代表"一般"，而1代表"最不重要"。对自我需求和价值观的准确了解，是给价值观和考虑因素指定权重的前提。

4.按照各项生涯选择满足个体价值观和考虑因素的程度，进行打分。分值在"-5"到"+5"分之间，其中"+5"表示"价值观和考虑因素在该生涯选择中得到了完全的满足","0"表示"不知道或无法确定",而"-5"表示"价值观和考虑因素完全未能得到满足"。

5.将各项生涯选择的得分与各项价值观和考虑因素的权重对应相乘进行计分,将结果记录在相应的空格内。

6.将每一选择下所有的正负积分相加,得出它的总分。对所有总分进行比较和排序。

选择项目 考虑因素	权重 -5-+5	选择一		选择二		选择三	
		加权分数 (+)	加权分数 (-)	加权分数 (+)	加权分数 (-)	加权分数 (+)	加权分数 (-)
个人物质方面的得失 1. 2. 3.							
他人物质方面的得失 1. 2. 3.							
个人精神方面的得失 1. 2. 3.							
他人精神方面的得失 1. 2. 3.							
总 分							

在使用决策平衡单的时候，要注意其目的不仅在于得出最后的排序结果，填写的过程也很重要。因为列举各项考虑因素、给各项价值观分配权重以及给各项选择打分的过程本身，就是在帮助个人理清自己的思路。这样一个仔细思索和反复推敲的过程，可能比单纯得出一个结果更为重要，更能够帮助个人作出适合于自己的决策。显而易见，这样的决策方式需要比较多的时间和精力上的投入。因为和许多事情一样，决策虽然有各种方法和技巧，但却没有捷径可走。也正因为这种决定产生的结果具有十分重大的意义，我们才需要这么多的时间和精力上的投入。

第五节　目标与行动

进行生涯规划，知道自己的生涯目标是什么非常重要。生涯目标也就是我们常谈的人生目标，实际上就是探讨你要成为什么样的人，你的一生该如何度过，怎样才能使人生过得有意义、有价值，怎样才能取得成功，怎样才能拥有幸福的生活。生涯目标是指引一个人成长和发展的导航标。

在生涯目标中，职业目标处于核心地位，贯穿人生的整个历程。孩提时代，人们就开始憧憬自己的职业理想。不过，由于少年时期对职业的理解过于肤浅，成长过程中往往会不断地调整、改变自己原先的目标，这些目标可能不切实际或者根本不符合自己的需求。在大学阶段要为将来走向社会，找到一份适合自己的职业而进行知识、能力、心理等方面的准备；进入职场后，人们通过职业来获得物质报酬，得到精神满足和自我实现等，所以，职业是实现人生目标的载体和基础。

然而，生涯目标并不局限于职业目标，其内容更加丰富和多元化。人一生中要扮演多重角色，生涯目标其实是由人的一生中不同时期所扮演的各种角色所需要实现的目标整合组成的，人生经历的每一个阶段所扮演的角色不是单一的。比如大学期间，我们不仅要扮演学生角色，还要扮演子女角色、同学／朋友角色、社会人角色等。扮演不同的角色需要完成的生涯目标也是不同的：扮演子女角色，我们的生涯目标就是建立和谐的亲情关系，学会感恩、学会尊重和理解父母等；扮演同学／朋友角色，我们的生涯目标就是要建立良好的人际关系，学会如何分享与沟通等；作为社会人，我们的生涯目标是要成为一个有责任感的人，学会自尊和尊重他人、学会自强和敬业、学会帮助与关爱他人等。

大学阶段，同学们思考最多的应该是学习目标和职业目标。需要注意的是，我们不能把职业目标狭隘地理解为一份工作。职业目标是人生目标之一，不要孤立地看待。职业目标是在人生目标的基础上确立的，需要考虑个人的内因与外因，内因主要包括价值观、兴趣、能力、知识等，外因主要包括人脉关系、经济状况、父母期望、劳动力供求关系、岗位能力和素质要求、工作地点、企业文化等。

因此，寻找职业目标的过程并不是一蹴而就的，而是每个人对自我和社会进行认知并实践的过程，只有对自我和社会有较充分的了解，才能找到适合自己的职业目标，职业目标是动态的，需要不断地修正和调整。同时，职业目标并不是生涯目标的全部，在人生旅程中，我们还需要扮演其他角色，实现其他角色的生涯目标。

所以，同学们不仅要清楚自己明天需要什么，知道自己该朝哪个方向努力，而且要时刻意识到今天自己所扮演的角色，并努力完成今天应该完成的生涯目标，不断地学习、实践和准备，培养自己完善的人格，只有这样，明天的事业成功和人生的幸福才不会遥不可及。

《论语》借鉴　多思无益

"王老师，我觉得毕业后没有出路，所以，我很焦虑。"

"噢？是什么事带给你这样的感受呢？"

"您看，我们这个专业，听好多人说，毕业后没有单位能去。我又是女生，他们都说女生不好找工作。我一想到这些，就焦虑。每天烦得不行，没心思做任何事。"

"毕业后的出路，确实是很重要的问题。能这么早就开始考虑，说明你是一个对自己负责的人。那我想问问你，既然这件事这么重要，而且又让你如此焦虑，你为了毕业后的出路问题，做了哪些准备？采取了哪些与此相关的行动呢？"

对面的人，坐在那里发呆，一言不发了。

只思考、不行动，只会始终陷入思想的困局中。

不读书、不实践，不长见识、不做尝试，只在那里空想，思维局限会越来越大。时间久了，自己就变成了井底之蛙，除了在那里原地打转，没别的能做的了。

大学期间本就是好好学习、提升能力的时候，有些大学生却过多地一味空想自己应该选择什么发展方向？将来做什么工作等问题，而让自己积极探索未知的脚步变得沉重，甚至停滞。因为没想清楚这些问题，导致学习就没有动力，不思进取，这就得不偿失了。

要想弄明白这些问题，恰恰应在学习、实践中找答案。

子曰："我尝终日不食，终夜不寝，以思，无益，不如学也。"

孔子说："我曾经整天不吃饭，彻夜不睡觉，思考问题，但没有什么好处，不如去学习。"

看到这句话，我们会觉得释然一些。因为孔子也会遇到很多思考不明白的问题。同时，我们也知道了孔子面对这种情况时给出的判断：无益。并提出了改进方法：学习。

一味地思考又得不出答案，再继续思考也是无益，不如先放一放，学习些新的内容。

我们在年轻时常会有这样的迷茫状态：不知道自己所学的知识有什么用；不知道未来在哪里，所以不知道学什么。因为一直没有得到满意的答案，大学生有时甚至就懈怠学业，初入职场的人则会烦恼焦虑。

过度的思考会对成长产生影响，出现思而不学则殆的情况。

学习是一个人成长、蜕变的过程。通过学习，我们的视野更开阔、格局更广、思考问题更深刻，对问题的看法也会随之发生改变。通过学习，我们可以博采众长，实现触类旁通；可以通过他山之石，攻己之玉。在不断学习实践的过程中，才能对久思不得其解的问题找到答案。

案例分析1 能带着自己奔跑的目标才是好目标

我们经常将即将进入大学最后一年的年级称为次毕业年级，从称谓上就能看出，这个年级的同学应已开始针对自己的未来进行必要的准备。作为次毕业年级的同学，看着曾经用微笑迎接自己走进大学、遇到困惑时总能给予自己帮助的师兄师姐们在进入毕业年级后的各种忙碌，心中也会不免毛躁起来，毕竟在将他们送走之后，自己也就成了大学里最"老"的一拨学生了。

我经常会选择在毕业典礼的当天给次毕业年级的同学们开会，听着外面热热闹闹的庆祝声，告诉坐在台下的学生们："恭喜大家从今天开始成了毕业年级的一员，一年后的今天，大家也会像你们的师兄师姐一样收到面对新生活的祝福，我也会继续在这个教室给你们的师弟师妹们开会，恭喜他们进入毕业年级。那么，面对这一年，你准备好了吗？"让我欣慰的是，很多同学其实都早早地开始为自己的未来打算，为自己的未来明确目标，并为之而努力了。

"王老师，我要考研！"一位次毕业年级的同学急切地找到我后，坚定地说出了这句话。

"王老师，我考研的决定已经下了，我和家人沟通过了，他们都很支持我，我自己也很希望能够通过提升自己的专业素养来拥有更强的竞争力，以便将来能够留在北京有好的发展。我很坚定，一定要考研。"

有这样的想法很好啊，目标明确就应争分夺秒开始努力了，为什么还显得如此焦躁？为什么还需要来找我呢？

"但是我现在不能确定要考哪所学校？不能确定要考哪个方向？因为不能确定这些，就无法开始复习，我现在很焦虑，心里总是静不下来。"

考研是一个目标，目标最大的作用是为我们带来实现自身价值的动力，让我们能够行动起来，能够向着一个方向去奔跑。但如果不能为我们带来行动，这目标就失去意义了。我能理解这位同学的想法，他希望自己的目标能够被描绘得更清晰一些，能够规划得更完美一些，然后再行动。如果能够更清晰更完美那当然是好事，如果一时做不到更清晰更完美得勾勒出目标，我们是选择坐在原地继续画饼，还是先为自己制定一个看似并不清晰完美，却能为我们带来前行动力的目标呢？如果是我，我会选择后者，因为成长来自向着目标的行动而不是目标本身。

我尝试着将让他焦虑的目标转换成可以为他带来行动的目标。

首先要他澄清目标的核心内容。考一所外校的研究生还是考本校的研究生？

这是他犹豫的第一个问题。之所以犹豫，其实是因为能力不足。他没有考上外校研究生的绝对实力，担心一旦考不上又调剂不回来，对自己的打击太大。在能力不足的时候，我们需要调整自己的期待，也就是要澄清一下目标的最核心内容到底是什么。

我问他，"你最想实现的目标是什么？是考上研究生还是必须考上某所学校的研究生"？他的答案是"考上研究生"。

我们肯定都希望自己追求的目标是最完美的，但这个"最完美"需要有个前提，那就是自身能力所及。在能力所限的情况下，我们必须要选择最想要的部分作为自己的目标，多余的部分就需要暂时放下。轻装上阵才能让自己走得更远，与其冒着"竹篮打水"的风险忐忑度日，不如抱着志在必得的决心踏实前行。至于那个"最完美"的状态，我们还可以用之后的人生继续追赶。于是我俩沟通后就把目标的核心内容确定为考取本校的研究生。

其次要明确目标的时间节点。通常在一个目标里会有多个时间节点，每个时间节点上需要我们完成一个小目标，所有的小目标会组合成我们想要的大目标。当我们为某个目标而困惑的时候，通常是因为我们将不同时间节点需要完成的不同事情搅和在一起，而又无法区别开来而让自己不知道如何行动。这时可以按照不同的时间节点将目标拆分。

他犹豫的第二个问题是考取哪个方向的研究生？我问他，这个问题需要在什么时候做决定？他说是在填报考研志愿的时候。因为他所犹豫的那两个考研方向所考的专业课相同，所以对于近期的复习备考没有任何影响。于是我建议他这件事不用现在做决定，可以在填报志愿之前，结合自己半年多的复习情况以及收集到的信息来决定到底报考哪个方向。现阶段的核心任务就是专心复习、提高成绩。

最后是确定目标的实现途径。在分析完前两个问题后，我能感觉到他轻松了很多，知道自己现阶段的目标到底是什么了。但要做什么、怎么做才能实现目标呢？这需要他将目标分解到每月、每周甚至是每天的安排中，并量化每个阶段的考核内容。比如考研这个目标，如果只是停留在"考研"这两个字上，那这个目标没有任何意义，只有设计好从现在到考研结束前这段时间一步步实现目标的有效途径，并按照这个方案去努力，目标才有意义。

在确定目标时我们建议大家应用 SMART 法则，其由五个英文字母构成，体现五层含义,即:Specific(目标的明确性)、Measurable(目标的可衡量性)、Attainable(目标的可实现性)、Relevant(目标以结果为导向)、Time-based(目标的时限性),让自己设计的目标实现途径具备这五层含义,这样的目标才是具备实现可能性的。

目标服务于我们自己对人生的追求,在不同的人生阶段我们都会有不同的目标。目标带给我们行动的动力,目标的意义很大程度上不在结果本身,而在追逐目标的过程中。能带着自己向前奔跑的目标才是好目标。

案例分析2 不要用等待作为解决问题的方法

前几日一位专业老师给我打电话,他们专业大三的两名同学,这学期不认真上设计课,老师提醒过很多次都没有改善,最终导致课程无法及格。老师拜托我能够帮助学生解决问题。于是,我邀请这两位同学来到我的办公室,尝试着给他们提供些帮助。

首先我先询问他们这学期没有好好上设计课的原因。一位同学告诉我,他从入学开始,对绘画就不能很好地掌握,总觉得提不起兴趣,随着时间的推移,压力越来越大。他也和家长讨论过是否可以换专业,但家长表示反对,认为能够学这个专业是非常难得的,不应该轻易放弃。在这样的状态下,他前两年的学习还能马马虎虎混过来,但上了大三,他明显感觉到课程的难度加大了,于是觉得自己实在跟不上了。这个学期很多次设计课都没有来上。另一位同学遇到的则是语言的困难,由于是民族地区来的学生,对汉语的熟悉程度不如其他同学,平时聊天还可以,但上课时老师讲的专业知识就很多都听不懂了,于是就越来越跟不上了。

对于他们遇到的问题,我给出了自己的看法。我觉得他们遇到的不是一门课程不及格的问题,而是不知道应该如何面对困难,如何面对人生。

不管是因为绘画零基础而跟不上学习进度,还是因为语言问题而听不懂老师讲课,这些都是在学习过程中,他们所面对的困难。放眼漫漫人生,这样的困难能算是大困难吗?肯定不是。这些都只能算是一个小坎儿而已。即使是他们现在出现的课程不及格，甚至是降级、换专业，哪怕是退学了，这样的困难摆在面前，都不能算人生中多大的坎坷，都不应被其压垮，都应该想尽办法去挑战这些困难。很显然，他们并没有采取很有效的方法来面对困难，从而导致问题被逐渐放大，逐渐严重起来。

作为老师，我们希望培养的学生是什么样的？门门课程都及格，甚至都优秀，就是我们的目标吗？这不是最重要的。我们更加希望自己的学生通过这几年大学的经历，能够懂得如何面对困难，懂得如何面对人生中的挑战。人生中的困难千万种，老师们教不了大家所有的方法，但希望学生能够学会如何面对。

在学习中遇到这些的困难，恰恰是给了这两位同学一次机会，去学习如何面对困难，如何解决问题。我相信，如果自己不想解决，即使老师帮着提出100种提高成绩的方法，他们都可以给出做不到的理由；但如果自己想解决，那同样自己也能提出100种解决问题的办法来。

关键是，在过去的两年半中，他们选择了一个最不能解决问题的方法来面对自己的困难，那就是等待。虽然之前的课程都及格了，但我仍然觉得，他们混了两年半，把问题搁置起来，将得过且过作为自己大学学习的目标，一直到现在实在是混不下去了而已。是得过且过还是追求卓越，是我们在大学期间能够培养出来的不同习惯，很多大学期间养成的习惯都会对未来的人生产生深远影响。

在谈话中，我很明确地告诉他们，我相信他们有能力解决自己的问题，同时我也相信，他们一定不甘心自己就以这样的状态过完大学生活。在大学期间，我们还有老师、家长在身边帮助，时不时提醒着我们，就像给他们上课的老师，当发现他们状态不好时能够及时地提醒。同时我相信如果他们主动提出需要帮助的请求，老师们也一定会愿意帮忙的。但如果在大学阶段我们没有学会如何面对人生中的困难，那等真正步入社会，就会更无助了。

同时，我也知道，找到解决问题的方法不会那么容易，这需要一个探索的过程。我们不可能一下就找到解决问题的方法，或者自己稍微改变了一点抑或是改变了一天，面前的困难就解决了，这都不可能出现。但我们首先要清楚：等待、空想一定不是解决问题的方法，解决问题只有靠行动！靠一步步的探索与积累，方可找到解决方法。而且，根据我自己的体会，最难的是迈出第一步，当我们开始行动了，我们会发现没有想象的那么难；当我们开始行动了，我们会发现身边有很多人愿意陪伴着我们前行。

前沿拓展　弄清目标与行动的关系，决定个人发展速度

理解好目标和行动间的关系，是取得高效成长的关键。

我们会发现身边有这样的人，和他们聊天时，听他们聊自己的现状和发展方向侃侃而谈，清晰明确。但一年半载后，再聊天时，发现这人的现状和对未来的目标丝毫未变。

想保持持续成长、不断进步的状态，需要我们明确目标的内容和意义以外，我们还要问自己能否对接下来一个阶段的行动提出明确的方法和具体步骤，同时注意保持好目标和行动的比例。和人体的比例相仿，目标是脑袋，行动是躯干，如果想目标想得多、行动少，自己成了脑袋大而沉，躯干瘦弱的人，就可能让个人上升的成长曲线变得平缓。

在处理目标和行动关系时，需要注意以下三个方面：

思考目标时要深刻，行动路径要单一

进入成长期，我们接触过的事情已经很多了，自身站位也高了。我们对下一步的发展不可能再发散尝试，而是要聚焦领域、聚焦精力。这就需要我们隔一个阶段，便集中花一些时间，深入梳理当前的工作环境：人、事、资源；并确定一下自己接下来一个阶段要做的事，要关注的领域。

在集中思考后的行动中，反而要少思考。既然要有所聚焦，就不可能事事兼顾。行动中的左顾右盼、患得患失，没法给自己带来好的结果。

思考和行动的时间比例，要控制在脑袋和躯干的比例上。有什么新的发展，有什么新的突破，要在行动一段后再去审视。不用在行动前就要求自己思考清楚每一步是不是正确；而是在行动后，思考行动的结果如何被自己所用。

目标内容放长远，行动计划定短期

成长期的目标，需要放长远。首先我们要认可自己在探索期的努力，让自己拥有了一定的职场积累，并看清了接下来的发展方向。对于未来的目标，可以尝试放长远些，确定出内心所向、需要经过长期经营而收获的目标。

短视的目标，快速得到的同时也会存在生活失衡、易替代的风险。长时间积累形成的优势护城河，是自己进入下阶段——职场成熟期时最需要拥有的职场

竞争力。

目标放长远，并不代表行动计划的粗线条。日常的行动计划需要定得近一点，先尝试从一天、一周的计划开始。聚焦当前现状，能够结合目标做些什么，如何做？

我比较习惯定周计划和日计划。比如结合我的长远目标，我需要在"感悟《论语》中的人生智慧"版块撰写文章、在生涯领域做好咨询和培训能力的精进、对外链接、锻炼身体、照顾家人。每周、每天的开始时，我都在记事本上列一下，这周在我关注的领域，自己要做什么，如何完成。

目标放长，帮助自己聚焦方向；计划放短，帮助自己提升行动力。

目标中充满成功，行动里充满失败

任何人定目标都不会写：自己要在做什么事时失败。写的都是要取得什么成果、收获财富、地位、幸福感等内在、外在的成长。

而行动中，其实是充满失败的。因为我们在挑战自己时，必然要做自己未做过的事。做未做过的事，出错的概率会很高。但成长的过程就是这样：确定个目标开始出发，而后失败、失败、再失败……而后不断总结、反思、再来，最后成功。

如果我们想让行动和目标一样美好，那我们只能做我们驾轻就熟的事，我们的目标就不能有新内容，只能定为"维持现状"或者"温水煮青蛙"。这样的目标，我们显然不能接受。那就要接受行动中的失败、失败、再失败。享受这个过程，这就是成长的样子。

整个事业发展都在被不可预期的事件影响着，能懂得享受失败，我们就对未知敞开着了解的大门。欣然接受行动中遇到的各种可能，再将其融入我们对未来的设想中。

工具应用1 生涯幻游

在舒缓的背景音乐下，请大家以舒服的姿势坐好，深呼吸，放松。然后，由老师或一位同学以缓慢轻柔的语言念出下面的指导语：

想象现在是五年后的某一天，一个平常的工作日。早晨，你从一夜的安睡中醒来，想到即将开始的一天，心中充满了兴奋和期待。你起身，从衣橱中挑出你今天上班要穿的衣服。现在你正站在镜子前装扮自己，你穿着什么样的衣服呢？（停顿）现在你开始吃早饭。有人跟你一起吃早饭吗？还是你一个人吃？（停顿）接下来，你准备去上班。你是在家里办公吗？如果不是，你工作的地方在哪里？离你家有多远？你乘什么样的交通工具去那里？（停顿）

现在你正走向你工作的地方。它位于什么地方？看起来怎么样？（停顿）你做些什么工作？你主要是操作器械、工具，还是跟人打交道？你的办公场所是什么样的？是在室内还是在室外？（停顿）你跟别人一起工作吗？你跟他们会有一些什么样的交往？

到吃午饭的时候了，你准备去哪儿吃饭？跟谁一起去？你们会谈论些什么问题？（停顿）现在回到工作中来，完成这一天的任务。下午的工作与上午的工作有什么不同吗？（停顿）你什么时候结束工作？离开前完成的最后一项任务是什么？（停顿）一天的工作结束了，你会怎样度过夜晚的时间？（停顿）夜里，当你躺在床上回想这一天，有哪些事情让你感到愉快和满足？为什么？（停顿）

当你准备好时，请睁开你的眼睛，并静静地坐一会儿。
请将你在"生涯幻游"中所感受到的细节记录在下面：

_____

_____

_____

_____

通过上面这个"生涯幻游"的练习，我们可以了解自己理想的生活形态。其中无论是对我们的衣着、交通工具，还是工作内容和场景的幻想，都可以告诉我们很多信息，让我们更加明确自己的理想和目标。

工具应用 2 设立个人职业目标及行动计划

根据你所设想的长期目标,制订你在职业生涯发展上的五年目标。在构思你的目标时,运用目标设立的指导原则。

你的五年目标:

_____

要达到这一目标,你需要经过哪几个步骤?

_____

据此设立你在一个月内的短期目标和行动计划。
你在一个月内的短期目标:

_____

你在两周内的短期目标:

_____

到了你设定的短期目标的实现期限时,回答下列问题:
你是否实现了你自己的目标?
为什么?(请应用目标设立的指导原则加以解释)

_____

你是否需要对自己的目标做什么调整?

_____

第四章 职场发展

第一节　定期更新职场认知

当前社会发展迅速，职场环境也在不断变化。新的技术、新的工作模式不断涌现，对职场人士提出了新的挑战。因此，即使在职场中，也需要不断地进行职业探索，以适应职场的变化。职业生涯是一个长期的过程，需要不断地进行规划和发展。通过职业探索，可以更好地了解自己的兴趣、优势和发展方向，从而实现个人职业目标。

职场发展、职业转型都不可能是一蹴而就，但对于每个人又都是不可避免的。即使我们会在同一个单位工作很久，但我们所做的工作、运用的办公工具甚至是我们的办事思维都会发生巨大变化。

同学们在找工作时会投入不少时间用于工作世界探索，进入职场、工作稳定后，有可能我们会把更多精力用在完成好本职工作、照顾好家庭成员上，即使身在职场，对工作世界的探索也会变得很少甚至停滞。在突然遇到工作瓶颈，或者本领恐慌时，很多职场人会开始恐慌，并希望马上找到解决方法。其实，社会不断发展是事实，我们每个在职场工作的人，都要通过不断探索工作世界的方法，随时保持对职场的多元链接，对自己不知道的职业发展领域保持足够的好奇心和认知通道，并以此作为参照，及时评估自身在职场中的定位，为个人发展目标的确立提供更全面的信息。

进入职场后，我们的大部分时间会被当下的工作和家庭事务占据，如何抽身再去探索工作世界呢？

其实，探索工作世界不是一天两天就要完成的事，而是需要我们保持足够的好奇心和探索工作世界的意识，随时通过接触不同的事、不同的人的方式积累、丰富自己对工作世界的认知。

我们可以通过参与行业研讨会、培训课程的方式，了解最新的行业动态和技术趋势，不断提升自己对本行业发展前沿领域的认知；通过积极参加社交活动、志愿服务工作等方式，拓展人际关系和社会资源的同时，不断探索新的事物和不同领域的新知识、新信息；通过互联网媒介，利用碎片化时间多接触自己感兴趣的职业领域，和自身所在行业有所交叉、有所共融的新业态，不断拓宽认知，并通过一些实践，提升自身专业素养的同时，找准个人发展定位。

《论语》借鉴　拓展对"学习"的认知

对于从小学到大的我们而言，是否问过自己为什么要学习？

工作、家庭让自己一直处于忙碌状态的时候，我们是否会让自己再腾出时间去学习？

我们从六岁开始上学，每天读书学习，中考、高考忙个不停，直到上了大学，似乎都没认真思考过为什么要学习。

大学期间，除了上课，我们有很多事可以做，这时候我们不禁会问：上课学习这些知识能有什么用呢？学习就是为了拿个文凭，找个工作吗？

等上了班，我们发现总有不会的东西要学，不学习就会落伍、就有可能被淘汰。每天除了紧张的工作还得挤时间来学习，不禁要问：学习就是为了保住饭碗？

不管在哪个阶段，学习这件事似乎都夹带着痛苦的记忆。好像学习都是为了应对考试、学习都是很有目的性的。

实际上，学习是伴随每个人一生的生活习惯，每个人都可通过学习而成长。为了文凭、为了饭碗的学习，我更愿意称之为"应试"，为应试而学，其目标是外在的、短期的。

以一生为限、以学习为伴，这样的学习不是一日之功，不会立刻起效，但却能润化我们的心灵、拓展我们的思维、加深我们对世界的认知，并最终指导我们的行为。

相较而言，我更愿意称这种陪伴一生、服务成长的学习为学习。善于学习的人才会很好地化解生活中的困惑，找准发展方向，进而实现个人理想。

在《论语》中"学"的内容是做人做事的道理,"习"指的是在日常行为中将学到的做人做事的道理不断实践的过程,在"学而时习之"的过程里,让自己不断进步、不断成长。

在借助《论语》指导生涯发展的时候,我们可以把"学"的内容做一些拓展,凡是能帮助到我们成长,不论是各个领域的专业知识、做人做事道理、历史人文甚至是他人言论、网络文章,只要能在自身生涯发展中受益的内容,都可成为我们"学"的内容。

对于学习,我们还会有如下的疑问:

> 为了拿文凭,为了保饭碗,我知道我不学不可,其他的各类知识、做人道理之类的内容,每个人也都需要学吗?
>
> 我觉得我现在用不着,或者我觉得这些做人做事的道理我都懂了,是不是就不用学了呢?

我们看看《论语》中是如何谈人为什么要学习的:

> 子曰:"唯上智与下愚不移。"

孔子说:"只有上等的智人和下等的愚人不会因为后天的学习而改变。"

《论语》中孔子的教诲经常会通过打比方的方式讲述,便于我们理解。其实孔子是在告诉我们,芸芸众生需要通过学习而成长。因为"上等的智人"和"下等的愚人"其实根本不存在。

学习应该是我们每个人生活的必需品,是生活的一部分。就像不吃饭、不睡觉,我们的身体会痛苦一样,不学习、不成长,我们的思维也会枯竭。养成学习的习惯后,我们会发现很多困惑皆可通过学习解开。

例如,我们通过学习《论语》,解开生涯发展中遇到的困惑,当某一句话直击内心,让自己有种豁然开朗的顿悟时,我们的成长与改变就随之发生了。

从长远看,生活的窘迫和无奈也可能是因自己的不学习、不成长造成的。也许我们现在所具备的知识储备、能力储备能胜任目前岗位的需求,但不一定会一直胜任,认为随着社会发展进步,每个岗位的胜任力需求也会随之做出调整。学习是在为自己的未来投资,在生涯发展的不同阶段,对每个人的知识能力都有不同的要求,需要我们通过不断学习去掌握应对本领。

子曰:"性相近也,习相远也。"

孔子说:"人先天具有的纯真本性,互相之间是接近的,而后天习染积久养成的习性,互相之间却差异甚大。"

互联网时代的到来,打破了地域间的信息阻隔,让学习少了很多限制。只要想学,就一定能通过网络找到学习的资源。比如我们过年回老家和曾经年少时的好友聚会,如果都还注重学习新知识,则彼此间仍旧会有很多交流的话题。但如果不注意每天的学习积累,人与人之间的差距就会越拉越大,再次相聚聊天时便会觉得没有共同话题。

互联网时代的到来,同样让知识的更迭速度变快。只要一段时间不抓紧学习,互相间的差距就会很明显。比如大学一年级时的同班学生,因大学四年不同的学习状态,毕业时的选择就会差异明显。

《论语》中提到的"习相远"的特点,在当今社会更加突出。因为新知识、新技术的推陈出新速度变快,人们对生活的诉求增长变快,都会导致人与人之间的差距增大。

即使我们在进入工作岗位时是一个拥有较高知识背景的人,但如果没有养成学习的习惯,几年时间就会遇到发展瓶颈。同样,即使我们在现阶段对某个领域知之甚少,只要通过持之以恒的学习积累,也同样会脱颖而出。

《让未来现在就来》是一本介绍时间管理的书,书中介绍了很多行之有效的时间管理方法。作者彭小六曾做过8年的程序员,在江苏省一个三线城市工作,担任某集团公司的IT主管。他从32岁开始,坚持在网络平台上写作,并穿梭于苏州、上海等大城市,听讲座、参加沙龙活动,和别人交流写作心得。经过自己的努力,他如愿成了一个著名的网络文章写手、畅销书作家。

依靠不断的学习,我们可以走得更远。朝着自己的目标去努力,让美丽的梦想变为现实。

在学习的时候,我们会遇到些苦恼。比如看了好多书,但记不住,看完了就忘了,等到用的时候还是不会。为了考试,强迫自己死记硬背很多知识点,考试一结束，这些知识就没用了，过段时间再问自己，就跟没学过一样。

学习的最终目的是运用所学知识解决我们成长过程中遇到的问题。如果记也记不住、用又用不上，学习的意义就大打折扣了。

更让我们着急上火的是，我们会发现有的人非常会学习：学得快、懂得多，能很好地把所学的东西用到实际中，这些人进步很快，着实让人羡慕。

小林工作三年了，目前在准备行业资格考试。

大学毕业到达一定工作年限后，我们通常需要通过参加一些本行业的资格考试，获取相关行业资格证书，来提升自己的专业化程度，同时也是在提升自身的职场竞争力。

比如，在建筑行业中，根据从事工作的不同，需要考取建造师、造价工程师、注册建筑师等行业资格证书。

小林跟我说，"王老师，在职学习真的好累。忙了一天，回到家，还得看书。最要命的是，我发现我记不住这些知识。感觉这些文字都从眼前飘过，没进脑子里面去。"

"学习要想记得住，知识进入大脑后得加工的，不然学了半天，记不住，也用不上，学的过程也极其痛苦。"我说。

"是的，我发现您平时给我们讲的一些知识，都能张口就来。挺佩服您是怎么记下来的。"小林回复我说。

我说："知识进入大脑后的加工过程，可以包括：分割成块，了解清楚每块之间的逻辑关系；附加案例，每部分内容结合工作生活实际中的例子来理解；记住特点，把最有特色的关键词弄明白并记住，其他内容再跟随着展开。"

我接着说，"而且，你会发现，很多职业资格考试的内容，都需要和实际工作结合来作答，只背概念，不理解具体讲的内容，考试根本通过不了。"

小林说："嗯，是的，根本没有题库，没法靠背书来准备。"

我说："所以，学习是需要从认知到理解的一个过程的。知识进入大脑后需要进行加工，加工后的知识才会被记住。这个加工的过程就是思考的过程，学与思相结合，才能真正学到知识。"

当然，如果思考过多，而不去学习、不拓展认知，一个人则会更容易惆怅，找不到解决问题的方法。只有在学中的思，才会让自己有真切的触动，才会拓展自己的认知格局，收获成长。

> 子曰:"学而不思则罔,思而不学则殆。"

孔子说:"只是一味的读书而不知道动脑筋思考,就会惘然无得;只是一味地空想而不读书,就会思维枯竭。"

学得快的人通常都掌握了学与思相结合的学习方法。要想将所学的知识被自己所用,能利用所学知识解决实际问题,我们就不能只是死记硬背,需要伴着思考去学习:学到的内容能否在日常用到?学到的内容和其他知识有何联系?

在学习的过程中思考,不断总结归纳、理解感悟,并融会贯通,让所学的东西更好地用于解决实际问题的过程里。学就是摄取的过程,思就是消化的过程,只有学和思结合起来,才能给个人成长供给营养。

读书时不去思考书中的含义,只是死记硬背或者为了学而学,不能理解书中所包含的意义,不能合理利用所学知识,就会陷入一种迷茫的状态。

我们的大脑其实并不擅长记忆,尤其不擅长对不理解的东西强行记忆。只有经过思考,将知识与实际结合,并能进行自我理解、归纳,融入个人知识体系后的知识,才能真正留在大脑中,才可以随时被我们调阅。

如何将学和思相结合,希望大家能从以下三点得到些启发。

从脑、从心去思考、去感受

思字,上面的"田"同"囟",囟门指婴儿头顶骨未合缝的地方,代表大脑。所以,思是从脑、从心进行的所有心理活动的整合。

如果我们觉得学的过程是一个完全理性的过程,那在学中的思,则是感性和理性的结合。我们通过学而引发的思考,需要理性,需要将知识做梳理、做提炼;也需要我们由心感受,通过读书、看视频、和人聊天等任何学的过程中,我们被什么触动,我们由此而探究的自己、产生的情绪、形成的画面,也同样都是思的结果。

学与思的结合,需要我们靠大脑将学到的东西做整合,让自己更博学,也需要我们靠心将学到的东西做体验,让自己更洞察。

日常经历皆可学、皆可思

很多人都会说自己没时间学习,进而说自己没时间思考,没时间成长。

有所学、有所思，并不一定都需要特意抽出一段时间、做一件和日常工作生活不相干的事才能实现。日常的生活也能让自己学且思。

我们可以通过"事件 — 感受 — 反思 — 行动"的思考逻辑来审视我们日常碰到的事情。

如果我们经历的一件事对自己有了些触动，就通过这四个步骤问一下自己：具体什么事情？自己有什么感受？对自己有什么启发？接下来要采取什么行动？

这样的过程就能让日常经历成为自己学习、思考、成长的助手，推动自己学与思相结合，不断总结、不断提升。

写作是学与思相结合的有效方法

写作是通过文字表达自己思考的过程。写作的过程就是学与思相结合的行动过程。写出来的内容，都是经过思考加工后的成果。有写作习惯的人都知道，很多知识通过自己的写作梳理，便和自身原有知识体系进行了结合，成为自己所拥有知识的一部分，可以游刃有余地使用。很多想法，也会在写作的过程中越来越清晰，经常写着写着就把自己写明白了。

通过学与思相结合的方法，让自己更高效地学习。通过学与思相结合的方法，也能让自己摆脱迷惘、疑虑的困扰，更好地成长。

案例分析1 只有不断探索，才能让未来变得清晰

小林2015年毕业后在一家事业单位基建部门工作。因工程节奏比较缓慢，他自己觉得所学受限，有调整工作的想法，但这两年又没找到合适的方向，于是，一直没有实质进展。

我跟小林说，现在调整工作不可能嘎巴一下：一拍大腿、一跺脚，辞职换地方。一片未知领域，说换就换，谁也没有这样的勇气。

现在想调整工作，都需要有一段探索期：通过不同的方式，向不同领域探索，在有一定的初步认知后，逐渐重新定位自己。

小林这两年就一直在想：我应该去哪里？哪个领域合适？他希望自己想明白

了,再行动。

这就进入一个恶性循环的过程里:想做出工作调整——希望找到合适自己的再行动——没有行动就不知道什么是合适的——没法做出调整。

两年的时间,一晃而过。

这次的交流中,小林提出了一个没有采取实质探索行动的原因:他想不出来应该从哪方面开始探索。

小林跟我说,他认为自己能去的单位就只是甲方单位、施工单位,但觉得自己现在的能力去不了自己想去的那些单位,所以就没法行动。于是这两年就选择考考资格证书,看看通过提高自身资质,能否达到去这些单位的条件,别的也做不了什么。

小林的想法,呈现的是一个比较共性的问题:希望先决策,再行动。想不到自己能往哪些方面进行探索,不知道前路何方,于是没法采取行动。

其实,这属于思维禁锢问题:当发现我们自己在职业探索方面找不到方向时,我们需要先行动:花点时间,打开自己的思路,发散一下思维。先结合之前的认知,看看都有哪些路,然后再聚焦,看看自己想先在哪些方面做探索。

我和小林说,你可以用思维导图的方法,做一个头脑风暴,看看有哪些可能性。

头脑风暴从两个方向入手:能做什么和想做什么,在思维导图的帮助下,一步步地拓展一下,看看有哪些领域是自己可以去探索的。

从小林自身情况分析能做什么的领域,甲方单位、施工单位都是可以选择的,然后再看甲方单位中有哪些可选的,比如国企性质的、私企性质的,然后再看具体有哪些,再想想有哪些岗位可以尝试。

小林能做什么的领域还包括:电子产品的使用、旅游路线介绍等,比如购买电子产品的介绍、维护,软件使用,旅游线路的安排等。

小林在想做什么的领域探索中,比如自己喜欢会议策划、摄影等,再细化有哪些公司需要这样的人员,都能做哪些职务或具体工作内容等。

在简单的交流中,我俩都发现,他可以探索的领域其实很多。问题在于,小林自己是否愿意花一段集中的时间,安静地利用思维导图进行一下头脑风暴,来看看自己都有哪些可能性。

再从自己发现的这些可能性中,挑出三个,在接下来的时间里,通过人物走访、接触相关公司、做一些简单的体验等方式，进行进一步的尝试，逐步加深自己对这些领域的认知。

在探索的过程中，需要注意的是，在探索能做什么的时候想自己到底喜不喜欢；或者在探索想做什么的时候问自己能不能做，这样的思维限制，会阻碍自己的思维拓展。

先任由思维自由游走，把所有的想法都呈现出来后，再去判断自己要在哪条路上探索。行动并不代表着决策，行动只是尝试和体验。在不知道自己下一步向哪个方向走的时候，可以先通过思维导图的方式，做一下探索，这样的行动，是我们前行的第一步。

国内著名生涯规划专家古典老师曾提到，面对现在社会的不确定性，我们应做一个"π"型人才。在发展路径比较清晰的时候，努力往"能做什么"的领域发展精进；在发展路径不是很清晰的时候，维持住"能干什么"的领域，同时在"想干什么"的领域，依照兴趣尽情探索，看看能到哪里，就到哪里。

古典老师还举了个形象的例子，发展"能干什么"的领域时，要像蜜蜂一样，目标明确；探索"想干什么"的领域时，要像苍蝇一样，满处乱撞，不一定撞到哪里就找到了方向。

小林用思维导图的方式对自己有可能从事的未来职业路径进行了探索。

我俩都觉得很高兴的是，他前几年一直都觉得自己没什么能做的，但通过以"我能干什么""我想干什么"为思维导图的起点，小林的探索逐渐展开，最终，他画了整整一张纸，探索出了5个大方向下的30多条选择路径。

接下来，小林可以从这些选择中挑选，并运用人物访谈的方法，对各个选项进行了解。

由于他思维导图拓展的路径很多，为此，我和他一起对下一步探索的方向做了聚焦。

在"能干什么"的领域，他写出了"甲方""施工""设计"等多个区域。首先，他排除了一些自己并不喜欢的选项，在剩下的选项中，我们最终在国企背景下的地产甲方和央企背景下的某施工企业作为初步探索的选项。

这时候，仍旧会有可能进入否定的思维中，认为自己根本不可能进去，不可能有机会的，怎么会要我呢？这些想法，都可能让自己的探索停滞不前。我提醒小林，还是按照第一次沟通时说的那样想，行动并不代表决策。我们可以先行动,再决策。只有做了探索的行动,才能进行有效决策,不然还是只能在那里瞻前顾后地焦虑下去。

在"想干什么"的领域,小林选择了开一个小餐饮店的选项,他很喜欢做这件事。而且他发现,如果真的这件事能实现,他也就不用想着换工作了,因为现有的工作状态比较适合他做这件事。

还有一个选项特别重要。小林一直想当飞行员,在思维导图中,这个选项并没有像其他选项那样,一层一层地展开,而就是写了"飞行员"这三个字。

我问他,这个选择你是可以放弃了,还是继续要探索?

小林说:"我不可能当飞行员。我身体条件不允许。"

我说:"那和这个相关的地勤工作,你考虑吗?"

小林坚定地回复:"不考虑。"

我接着问他:"那你还写这个选项是为什么呢?"

小林说:"我就是特别想当飞行员,但知道自己干不了。"

我说:"如果这个选项一直在你心里,放不下,那你就再去探索一下。看看是否自己肯定做不了。不管探索的结果是什么,你都会有收获。如愿以偿或者彻底放下,对你而言,都是好的结果。"

在挑选了国企地产、央企施工、开一个小餐饮店和飞行员这四个选项作为接下来的重点探索方向后,小林需要确定通过和哪些人沟通,了解信息。接触的人也不需要找最权威、能解答所有问题的人,还是像思维导图一样,看看先能找到谁,先聊起来。通过沟通,拓展自己在这个领域中的认知。

小林目前在央企施工、开餐饮店、飞行员这三个领域,都有直接可以问的人。我跟他说,那就先从这里开始。不过,既然是要了解职场情况,不是普通的闲聊天,就需要在见面之前,先列一个提纲,梳理自己想问哪些问题。

在谈的过程中,有可能会在某一个领域不断深入,一个问题接着一个问题地聊下去,让自己知道之前从不知道的内容。

通过列提纲的方法,能让我们在谈话之前有个思考,并把自己当前对该领域的认知做个梳理,以便不用让对方讲述特别浅显的信息;同时,先列出提纲,也避免自己忘记哪些必须要了解的方面,从而提高访谈效率。

案例分析 2　如何实现跨界发展？

小宇 2014 年本科毕业后去了央企施工单位工作，半夜盯材料入库，负责单体土建施工。开始工作的几年，他在建筑施工领域认真深耕，获得了单位领导的认可。后来，他并没有走他大多数师兄弟们的发展路径，而是在这几年中实现了跨越转行。虽然他仍旧在建筑行业中，但已经从工程版块转入营销版块。更让我惊奇的是，他这几年在建筑行业和元宇宙、区块链、去中心化的相关交叉领域也已经拥有了很多知识储备和实践探索。

小宇给我打电话讲他正在做的事情时，我对他所从事的领域几乎完全不懂。这样的情况并不多见，因为我带的学生大多在建筑行业发展，从事的工作比较有趋同性，我大部分都听过。像小宇这种，所说的领域我完全听不懂的情况并不多见。

而且，小宇开始工作时是在施工领域。作为进入职场后已经选定了职业方向的人们来说，能够实现跨领域发展也绝非易事。

这就让我产生了好奇，小宇是如何实现知识跨界的呢？

脱产求学实现转型

小宇工作的第二年，因为表现突出，荣获了分公司最佳新人奖。这让他有机会代表所在分公司参加总公司组织的培训。在培训中，他认识了集团公司更多优秀的青年骨干。他跟我讲，一位从香港留学回来的学长给他留下了深刻印象。这位学长金融专业学成后，在集团公司从事投资运营的工作。

小宇工作的第三年，选择了辞职备考香港某大学的研究生，主修地产经济方向。

这个决定在我看来非常大胆。过去我曾认为，工作了之后，就只会选择在职学习，不会再选择全日制学习了。

小宇的经历告诉我，趁着年龄尚轻，通过几年职业探索后，自己选定的读研方向会更坚定，因为已经度过了职业探索期，读研的学习经历对自身的帮助会更大。

这次打电话时，他讲到辞职考研是他实现转型很重要的一次跨越。专心读书的过程中，他有机会对自己的知识体系、思维方式进行扩充，从而开始在不同领域进行职业探索。

快速实践带动拓圈

研究生毕业后，小宇如愿进入地产企业从事投资运营版块的工作。在这期间，他逐渐接触金融企业，积累相关领域知识。

能够实现跨越，则是因为他和另两个小伙伴开启了一段创业之旅。他们结合地产、金融、元宇宙等新兴科技，进行创业，并寻求融资。小宇因为工作岗位是投资运营，所以他成了创业团队中负责营销的人。

小宇跟我说，他开始时对技术层面的东西并不了解。但随着自己一次次找投资人讲解他们的概念和产品，他对元宇宙、区块链、去中心化等领域越来越熟悉了。快速实践，是他实现跨越的第二个重要带动因素。

在进入职场后，我们都知道要不断学习新知。但很多人都是属于学习多而实践少的状态。其实，想提升职场竞争力，已经不是看我们学了多少，而是我们能应用多少知识，能通过不断实践而快速精通技能、迭代知识。

能力平移实现突破

创业过程没有完全实现预期，但也取得了阶段性成果。小宇现阶段准备回归内地发展。他选择央企施工企业，从事投资运营工作。虽然仍旧是回到央企施工单位，但小宇从事的工作，自身站位、能力储备都不同了。我能感觉到他对未来规划很清晰。

小宇在之前10年间所储备的沟通能力、判断力、多项工作的统筹能力，都可以平移到现有工作岗位上。同时，他在之前所积累的不同领域的人脉资源，也可以在新的平台上为他的工作发展提供助力。

能够像小宇这样实现跨越转行，确实不容易，也不一定适合每个人。但听他讲完自己的经历后，也让我反思，在我们进入职场后，大部分精力都在处理日常事务，积累新知都很困难，更别提实现跨越转行了。

但在当前社会快速发展的大背景下，保持对新知的学习，注重为自己创造实践练习，在能力平移的过程中实现新领域突破，却是我们每个人可以结合自身情况，提升自身竞争力，可以尝试的三项方式。

前沿拓展 树立资源意识，助力成长

同学们对于未来有很多期待，又想着能尽快实现目标，能把未来发展的路看清楚，结果反而有了焦虑。容易把问题聚焦在：这几年都没怎么实习，自己马上就要找工作了，好的时机都错过了；不知道未来何去何从，不清楚能问谁；不了解自己专业将来能做什么。

其实，我们觉得很难回答的问题，答案可能从身边的资源中就可以找到。

> 达成目标，不一定要依赖更多资源，办法可能就隐藏在你手头的资源里，关键在于，你能不能创造性地使用它们。
>
> ——斯科特·索南沙因《延展》

资源不是越多越好，而是用好现有资源

有些学生会更关注自己没有的资源，觉得自己成长受限就是因为没有获得这些资源。例如：错过了很多实习时间，就觉得自己不能在就业前提升竞争力了；觉得现在经济没有前些年好，成长机会太少了。每个人能获得的资源都是有限的，过多关注资源，会让自己脱离现实状态，总去空想而不能采取有效的行动促进成长、实现目标。相对于关注自己没有的资源，不如细细想想现在有什么资源。

在和一位即将毕业的研究生交流时，他发现自己的导师那里其实有很多和用人单位合作、联系的资源。通过导师的推荐，他可以直接获得实习、面试的机会。

和一位一年后毕业的本科生交流时，他发现通过参与老师指导的科技竞赛，开阔眼界的同时，通过和各个学校师生的交流，能够为接下来选择深造的学校方面收集很多一手信息。

和一位大一的学生交流时，他发现可以从解读学生手册的条款中看到优秀学生的标准，可以从他父母的工作中知道某一类企业招聘的标准。

当我把问题引导到让学生关注当下，关注自己有什么资源可以给自己提供帮助时，学生不仅可以滔滔不绝地讲很多，而且他们脸上的笑容也逐渐绽放开来。不是追逐更多资源、拥有更多资源，就能实现个人成功。相反，过多关注资源，

会让自己出现迷失和不知最根本需求的情况。

随着互联网技术的不断发展完善，我们获取信息、知识的方式变得越来越容易。这似乎让我们觉得，我们都可以很容易地获取资源。

其实，能被自己所用的资源是很有限的。更多的资源，因为自己不能承受，反而会增加自己的焦虑、迷茫情绪，会让自己的目标从更好的成长变成了追逐更多资源，从而越来越迷失自我。

> 为学日益，为道日损。——《道德经》

获取知识的过程是一个不断增加的"日益"过程，但追求自己人生理想的过程要做"减法"，在"日损"中不断聚焦、深耕。

想要承载更多资源，需要从通过提升个人能力入手。当自己能用好现有资源，实现个人成长，我们便会自然而然地发现更多、更广阔的资源可以被自己所用，进而收获更多成长。这个过程要自己一步步往前走，要始终以自我为核心慢慢实现。

最能帮助自己成长的资源就在自己身边。因为我们工作、生活所能接触到的人和事，是和自身现有状况同频同向的结果。

以一个发现资源的意识看周围，我们会跟看到金矿一样的开心。

比如我提醒学生，任何一个教课的老师，都有一个自己一直在精进的领域，通过他，你便可以知道这个领域目标的前景。如果你觉得自己不知道所学专业将来能干什么，不如问问老师他在研究什么。拥有资源意识，回归生活、回归周边，将我们所见所闻都转化为能够助力个人成长的资源。

工具应用　梳理个人职业规划成长档案

结合自身兴趣、性格探索，在日常工作生活中，注重积累职业探索信息，建立个人职业规划成长档案。

一、职业清单

1. 你的霍兰德类型建议你考虑的职业

根据你的兴趣探索结果,列出与你的霍兰德类型相对应(或近似)的职业,并将其记录在个人职业规划成长档案中。

(1) _____

(2) _____

(3) _____

……

注意:同时请参考你所做的其他兴趣练习。请思考:什么样的职业令你感兴趣?

_____

_____

_____

2. 你的MBTI类型所建议的职业

根据你的MBTI类型偏好,从了解到的职业中挑出你感兴趣的职业,并将其记录在个人职业规划成长档案中。

(1) _____

(2) _____

(3) _____

……

注意:这些工作有什么共通之处吗?请根据自己的MBTI类型思考,什么样的职业能使你感到满意?

_____

_____

_____

二、将你的清单上的职业进行分类和进一步探索

过一段时间后，便对于你在前两项上所列出的每一个职业进行分类，并把它填在相应的横线上。比如，"医生"这个职业在你的兴趣列表和 MBTI 列表中都有出现，就将它列在第一类。在第四类中，列出那些你特别感兴趣但在前面未曾出现过的职业。

第一类：很有可能
在兴趣和个性探索中都曾出现过的职业

_____

_____

注意：这些职业都值得你去深入地探索。你的职业探索最好首先集中在这些职业，了解这些职业的要求和工作环境等细节。根据目前你对自己的兴趣和个性的了解，考虑下你将会如何从事这份工作。

第二类：比较有可能
在兴趣或个性探索中曾出现过一次的职业

_____

_____

注意：这些职业也有比较大的可能性，供你进行下一步的探索。

第三类：有些可能
根据你的兴趣和个性探索，符合你一方面的情况却与另一方面的情况有冲突的职业

_____

_____

注意：考虑一下，如果你从事这些职业，会出现什么情况？是否会有矛盾冲突？如何解决？

第四类：其他的职业

在兴趣和个性探索中都未曾出现且与之没有共同点的，但你感兴趣的职业

_____

_____

注意：这些职业的可能性通常不是很大。问问自己：你为什么会对它感兴趣？是出于什么样的动机？想想你的目标和信念是否与这些工作匹配。

三、你的价值观

你最重要的五项价值观，并请具体说明它们的含义。

（1）_____

（2）_____

（3）_____

（4）_____

（5）_____

四、你的技能

找出你最擅长并愿意在未来职业中运用的技能。

1. 你最重要的五项自我管理技能（形容词）

（1）_____

（2）_____

（3）_____

（4）_____

（5）_____

2. 你最重要的五项可迁移技能（动词）

（1）_____

（2）_____

（3）_____

（4）_____
（5）_____

3. 你最重要的五项专业技能（名词）

（1）_____
（2）_____
（3）_____
（4）_____
（5）_____

五、继续探索的职业清单

重新阅读你在前面所列出的所有职业，根据你对自我的了解，结合你的价值观和技能，在下面空白处列出那些你想继续探索的职业（可以是上面曾出现过的，也可以是未曾出现但符合上面共同特点的职业）。

注意：在选择你想继续探索的职业时，请不要在未对它有任何了解前就轻易地将它排除。在这张清单上，你需要有足够的职业供自己探索，但也要有一定的目标。也就是说，最好不少于5个，不多于10个。将你的精力集中在下面的这些职业上。

作为职业探索的一部分，下一步我打算：

☐ 收集、研究与特定领域的职业有关的书面信息

☐ 采访有关人士，对我感兴趣的职业领域有进一步的了解

☐ 从职业咨询老师或其他老师那里寻求更多的个人帮助

☐ 通过选修课程来检测自己对某一相关职业领域的兴趣

☐ 通过参加社团活动来检测自己对某一相关职业领域的兴趣

☐ 通过业余兼职、实习或做志愿者等方式来检测自己对某一相关职业领域的兴趣

六、目标设立与行动计划

1. 我的长期目标

_____

_____

_____

2. 为了做到这一点，我还需要以下信息和帮助

_____

_____

_____

3. 为了实现这一目标，在这一个月内我应该做的事

_____

_____

_____

第二节 认识职场发展趋势

我们的一生是发展的一生。一生中职业生涯发展的时间可能有四五十年，在这半个世纪左右的时长中，我们的生命可以做很多有意义的事情。

对于初入职场的年轻人来说，拥有一个清晰的整体人生观和对生涯发展规律的深刻理解是至关重要的。

职业生涯并非一条直线，而是一个充满转折和发展的过程。了解职业生涯的发展阶段，如探索期、建立期、成熟期和衰退期，可以帮助你更好地规划自己的职业道路。初入职场时，你可能正处于探索期，这是一个学习和自我发现的阶段，你应该利用这个机会来积累经验、建立人脉并不断学习新技能。每个人的人生都是独一无二的，因此，建立一个符合自己价值观和目标的整体人生观是非常重要的。这意味着你需要思考自己的长期目标、生活中的重要事项以及如何平衡工作与个人生活。了解自己的强项和兴趣，以及这些如何与你的职业目标相匹配，将帮助你在职场中找到正确的方向。通过舒伯的"生涯彩虹图"，同学们可以清晰地看到，生涯是由多个阶段和角色组成，并强调在不同生命阶段角色的多样性和转换性。除了职业角色之外，人生中还有许多其他重要的角色，如家庭成员、朋友、社区成员等。认识到这些角色的丰富性，并在它们之间寻找平衡，对于维持一个健康的生活方式和实现全面发展至关重要。例如，保持与家人和朋友的联系可以为你提供情感支持，而参与社区服务则可以带来满足感和社会联系。

初入职场只是同学们职业生涯旅程的起点，不要期望一开始就能了解一切或者立即找到完美的工作。相反，应该将这个阶段视为一个学习和成长的机会。在当今快速变化的工作环境中，终身学习已经成为一种必要。不断地更新你的知识和技能。进入职场后的学习成长不一定只有通过理论学习的方式、课堂学习的形式才可实现。多通过"博学之，审问之，慎思之，明辨之，笃行之"的学习方法，可以帮助我们在职场中成长得更快。并在成长中，需要同学们不断评估职业目标，根据新的经验和信息进行调整。职业路径是可以变化的，而且随着你的成长和市场的变化，你的兴趣和目标也可能会发生变化。

《论语》借鉴 我们需要一个什么样的生涯发展航标？

频繁地和他人做比较，会让我们失去自我。人生的航行不可能在各式各样的比较中找到前行的方向。人生的航行也不可能没有航标。我们要知道前方那个航标代表着什么。即使不走寻常路，也要通过航标，知道自己在哪。

> 子曰："吾十有五而志于学，三十而立，四十而不惑，五十而知天命，六十而耳顺，七十而从心所欲，不逾矩。"

我们一定都知道《论语》中的这段话。在自己快到 30 岁，快到 40 岁的时候，都可以以这个航标来考量一下自己。家人和朋友也会在这个年龄的时候关心我们的生活。

不论我们是否做到了别人眼中的"立"与"不惑"，快到这个年龄段时，我们会反思自己的人生，并为下一个阶段的人生做思考、定方向。这就是生涯发展航标给我们的帮助。

《论语》中的这段话来自孔子晚年对自己的人生总结。孔子回忆自己在 15 岁左右的时候开始学礼，走上求学之路。30 岁的时候，齐景公到鲁国向孔子问政，孔子以此为时间节点，定义自己在社会立足的标志性事件。通过 30—40 岁间向老子等人的不断求学思辨，孔子觉得 40 岁的时候，自己的思想已经成熟，形成了自己的判断能力。这是他认为自己"不惑"。51 岁时，孔子出来做官，他对从政有了自己的判断。在此之前，权臣阳货请他出山，因其是孔子眼中的乱臣贼子，孔子断然拒绝。待阳货离开鲁国后，孔子才出来做官。孔子认为 50 岁的自己"知天命"。60 岁的孔子，带着弟子周游列国，一路上听到了很多难听话，甚至有人形容孔子是："累累若丧家之狗"。孔子认为 60 岁的自己"耳顺"。70 岁，孔子进入人生的最后阶段，69岁时，他的儿子孔鲤死了；71岁时，他最得意的弟子颜回病死了；72岁时，他最亲近的学生子路在卫国被杀，甚至被剁成了肉泥，这时孔子说自己"从心所欲不逾矩"。

我们要感谢孔子，通过反思自己的人生，讲出了这段人生感悟。这段话，成了历代仁人志士自我勉励的人生航标。在少年懒惰时，用"十有五而志于学"激励自己发愤读书。在青年成长时，用"三十而立"提醒自己要拥有安身立命的本领和稳定的生活状态。在面对各种诱惑、迷茫的中年，"四十而不惑"会告诫我们找准自己的方向。而"五十而知天命"，会让我们懂得顺势而为。"耳顺""从心所欲"，更让我们不断升华，认清自己和他人、和社会的关系。

之所以称之为航标，是因为由此一处便好。我们不能看到一个人的发展路径，就去向这个人学习；看到另一个人就又学另一个人。什么都想学，其实什么也学不到。有一个航标稳定地立在那，不管我们在航行中遇到了风浪漩涡还是美丽绿洲，航标都立在那，让我们能看到。

之所以称之为航标，是因为我们有自己的路。这个航班是孔子的人生之路，而我们也有我们自己的路。没有人能找个计算机给自己测算出每天的每一步怎么走。航标只是航标，我们能看见就好。它促进我们对自己的反思，理清前行的方向。至于如何走，还得自己定。至于我们是三十不惑还是四十而立，主动权在我们自己手里。

之所以称之为航标，是因为评价来自内心。达到什么样的外在条件，才算是"立"？才算是"知天命"？没有答案。"立""不惑""知天命""耳顺""从心所欲不逾矩"，都是自己的内心笃定。想要实现，需要我们向内求。只顾着向外求的人是无法实现生涯目标的，因为他们没有航标。向外求的航标都是海市蜃楼、是马良笔下的金山。真正的航标是一次次对自己的发问，一遍遍和灵魂的对话。它就在那里，指引我们前行。

案例分析1　在核心领域，成长就会快

小J在地产公司从负责招采工作调整到区域项目管理，按照他的理解，招采并不能算地产领域中绝对的核心板块，是属于任务碎，又需要补救问题

的部门。虽然能在招采领域继续提升，但小 J 在前年还是利用一次机会，调整到运营管理工作中，并开始负责区域项目管理工作。

小 J 认为在公司要尽量从事核心板块的工作，平台相对会更大，成长的机会也会多。所以，在刚毕业、调整岗位、跳槽等事件时，尽可能抓住机会选择公司的核心板块或者部门的核心业务领域。

他理解地产公司有九大工作领域：负责研发的设计部、产品部等；负责生产的工程部、成本部、招采部等；负责营销的营销策划和按揭部门；人力部门；财务部门；运营部门；负责投资的投资部、资产盘活部门；负责企业管理的公关部门、客服部门、行政部门等；负责业务拓展的部门等。不同的地产公司会有不同的看重点，例如有的更关注产品品质、有的更关注资金回笼、有的更关注企业发展等，但总体而言，在这些领域中，必然有核心板块，如果能选择，则尽量进入核心板块。

比如一家教育公司的核心业务板块就是教研、教学、营销三个方面，一家电商公司的核心业务可能是营销、供应链、售后。地产公司中，研、产、销、投，相对而言会对公司的经营产业核心影响，而细分来说，研中的建筑设计、产中的土建工程，又是这两个板块中的细分核心。而从建筑行业大的发展中看，地产公司又处于整个链条的头部，如果在这个领域中发展，自身也不难分析出哪些企业是引领发展的头部企业。

在相同努力的情况下，如果能够选择在核心领域发展，则就有可能让自己拥有更好的发展平台，拥有更多的发展机会。

这段和一些毕业的学生聊天时，也有人提出了相同的观点。学生小 L 跟我说，他一直在部门中负责核心业务。所以，虽然部门经历了几次调整和重组，他的位置都没有受到太多影响，因为他负责的板块很重要，重组时的人员变动都不会和他有关。

学生小 Z 这段成为几个领导争抢的对象。他跟我说，因为他所在的公司有一线工程经验的人并不多，他的作用非常明显，所以几个领导都希望他能过去把工程这块挑起来。

小 L 和小 Z 都因为自身负责公司中的核心板块，从而迎来了很好的发展平台，在未来一年都有很关键的工作任务需要他们去完成。

因为在核心板块工作，就有机会接触到核心业务、不断提升自身视野，在外围环境的帮助下，促进自身的成长。很多时候，人和人之间能力的差距也会在这些外围环境的促进下逐渐拉开；同时，在核心板块，也会给我们创造更宽阔的发展道路，拥有更多选择的机会。

如果有小伙伴正处在职业选择的当口，别只关注待遇的变化、职位的调整，还要看所在公司、所在领域是否是行业、公司或部门的核心业务板块，为自己接下来的发展创造更好的成长机会。

案例分析2　工作中，别把领导当成你的助理

在和我的学生们交流职场经历时，他们有时会很委屈地跟我说一些工作中的故事。学生们会觉得自己明明很努力地工作，为什么领导并不看重他。在听的时候，我会发现他们身上存在一些共性问题。我会笑着提醒他们："你把领导当成你助理了！"

听到这话，学生们起初都不愿意承认。谁都知道这有问题，怎么能让领导给自己当助理呢？领导岂不得很恼火？！但当我细细分析他们的一些做法时，就会发现原来问题出在自己身上，自己真把领导当助理了。

我们把所有案例的主人公都叫"地瓜"。

别让领导经常询问我们的工作进展

领导给"地瓜"布置了一份工作，他去努力完成。

因为某些客观原因，"地瓜"没能按时完成工作。但"地瓜"并未及时、主动和领导说明情况！在领导问"地瓜"时才回复说：因为什么什么原因，工作没做完。

领导不再说什么，自己去推进工作了。

"地瓜"习惯卡点汇报工作结果。领导经常会因为某件事反复提醒"地瓜"：该提交了、该提交了。"地瓜"交上去的东西质量挺好，但领导开会总结时，却并未表扬"地瓜"的工作。

领导布置的工作，"地瓜"做完了，但没告诉领导！等领导想到了，来问结果时，"地瓜"才跟领导反馈工作结果。"地瓜"美滋滋地觉得领导会表扬自己，结果领导平静地走开了。

分析原因：领导平时不是只对我们一个下属，他会同时推进很多项工作。总在他的大脑里记着我们的工作，总询问我们工作进展，就相当于总要在他的内存中占据空间，降低他大脑的运转速度，从而容易引起焦虑情绪。

领导会觉得，我是让你来给我解决问题的，结果你还得让我在旁边提醒着、伺候着。

尤其是在询问时，得知工作推进有问题，领导便很容易出现负面情绪。

有些小伙伴会觉得领导发脾气发得莫名其妙，或者不知道自己怎么就得罪领导了？为啥领导不重用自己？很可能就是因为经常发生这些看似不重要的小事。你把领导当助理了，领导能舒服吗？

别让领导为我们讲解每一步的工作流程

按照领导布置的工作推进进展，"地瓜"一遇到问题就问领导该怎么办。领导一步步地给予工作指导，告知"地瓜"下一步怎么做。

有些工作，其实"地瓜"都知道该怎么办，但还是要问领导。一方面怕自己担责任，另一方面觉得及时回复能表现出自己的积极状态。

结果发现，事情做好了，领导也没觉得"地瓜"做了多大贡献；当工作没做好时，"地瓜"还挨批评。"地瓜"很气愤：都是按照领导说的办的呀，为什么批评我？！自己挺委屈。

分析原因：领导需要在不同的事情决策中来回切换，尽管大部分领导都有处理实际事务的经验，但因为没有随时了解一线情况、手头还有别的事务在思考，很难保证能详细记得每件事的流程。

同时，领导会希望每件事的进展都是按照公平公正的流程办理的，而不是下属以"领导说的"为旗号，开展工作。

如果我们是一个工作了几年的员工，仍旧向领导询问基本工作流程的话，则会大大降低领导对我们工作能力的正向评价。

别认为领导就应该负责疏导我们的工作情绪

工作中都会遇到一些困难、苦恼，"地瓜"习惯找领导诉苦。"地瓜"觉得，领导是自己团队的负责人，是主心骨，应该帮我们调节情绪；倾诉情绪，能有助于交流感情，能让领导知道自己的不容易。

但"地瓜"发现，领导并未和自己走得更近，反而是越来越疏远了。

请注意，领导也有很多压力。如果经常找领导给自己疏导情绪，则会让领导认为我们没有把控情绪的能力，缺少职场生存的基本素养。

如果是倾诉对其他部门的抱怨还有情可原，有些小伙伴还会带着情绪跟领导反馈对本团队其他成员的不满，甚至是"撒娇式"地反馈对领导一些安排的不满。

领导可能会认为：你的存在，不利于团队健康成长。

我们想一下，助理的工作是不是就是在我们身边提醒工作进展、讲解工作流程、疏导个人情绪。如果我们把这些工作职责放到自己领导身上，把领导当成我们的助理还不自知的话，我们的职场成长必然会受到影响。

怎么能避免让领导给自己当助理，甚至是能成为领导的助理呢？

把握节奏，主动汇报工作进展

对于领导布置的工作，不用每时每刻都要给予回复，做好在以下三个时间节点的回复就好。

（1）启动回复。在接到任务的24小时内，做工作启动工作的回复。告知领导，这项工作自己已经启动了。

（2）中段回复。如果领导布置的工作比较复杂，则需要在进行完每个小阶段时，做一下过程回复。如果一件事需要一周以上的时间才能完成，就一定要注意做好中段回复了。

（3）结果回复。尽量在截止时间之前，预约领导时间，对工作进行结果回复。

出选择题，把决策权给到领导

工作过程中遇到的问题，需要及时询问领导，并向领导求助。但不要只是简单的一遇到问题就马上询问，而是准备好三方面内容：背景情况、现阶段进展、自己能给出的几个解决方案。

带着准备好的这三方面内容去和领导做沟通。

将决策权给到领导，也充分展现出我们的办事能力以及主动思考、主动担当的工作态度。

降低期待，理解职场中的价值交换

自己和领导处在互相配合的不同职场角色中，彼此间存在着价值交换。我们在努力工作中，体现个人价值。如果自己的付出没有得到预期的收获时，需要自己先看看自己的付出和期待是否出现了失衡。

我们是否过多地看重了自己未得到的部分，而将已获得的看成了理所当然。

和领导相处时，我们不能都指望领导负责调节我们的情绪。而且有时候，我们还需要帮助领导调整他的情绪。在领导因压力而焦虑、因挫折而懊悔时，我们能以更积极的状态站在他的身边。这样的表现，会更容易赢得领导的尊重。

前沿拓展 通过对未来趋势的了解，做好个人发展规划

站在风口，猪都能飞起来。我们都希望自己站在风口。想要找到风口，需要花时间去了解未来发展的趋势。尽量避免沉在自己的田字格里。要通过自己能做的、适合的方式，探出头，向外看。

在大数据、云计算、区块链、物联网、5G等一系列技术革新的带动下，网红经济、平台经济、共享经济等新的创造价值的方式不断涌现。我们会有这样的感觉，还没弄明白上一个新词是什么意思、什么用处，下一个便接踵而至。

在这样快速变革的时代里，怎么可能赶上风口呢？产生这样的疑虑，是因为我们没有在变化中看到规律。我们尝试从另一个视角看变化，探究未来发展趋势，并以此做好个人规划。

变化给我们带来的第一个趋势是：从中心化走向分散化。科技的发展，为每一个个体和个体之间的链接变得更加顺畅，从不可能变得越来越可能。这让原本中心节点所拥有的权力逐渐分散到了网络中的个体手中，这便是"分散化"的本质。

在这样的趋势下，越是在纵向领域做出特色和深度的个体，越有可能成为中心。因为没有谁能通过控制信息的流动而操纵价值。不管你在哪个隐蔽的角落，你的作品是具有影响力的，你就会迅速被发现。而也只有持续做出影响力的人，才能在迅速变化的驱动下留存下来。这就要求我们所做的不是为了迎合，而是源于内心的热爱。在持续的内在动力支持下，保持持续的深度和精度的钻研，才会创造出具有社会影响力的作品。风口，不再是去寻找的，而是自己可以制造的。

第二个需要我们辨识出的趋势是：人们的需求从物品实用性朝着社会价值、内含价值方向变化。

我们买房子，从单纯地看面积大小、市值高低逐渐拓展到周边配套、宜居程度，甚至是是否能够实现自己儿时的某个梦想。

我们选择在哪里上班，也开始关注企业文化，关注企业对社会的贡献和自己宣扬的责任。我们会觉得在和企业一起为了一个使命而努力。

很多高考考生的志愿填报也会受到当前火热的综艺节目、电视剧中传递的社会责任价值影响，而期待自己投身于这份事业。

我们换一个角度看，如果我们是价值创造者，对于消费者而言，如果我们能为其创造情绪价值、社会归属价值、自我成就价值时，也会被认可。而且随着社会发展，人们对物质价值需求的降低，对精神价值的提升会更明显。

如果我们没有看到精神价值的存在，只从物质价值的角度评判是否应该做某件事，那我们就会和趋势背离。当我们做的一件事能够为他人提供精神价值，这件事同样充满商机。大到游戏产业、心理咨询，小到一日陪伴、IP 打造，这些火热的领域所提供的最大价值已经从物质价值转向了精神价值。

不论我们在哪个行业里，产品打造中都要重视在精神价值方面的输出。从个人角度，我们所能提供的信任、利他、奉献，都会成为重要的精神价值，而让个人品牌价值扩大。

不要意外于为什么明明有更合适的产品，但很多人非要认准某一个人。因为这些人花钱要购买的是精神价值。

我们应该庆幸生在了这个时代。在链接的围墙被逐层剥落，精神价值被越来越看重的时候，我们需要的是，在自己热爱的领域中发光。即使自己的光很微弱，也能用微光吸引微光。只要我们点燃自己内心的火苗，就会吸引更多的火苗向我们聚拢。只要我们一直在关注自我成长，让自己拥有更多的精神价值，就自然有对应的市场评价。

工具应用　80岁的生日回想

1. 放轻音乐。请大家用舒服的姿势坐好，放松，闭上眼睛。

2. 想象今天是你80岁的生日。你的爱人、儿孙、亲戚、朋友将为你举办一个盛大的生日聚会。家里到处张灯结彩，你的生日聚会很快就要开始了。现在，你独自一个人坐在书房里，外面是隐隐约约的音乐和人声。请你回想自己走过的一生中，有哪三件事是你为之感到自豪，当你回想起来的时候感到愉快的。

3. 想好之后，请睁开眼睛，在一张空白的纸上写下这三件事。

通过这个活动，希望帮助大家时时从日常琐事中抬起头来，保持人生的长远目标。让自己真正能够行动起来！别做那种推迟按自己心意生活的人。

第三节 职场中的成长要诀

当个人进入职场之后,就进入了职业发展期,需要把握职场发展的一些规律并进行不断调适和管理,方可顺利适应角色转换,持续成长。

树立与组织共荣辱的理念

作为一名职场人,加入一家公司或一家单位工作,最重要的是融入这个团队,共享这个团队的资源,只有树立与组织共荣辱的理念,才会享受到组织的成员和资源带来的加持。

跟随时代发展的脚步,劳资双方逐步发展成为战略合作关系。现在已经不是对抗和较劲中凸显自我的时代,而是在合作与共赢中彼此成就的年代。甚至企业和员工之间的雇佣关系会越来越淡化,老板和员工、企业和员工慢慢发展成为合作关系,员工为企业工作创造价值,企业为员工服务让员工更好地发展。可见,与组织共荣辱是非常重要的事情。

树立不需要第一,只需要做到唯一的理念

学生时代,同学们彼此间大多会通过学习成绩进行比较。进入大学后,同学们会逐渐感觉到成绩是重要但并不是唯一的评价标准。进入职场,没有每年、每学期的统一考试,同学们对自我成长的评价体系也需要随之做出调整。要始终保持职场竞争力,需要树立不需要第一,只需要做到唯一的理念。中国那么多人口,山外有山,人外有人,做到第一基本不可能。其实,每个人在个体的职业发展中,更多地要做出特色和品牌,成为唯一比成为第一更重要。

树立做好自我公司首席执行官的理念

如果你叫张明，你在职场时使用"张明"产品与其他人进行交易，张明就是你的品牌，你就是张明公司的首席执行官。这个公司发展如何，品牌好不好完全掌握在自己手里。有些职场人士把自己的品牌塑造得非常好，一提到执行力强自然而然会想到他，一提到某个技术难题自然而然就想找他，一旦被人想到，其实机会就来了。被想到和被需要得越多，说明你的价值越大，你的品牌管理得越好。应用一种品牌管理的思维去管理自己在职场的行为，做好自我公司的首席执行官。

树立不断创新的理念

我们不光要工作，还要能创造性地工作，在做工作时，想想还有没有更好的办法、更好的技术或产品、更好的理念和服务，这才能产生新的价值。不用想着创新就是提出颠覆性的思路，或者做出惊人之举让别人刮目相看。创新更多时是和之前的自己相比，在重复性的工作中是否有新的思考，在跨领域的工作中是否能迁移能力或经验。创新不是大踏步革命，而是站在前人基础上不断更新、不断优化，革命式的创新与当今成熟发展的职场不那么匹配；相反，有理有节的改良能够获得新的机会，在不断量变中实现质的变化，不断促进职业的发展。

树立不断挑战自我的理念

人是适应性特别强的动物，我们得不断突破自己的舒适区，不断挑战自我，在突破中成长是职场发展的黄金规律。比如你拿了会计师职称，能不能再拿个高级会计师，比如你现在拥有本科学历，能不能突破一下去读个硕士研究生。再比如你现在每年的业绩是 400 万元，能不能突破到 500 万元。将自己最舒服的那一点和面找出来，去提高标准地完成，或许生活又是另外一番景象，别自己把自己关在一个狭小的空间里还不知道。

《论语》借鉴 我们如何在职场保持持久内驱力？

职业生涯漫长，我们如何持续保持成长的内驱力呢？

职场发展的跨度太长，而且没有阶段性的节点来鞭策或参照。我们没法像学生时代那样，三年学习以高考为目标，四年学习迎来大学毕业，总有个时间节点帮助我们调整个人成长的速度和方向。我辅导大学生的时候，毕业是一个特别好的时间节点，促使学生们对自我进行反思。离毕业还有一年，自己要怎么做？不用我说，自己也就紧张起来了。

在几十年中，职业发展、岗位变化，对我们的需求一直在变，我们需要保持持续的成长内驱力，才能在社会进步中保持竞争力。也才有可能迎来职业发展的进步或转机。自我反思能帮助自己形成成长的内驱力，自觉审视自己的行为和目标，实现个人成长。

但和进入职场的人聊天，这样的时间节点就不明确了。没有统一的、外在的节点督促自己进行反思，就要求我们养成日常自我反思的习惯。

吾日三省吾身

吾日三省吾身，是非常有效的自我反思的方法。通过每天的自问自答，做好修身。在现代社会中，通过每天的自问自答，梳理每天的得失，梳理自己的目标和行为。

我们比较熟悉的曾国藩，通过每日反省自己的得失，不断修正、提升，修炼成了立功、立德、立言的不朽成就；美国政治家富兰克林，也是通过每天记录反省自己的功与过，进行对照检查。

每天花一点时间自觉进行自我反思，坚持时间越久，对个人成长的作用越大。

> 日省其身，有则改之，无则加勉。——朱熹

我们可以在自我反思中弄清楚自己是否在朝着个人目标在努力，及时总结得与失、对与错，让自己不盲从、不盲目，及时纠偏，始终保持成长的内驱力。

> 曾子曰："吾日三省吾身：为人谋，而不忠乎？与朋友交，而不信乎？传，不习乎？"

曾子说:"我每天都要多次反省自己,为他人做事有没有不尽心的地方呢?与朋友交往有没有不守信的地方呢?老师的思想学说在实际行动中是否有没能贯彻的呢?"

做好自我反思

自我反思应该从哪几个方面入手呢?我们可以从对工作是否尽忠职守、对朋友是否言而有信、对自我提升是否不断学习精进三个方面进行每日自我反思。

工作是我们体现个人社会价值的基础。我们对工作的回报都有各式各样的期待:希望加薪、希望提级、希望领导认可等等,有时容易抱怨工作中自己遇到的不公。通过反思自己是否尽心尽力完成好本职工作,是否履行好了岗位职责。从个人角度出发,专注于把工作做好。这样的自省,能提醒自己多做事、少抱怨,在努力奋斗中实现个人社会价值。

处理好与他人的关系,最基础的品行就是做好守信。做一个言出必行的人,才会收获别人的信任感。通过反思自己在每天的与人交往中,是否有答应了但没做的事情,是否有未能诚心实意帮助他人的事。如果发现自己做得不够好的地方,就要及时做修正。同时也能在自省中对他人的行为多给予些理解。

在个人成长方面的持续精进,会让自己的未来发展拥有更多自主权。现有的工作能力只能满足现有的岗位需求。每天的持续精进,才会让自己的路越走越宽。一天两天没有成长,问题不大。但如果一个月两个月都只是忙于手头工作,不做必要的总结提炼、不进行知识能力的有效提升,就需要个人警醒一下。不要在某个时刻突然埋怨自己没有注意个人成长,成长都是在每天中点滴积累的。

反思中要正向关爱自己

《论语》中吾日三省吾身的要求,是提醒我们要注意及时修正错误。在日常生活中,我们不光需要注意修正错误,还要及时肯定自己取得的每一个小进步。在每天的自我反思中,不光要问自己哪些方面做得不够好,还要肯定自己做得好的部分。多看到自己的进步,才会给自己更多动力,多记住做得好的部分,才会朝着自己向往的生活状态越靠越近。

反思中要问自己有多少时间给了自己、给了家人。不管是工作、与人交往还是个人学习,都是为了能拥有更好的生活状态。但更好的生活状态来自健康的身体和美满的家庭。如果失去了这两样，我们也就没有接受幸福状态的载体了。所以，每天要提醒自己留些时间给自己，要提醒自己多陪伴家人。

成长来自每一天的点滴积累。不一定这一天都要在各个方面取得进步才是值得肯定的一天。养成好的习惯、坚持朝着正确的方向出发，就是值得骄傲的一天，剩下的交给时间就好。太快、太急而收获的成绩不一定牢靠、也不一定属于自己。保持一个良好的生活、工作习惯，才是幸福生活的基础。

吾日三省吾身，每天有个时刻停一下，做个反思。在反思中明确方向、看清得失、发现价值、纠偏行为，为了更好的出发。

案例分析1　换工作解决不了自身成长问题

近期聚焦在职场发展领域的咨询中，来访者遇到的困扰有共同点：对现在的工作有焦虑，希望通过换工作来解决问题。

对现在的工作有焦虑，焦虑一般来自以下几个方面：

（1）所在工作领域上升通道有限。自身所处的工作领域并不是最核心的业务部分；行业处于调整期，业务量受限导致岗位需求减少；自身上升通道已经能看到天花板的位置，并评估自身晋升空间有限。

（2）所做工作存在被优化风险。自身所做的工作很多内容属于重复性，积累的工作经验价值有限；能看到的可拓展的方向比较有限，没发现现有工作经验能有什么价值；自身接触的只是同样工作内容的人和与自己年龄境遇差不多的人，能得到的借鉴有限。

（3）年龄持续增长带来的压力。会推算自己距离30岁还有几年，自己距离35岁还有几年。随着年龄增长，自身选择不同岗位的竞争力便会降低，甚至会没有资格。并不清楚要换什么工作，但需要尽快换工作，不然就来不及了。

在这样的多重焦虑下，开始对外寻找不同工作岗位。在这个过程中，容易遇到的问题有：

（1）为摆脱对目前工作的不满而找工作。找工作的动因是现有工作会在一些方面不能满足自己的期待。在找工作时，会过多看重这些方面，而对新工作选项都有哪些优劣之处没有全面考量。当发现，能选择的不同工作岗位都存在各式各样的问题时，自己便不知如何选择了。

（2）以心中的完美工作状态为目标找工作。经过了几年的职场体验，自己对理想的工作状态有了思考。自身能清楚地说出自己希望的工作状态是什么样子。只要有这样的工作，就愿意去做。但不思考从现有工作状态到自己理想工作状态的实现路径，只认为应该一步到达。所以，一直停在原地，没有实质行动。

（3）注意力聚焦在找工作而忽视自身成长。行动方向和关注方向都聚焦在找工作上。努力找到自己理想的工作。缺乏对自身能力的综合审视。工作和个人的匹配，需要从能力与期待两方面做评估。如果并不重视自身能力的提升，而只想通过换工作的方式解决现阶段困扰，则很难得到满意结果。

另外，在咨询中，我也感悟到，认识自身思维误区并不难，但能开展突破性的行动很难，能够持续开展行动更难。我提醒自己，潜下心来，先帮助来询者聚焦最近时间，做些力所能及的突破，是现阶段比较务实的目标。通过及时反馈行动中的问题，做出一小步的调整，才能慢慢解开自身成长困局。

案例分析2 不断超越自己，才是自己的舒适区

工作久了，都会有自己的舒适区。已经熟悉的工作领域、工作环境，如果打破，肯定会让自己不适。但如果一直都在熟悉的领域、环境里工作，也很可能没法有大的进步。与其被动突破，不如主动超越自己。将不断超越自己，变成自己的舒适区。有3个毕业10年左右的学生，都要离开现在熟悉的工作领域、工作环境，挑战自己的舒适区。

小杨跟我说，他去新疆挂职的日期已经确定了，三天后出发。

我说，这几天有时间见见面吗？毕竟一去三年时间，我很担心。

他说，因为目前还在工作岗位上，接到通知后要回家收拾东西，和家人聚聚，再去参加市里统一组织的培训，时间很紧张。等中间假期回来时，再来看我。

到了30多岁的时候，一次工作的选择牵扯的事情很多。不仅进入陌生的工

作岗位、要熟悉新的工作伙伴，家庭的成员也要跟着一起做出生活上的调整。

小杨的妻子要承担更多的家庭责任，两个孩子这段时间见爸爸的时间会减少。

这一步的选择，我清楚，需要思考很久，下决心时，更要有很大的勇气，也需要家人莫大支持。

小刘给我打电话，说要离开北京回家乡发展了。

我问他，工作定了吗？他说还没有最后确定，但目前已经在北京这边办理了离职手续，目前在做工作交接。

小刘研究生毕业时留京，户口迁回了老家。前几年我们聊天时，就说过，他希望自己能从北京总部调到老家那边的分公司去，但要等好的契机。

这几年，分公司的发展和预计有差别，没有合适的岗位可以调动。小刘做出了离职回家工作的决定。

小段要回京了。他从辞职去香港读研、工作，再回内地珠三角地区工作，一晃也快八年了。

前几天，小段告诉我，他目前已经跟公司提出申请，调回北方分公司工作。因为这里有他熟悉的人和熟悉的环境。

虽然是回来，但其实也是新的。因为跟之前相比，他做的已经是完全新的领域。他们每个人一有这样的重大调整，我的第一反应便是担心。现在，心里总会觉得，稳稳当当的才是好的。但细听他们的理由，知道他们的想法，也会认同他们的决定。

舒适区不是守能守得住的，唯有主动求变、不断超越，才能有权享有自己的舒适区。

前沿拓展　破圈，在链接中看清自己

这几日连续来找我咨询的人，表面看是职业发展定位问题，实际是因陷于固有圈子里，形成了困局。

觉得自己不喜欢现在的工作，不知如何做出调整；不停地去考试，想换一个理想的工作，又一时考不上。

这样的状态，容易出现几个误区。

只因自己不喜欢，就要换工作

只知道现有的工作中，有哪些自己不喜欢、不能忍受的部分。为此，就要换工作。

跟着别人选，别人觉得好就是好

见到身边的人去了哪里，就问自己能不能去？看到别人选了什么领域，自己就也想去试试。

对工作提了很多期待，要找能满足这些期待的工作

对新工作有很多期待，希望在工作环境、未来发展、薪酬待遇、生活平衡方面都能满足自己的想法。

这些误区不规避，把自己整得很忙、很焦虑，也没法实现满意的结果。

陷在自己的圈子里，就只能看到自己及周边人的工作状态。多去看看不同领域、不同岗位人员的工作，了解一下他们追求的价值和现实的苦恼。不仅能拓宽自己的选择面，也能通过对比，更全面地了解自己工作的优点和不足。

多认识不同的人，在与各类人员的对比中，我们可以不断梳理自身所具备的能力、经历优势，梳理自身拥有的资源。很多能力、经历优势及自身资源，在固有圈子里无法发现价值。通过不断和不同的人沟通，发现自身价值，找到可以利用自身优势而带来价值的领域。

通过和不同的人沟通，我们能更清楚不同工作、不同岗位的工作要求和价值回馈。以此和自身优势、期待做匹配，再确定自己要选择的工作领域。当自身梳理完成后，对关注的工作领域也就能有所聚焦了。

想换工作时，不要被本身工作的困局带来过多负面情绪，也别着急于马上寻找新工作。通过破圈，和不同的人接触，进而理清自己的优势、资源和期待。以此为基础，再出发。心态和行动都会更轻松和坚定。

破圈是一件说着简单，做着困难的事。不知道如何破圈？不知道从哪里开始破圈？都是困扰自己的问题。

首先，破圈是一个循序渐进的过程。不是今天开始对外探索，明天就要认识很多人，了解很多不同工作领域。先让自己有破圈的意识，多往外看，点滴积累并做到勤于思考和反思。

其次，破圈不用很正式，从生活的链接开始。如果两个人面对面地谈工作，互相都有压力，也不会谈得很深入。很多破圈都是从生活、从业余学习开始的。在兴趣爱好、育儿等方面认识不同的人，了解不同的工作。

第三，在熟悉的人的带动下，慢慢破圈。先和身边熟悉的人多沟通、多走动。通过朋友认识新的朋友。这样自己在破圈的过程中，总会有熟悉的人在身边。通常熟悉的人也是和自己价值观比较相近的，也容易找到同频者。

想要调整工作，需要做出慎重选择。通过破圈，和外界接触的过程中，不断了解新信息。也能在破圈中不断认知自己的优势、资源和期待。破圈，是一种习惯。每个在职场中成长的人，都需要提醒自己，保持破圈的习惯。

工具应用 职业锚测评问卷

职业锚是人们选择和发展自己的职业时所围绕的中心，是指当一个人不得不做出选择的时候，他无论如何都不会放弃的职业中的那种至关重要的东西或价值观。

下面给出了40个问题，根据你的实际情况，从1到6中选择最符合你的情况的描述。

提醒：选择极端的答案时，请确定它完全符合你的实际情况。

题号	测评问题	从不	偶尔	有时	经常	频繁	总是
		1	2	3	4	5	6
1	我希望做我擅长的工作，这样我作为行家的建议可以不断被采纳						
2	当我整合并管理其他人的工作时，我非常有成就感						
3	我希望我的工作能让我用自己的方式，按自己的计划去开展						

(续表)

题号	测评问题	从不	偶尔	有时	经常	频繁	总是
		1	2	3	4	5	6
4	对我而言,安定与稳定比自由和自主更重要						
5	我一直在寻找可以让我创立自己事业(公司)的创意(点子)						
6	我认为只有对社会做出真正贡献的职业才算是成功的职业						
7	在工作中,我希望去解决那些有挑战性的问题,并且胜出						
8	我宁愿离开公司,也不愿从事需要个人和家庭做出一定牺牲的工作						
9	将我的技术和专业水平发展到一个更具有竞争力的层次是成功职业的必要条件						
10	我希望能够管理一个大公司(组织),我的决策将会影响许多人						
11	如果职业允许自由地决定自己的工作内容、计划、过程时,我会非常满意						
12	如果工作结果使我丧失了自己在组织中的安全稳定感,我宁愿离开这个工作岗位						
13	对我而言,创办自己的公司比在其他的公司中争取一个高的管理位置更有意义						
14	我的职业满足来自我可以用自己的才能去为他人提供服务						
15	我认为职业的成就感来自克服自己面临的非常有挑战性的困难						
16	我希望我的职业能够兼顾个人、家庭和工作的需要						
17	对我而言,在我喜欢的专业领域内做资深专家比总经理更具有吸引力						
18	只有在我成为公司的总经理后,我才认为我的职业人生是成功的						

（续表）

题号	测评问题	从不 1	偶尔 2	有时 3	经常 4	频繁 5	总是 6
19	成功的职业应该允许我有完全的自主与自由						
20	我愿意在能给我安全感、稳定感的公司中工作						
21	当通过自己的努力或想法完成工作时，我的工作成就感最强						
22	利用自己的才能使世界变得更适合生活或居住，比争取一个高的管理职位更重要						
23	当我解决了看似不可解决的问题或在必输无疑的竞赛中胜出，我会非常有成就感						
24	我认为只有很好地平衡了个人、家庭、职业三者的关系，生活才能算是成功的						
25	我宁愿离开公司，也不愿频繁接受那些不属于我专业领域的工作						
26	对我而言，做一个全面管理者比在我喜欢的专业领域内做资深专家更有吸引力						
27	对我而言，用我自己的方式不受约束地完成工作，比安全、稳定更加重要						
28	只有当我的收入和工作有保障时，我才会对工作感到满意						
29	如果我能成功地创造或实现完全属于自己的产品或点子，我会感到非常成功						
30	我希望从事对人类和社会真正有贡献的工作						
31	我希望工作中有很多机会，可以不断挑战我解决问题的能力（或竞争力）						
32	能很好地平衡个人生活与工作，比达到一个管理职位更重要						
33	如果在工作中能经常用到我特别的技巧和才能，我会感到特别满意						
34	我宁愿离开公司，也不愿意接受让我离开全面管理的工作						

（续表）

题号	测评问题	从不 1	偶尔 2	有时 3	经常 4	频繁 5	总是 6
35	我宁愿离开公司，也不愿意接受约束我自由和自主控制权的工作						
36	我希望有一份让我有安全感和稳定感的工作						
37	我梦想着创造属于自己的事业						
38	如果工作限制了我为他人提供帮助和服务，我宁愿离开公司						
39	去解决那些几乎无法解决的难题，比获得一个高的管理职位更有意义						
40	我一直在寻找一份能够最大程度地减少个人和家庭之间冲突的工作						

计分方法：

在40题中挑出三个得分最高的项目（如果得分相同，挑出最感兴趣、最符合日常想法的三项），在每个项目得分的后面，再加4分。（例如，第40题，得了6分，则该题应当加4分，变为10分）

将每一题的得分（其中三项应多加4分）填入下面的空白表格中，然后按照"列"进行分数累加，得到每一列的总分。

类型	TF	GM	AU	SE	EC	SV	CH	LS
加分项	1	2	3	4	5	6	7	8
	9	10	11	12	13	14	15	16
	17	18	19	20	21	22	23	24
	25	26	27	28	29	30	31	32
	33	34	35	36	37	38	39	40
总分								

职业锚类型的说明

TF 型：技术 / 职能型职业锚 Technical / functional Competence

始终不肯放弃的是在专业领域中展示自己的技能，并不断把自己的技术发展到更高层次的机会。希望通过施展自己的技能以获取别人认可，并乐于接受来自专业领域的挑战，可能愿意成为技术 / 职能领域的管理者，但管理本身不能给你带来乐趣，极力避免全面管理的职位，因为这意味着你可能会脱离自己擅长的专业领域。

GM 型：管理型职业锚 General / Managerial Competence

始终不肯放弃的是升迁到组织中更高的管理职位，这样能够整合其他人的工作，并对组织中某项工作的绩效承担责任。你希望为最终的结果承担责任，并把组织的成功看作是自己的工作。如果目前在技术 / 职能部门工作，你会将此看成积累经验的必需过程，你的目标是尽快得到一个全面管理的职位，因为你对技术 / 职能部门的管理不感兴趣。

AU 型：自主 / 独立型职业锚 Autonomy / Independence

始终不肯放弃的是按照自己的方式工作和生活，希望留存能够提供足够的灵活性，并由自己来决定何时及如何工作的组织中。如果你无法忍受任何程度上的公司的约束，就会去寻找一些有足够自由的职业。你宁可放弃升职加薪的机会，也不愿意丧失自己的独立自主性。为了能有最大程度的自主和独立，你可能创立自己的公司，但你的创业动机与后面叙述的创业家的动机是不同的。

SE 型：安全 / 稳定型职业锚 Security / Stability

始终不肯放弃的是稳定的或终身雇佣的职位。你希望有成功的感觉，这样你才可以放松下来。你关注财务安全（如养老金和退休金方案）和就业安全。你对组织忠诚，对雇主言听计从，希望以此换取终身雇佣的承诺。虽然你可以到达更高的职位，但你对工作的内容和在组织内的等级地位并不关心。任何人（包括自主 / 独立型）都有安全和稳定的需要，在财务负担加重或面临退休时，这种需要会更加明显。安全 / 稳定型职业锚的人总是关注安全和稳定问题，并把自我认知建立在如何管理安全与稳定上。

EC 型：创造 / 创业职业锚 Entrepreneurial / Creativity

始终不肯放弃的是凭借自己的能力和冒险愿望，扫除障碍，创立属于自己的公司或组织。你希望向世界证明你有能力创建一家企业，现在你可能在某一组织中为别人工作，但同时你会学习并评估未来的机会，一旦你认为时机成熟，就会尽快开始自己的创业历程。你希望自己的企业有非常高的现金收入，以证明你的能力。

SV 型：服务型职业锚 Sense of Service, Dedication to a Cause

始终不肯放弃的是做明显有社会意义的工作，能够得到他人的认可，能够体现自己的价值。他们的职业决策通常基于能否让社会和周围的人事物变得更加美好，如：志愿者、义工。

CH 型：挑战型职业锚 Challenge

始终不肯放弃的是去解决看上去无法解决的问题、战胜强硬的对手或克服面临的困难。对你而言，职业的意义在于允许你战胜不可能的事情。有的人在需要高智商的职业中发现这种纯粹的挑战，例如仅仅对高难度、不可能实现的设计感兴趣的工程师。有些人发现处理多层次的、复杂的情况是一种挑战，例如战略咨询师仅对面临破产、资源消耗尽的客户感兴趣。还有一些人将人际竞争看成是挑战，例如职业运动员，或将销售定义为非赢即输的销售人员。新奇、多变和困难是挑战的决定因素，如果一件事情非常容易，它立马会变得令人厌倦。

LS 型：生活型职业锚 Lifestyle

始终不肯放弃的是平衡并整合个人的、家庭的和职业的需要。你希望生活中的各个部分能够协调统一向前发展，因此你希望职业有足够的弹性允许你来实现这种整合。你可能不得不放弃职业中的某些方面（例如晋升而跨地区调动，可能打乱你的生活）。你与众不同的地方在于过自己的生活，包括居住在什么地方、如何处理家庭事务及在组织内如何发挥自己的作用。

第四节 树立终身学习的意识

20世纪60年代中期以来,在联合国教科文组织及其他有关国际机构的大力提倡、推广和普及下,1994年,"首届世界终身学习会议"在罗马隆重举行,终身学习在世界范围内达成共识。

终身学习是指社会每个成员为适应社会发展和实现个体发展的需要,贯穿于人的一生的,持续的学习过程。新时期社会的、职业的、家庭日常生活的急剧变化,导致人们必须更新知识观念,以获得新的适应力。人们面对的是全新的和不断变化发展的职业、家庭和社会生活。若要与之适应,人们就必须用新的知识、技能和观念来武装自己。终身学习强调人的一生必须不间断地接受教育和学习,以不断地更新知识,保持应变能力,其理念正好符合时代、社会及个人的需求,因此终身学习理念一经提出,就获得前所未有的重视,就理所当然了。人们对现实生活及自我实现要求的不断高涨。随着经济条件的改善,人们逐渐从衣食住行的窘境中解脱出来。电子器具的普及,也使人们可以摆脱体力劳动和家务劳动的拖累,现代人也开始拥有更充裕的自由支配时间。外部条件的改善,使人们开始注重精神生活的充实,期望通过个人努力来达到自我完善。要实现高层次、高品质的精神追求,靠一次性的学校教育是难以达到的,只有依靠终身学习的支持才有可能完成。终身学习能使我们克服工作中的困难,解决工作中的新问题;能满足我们生存和发展的需要;能使我们得到更大的发展空间,更好地实现自身价值;能充实我们的精神生活,不断提高生活品质。古人云:吾生而有涯,而知也无涯。当今时代,世界在飞速变化,新情况、新问题层出不穷,知识更新的速度大大加快。人们要适应不断发展变化的客观世界,就必须把学习从单纯的求知变为生活的方式,努力做到活到老、学到老,终身学习。

《论语》借鉴　我们如何高效学习

众所周知，终身学习已经成为当前职场人士的普遍共识。人们往往认为，只要自己学习了，就会有效果，其实不是只要花时间就会实现期待的效果，而是掌握好的方法才能让学习服务于我们的成长。

通过学习有效解决我们工作、生活中的问题；花最少的时间实现最高效的学习成果；在学习中让思维和能力得到跃迁，让自己突破固有壁垒，才是我们期待的学习效果。

我们先从单机学习谈起。

理解职场中的学习特点

学生时代的学习更注重建立健全一个相对完整的知识体系，通过基础课、专业基础课、专业课的系统学习过程，塑造自身专业知识框架。

职场中的高效学习则不是先了解一个知识框架，利用几年时间全学明白，而是通过不断解决工作中遇到的问题，逐渐积累知识，并形成应对自身职场发展的知识框架。并且还要随着职场变化和个人职务调整，不断在知识框架中插入插件、加补丁。

如果我们还在用学生时代的方法学习，就会发现辛苦学了半天，却并没有为职场发展形成助力。"学而时习之"是职场学习的有效方法，只有将学到的知识及时应用于实际，才能有效提升职场人学习的效率。

过去常常认为，利用业余时间学个证书，只要拿到证书就能给职场发展加分。在我和一些人力资源管理人员交流的过程中发现，证书只是辅助，关键还是看每个人具体的工作经历以及其在经历中的收获。

现在很多行业资格证书的考试中，和工作实际的结合也越来越紧密。比如建筑行业需要考取的建造师，工程事务便是必考部分。如果没有从业经验，则很难通过考试。

由此可以看出，如果不能将学到的知识应用于自身工作中，不仅没法收获职业发展的认同，而且想考取行业资格证书也很困难。结果是：付出了很多时间，自己的成长仍旧缓慢。

不是为了学更多内容，而是注重把学习和实际工作链接起来

要想实现所学知识与自身工作链接，实现通过学习解决实际问题的目标，就需要掌握有效的链接方法。最有效的链接方法便是"输入+输出"。

主动输入：不是固守在自己的知识舒适圈里，而是通过各种方式接触新知。不论是专业技术、管理方法、人文艺术，还是能和自己现有工作有关联的知识，能帮助我们陶冶情操、拓展认知的知识，都需要我们不断学习、吸收。

主动输入最关键的不是学了多少知识，而是保持学习的节奏，长期坚持。在日常生活节奏里，找到固定的知识输入时段非常重要。

比如：晨起学习，这时脑子空，接收到的内容最容易记住；比如上下班路上，保证安全的情况下可以听课程；比如午间休息时，找出半小时看个学习视频；或者每周有一两个晚上听听线上课。

需要注意的是，不要认为学习都只能在晚上进行。利用好白天的时间，如果一早自己就抽时间学习了，一天心情都会好。晚上还有很多家庭责任需要承担，而且人也容易疲惫，如果需要加班还得增加多重焦虑。固化节奏能让大脑形成规律，减少学习启动时间。如果总是调整学习节奏，启动学习所需要消耗的能量就会让很多人选择放弃。

主动输出：将所学知识经过自身大脑思考后用文字方式输出出来。

不用在意是否把所有学到的知识都记住，而是注重和日常工作、生活的链接。每次学习中，如果有哪个知识点能让自己有触动，或和自己实际工作有链接，就及时通过文字记录下来。在输出时，尝试用自己的语言讲述所学内容、尝试和工作实际做结合佐证所学、尝试为接下来的工作提出具体行动目标。

按照这样的方法，即使我们每天只记住了一个知识点，但这个知识点如果能够帮助自己改进工作中的不足，学习的效果便能马上展现。

学而不思则罔，思而不学则殆。

常常有人觉得进入职场后，学习知识对自身发展并没有太明显的作用。有这样想法的人，往往是没有找到知识和自身相链接的方法。

通过输入+输出的方法，能促进我们强化"学"与"思"的结合，让自己不至于越学越迷茫。而从解决实际问题为出发点的输入+输出，则让我们不至于陷入只思不学的懈怠中。

学习的知识不仅服务于当下，而要服务于未来

不是只关注着眼前的实际问题去找解决方法，而是在输入+输出中实现触动思考的学习。前者是知识检索不是学习，真正的学习应能拓展思维认知，能服务于个人的长远发展。

《少有人走的路》中讲道，人的思维都是有固有边界的，就像地图一样。自己不会想到思维地图中未被探索到的未知区域，只有不断探索思维地图里的未知区域，才不至于陷入固有循环，而是能找到不一样的解决问题方法。

在选择学习内容的时候，可以以兴趣为导向，在学感兴趣的知识时，更容易触动思考，进而拓展思维中的未知区域。也可以刻意选择一些自己根本不会接触到的知识领域，很可能会对当下有不一样的发现。

欲穷千里目，更上一层楼。当我们的思维得到了拓展，很多眼前的困局就会迎刃而解。随着我们的思维认知不断拓展，知识带来的收获也会不断更新。同样的一本书，不同时期、不同阶段读，也都会有不一样的收获。

> 温故而知新。

现在我们购置的很多线上课，都允许反复收听、观看。

不是学过一次就行了，而是隔一段时间就回听一下，看看自己有没有新的收获。就相同的知识，我们可以结合不同的实际问题，结合不同的思维认识，讲出不同的感悟。就相同的知识，我们可以结合不同的实际问题，结合不同的思维认识，讲出不同的感悟。这样的学习，才是将知识内化于心，外化于行的过程。

联机学习，就是通过和不同背景，不同行业的人交互式的共同学习（或者互相学习），以期快速掌握一门知识的核心要领。

> 联机学习，将是互联网时代最聪明的学习方式。——古典《跃迁》

随着年龄增长和角色增多，职场中学习，需要考虑如何在一个小时的时间内学到更多有效的内容。所谓有效，不是学会更多知识，而是解决更多问题。

缺的不是高手，而是发现高手的眼睛

当今社会，每个人的朋友圈里都藏着不同领域的高手，需要我们发现。当我们遇到一个问题急需解决时，更高效的方法不是翻书查资料，而是先找到自己圈子中这个领域已经有一定研究的人们先问问。以他们的多年积累为基础，听取建议，找到最适合自己的学习方式。

> 三人行必有我师焉。

三个人一起走路，其中必定有人可以做我的老师。

当我们带着欣赏他人长处的观点与人交流，我们就会发现，身边有很多高手。每个人都有其工作的领域，混迹多年，对于内部的运转方式、本行业类似单位的工作机制，身处其中的人最有发言权。

年初，一位朋友家的孩子考研究生，对于考研学校选择方面向我做咨询。

我跟他介绍了高校研究生录取工作的基本步骤，他才明白考研报志愿和高考报志愿之间有这么大的不同。其实很多基本知识，如果我们平时不接触的话，根本不了解。当需要解决一个自己不曾涉足领域的问题时，先找一位这个领域从业者问一下基本情况，将大大提升我们解决问题的效率。

不是以年龄、地位论高下，而是向有专长的人求教

过去经常觉得，向年龄更长、社会地位更高的人求教，自身收获一定会很大。但所有的人毕竟都有其专长，人生经历也都有所侧重。如果我们从提升自身角度出发找到联机高手，其实不用必须以年龄、地位论高下，而是向最合适的人学习。

> 敏而好学，不耻下问。

勤奋好学，不以向地位、学问比自己低的人请教为耻。

互相学习，共同成长，是当前联机学习的最佳方式。如果双方的关系是单向的输出、输入，则彼此的收益都有限。在互联网技术的逐步普及下，不同年龄、不同地域的人，大家都奔着对某个问题的学习而来，彼此并不熟悉。在同一个学习平台上交流、分享，从中收获解决自身问题的方法。

当前社会的联机学习，只需关注自己是否能有收获，并勇于输出自己的知识和思考，而不必考虑互相间的年龄或地位的差异。

不是闭门造车自成体系，而是在解决别人问题中找到自身定位

联机学习能帮助我们找到个人价值定位。随着职场结构的扁平化趋势，个人和组织之间越来越呈现出不稳定的链接关系，我们无法再通过外部环境创造个人安全感，需要不断提升个人对社会的价值，获取职场发展的稳定性。想实现个人价值定位不是自己认为的，而是别人赋予的。

在联机学习的过程中，通过不断输出个人知识，回答别人问题的过程中，我们会发现自己哪方面的知识在社会中有需求。我们便可以以此为基础，逐步丰富、打造自己的知识体系，形成个人价值定位。在我参与的联机学习社群中，就发现有人擅长于家庭心理辅导、职场公文写作、体育锻炼培养孩子品格等不同领域。这些人都是在不断撰写个人知识观点并不断回答别人在此领域问题的过程中，通过"输出＋反馈"的过程，逐步形成个人价值定位的。

每个人都有能量低的时候，结伴同行中彼此支持

终身学习便需要长期主义思维。成长无捷径，再高效的学习方法、再好的个人定位，也都需要花时间长期经营，才能形成个人知识领域的护城河。联机学习的人群大多都是积极进取的。因为选择了学习，必然就懂得靠行动创造更好未来的道理。

每个人的工作生活中都会遇到情绪低谷，也会因为努力未达预期而焦虑，一个积极向上的学习群体会帮助我们及时获得赋能。每个人都在群体中贡献能量、付出能量，学习成长的过程会轻松些，也更容易坚持下来。

君子以文会友，以友辅仁。

君子以文章学问来结交朋友，依靠朋友帮助自己培养仁德。

愿我们都能找到积极学习、乐于分享、彼此赋能的学习群体，更希望我们自己都能成为别人身边那个积极学习、乐于分享、给予能量的人。

案例分析1　在公务员岗位做个研究者

小成2010年毕业后一直在北京道路建设领域的基层公务员岗位工作。公务员的岗位本身就是事务性工作比较多，小成一干就是13年。

我最想问他的问题便是：不想着换换地方？

小成所在的道路建设领域，工作属于比较辛苦的。日常的建路、修路，文案管理，事情烦琐且周而复始很多重复的工作。能这么干13年，会如何看待自己的工作呢？

小成每天很认真地开展着自己的工作。他跟我说，他认为自己和周围的同事都是研究者，专注于专业的研讨，展现自己的价值。

以研究者的角度审视项目的可行性

在公务员岗位上，有很多管理的权限。路该不该建、应不应修，不是看周围人与人的关系，而是从专业的角度做审视，定取舍。

小成跟我说，因为每次的决策都沉浸在专业的研讨和会商中，所以即使做了这么多年，也没有觉得疲惫。反而是感到自己的价值。因为自己能用自身专业，不断为自己管辖的领域进行科学决策。能够安心着自己的工作，和将注意力放到哪里有很大关系。小成把注意力放到如何通过自己的科学决策，处理日常工作上。这会帮助他屏蔽掉很多杂音。杂音少了，心便会安下来。

不断提升自己的专业能力

虽然从学校离开很多年了，但小成和道桥专业的老师联系很多。

几位老师的近况他都很了解。小成跟我说，平时他经常回来找老师讨教问题。老师们所做的研究他一直在关注。他日常在处理事务工作时，很难会接触到更多新知识。只有经常和老师探讨，不断更新自己的知识库，日常工作才不会陷入简单的重复中。

我在自己的工作里，经常会觉得知识恐慌。忙着忙手头的工作，往往就很少去研究和钻研了。很多新知都不知道。自己会把原因归结为自己没时间。时间一长，倦怠感就来了。

小成在平时，会关注专业新知，不断跟进学习，这让他能在不变的岗位上一直做着新的突破和新的尝试。

只想做好一件事

在回答我为什么不动一动的问题时，小成告诉我，他特别想就做好一件事。小成说，在一个岗位上，三五年就是入门。七八年的时间能够摸出门道，找到规律，才能真正做到通过自己的努力为所负责的领域实现价值提升。他现在工作13年了，自己不是觉得厌倦了，而是觉得刚开始能够驾驭好自己的工作。能够有机会在一个领域不断钻研，也是一份幸运。

前些天古典老师的文章写道，要认识到体制内岗位"稳定"的价值。如果把稳定当成是一个负担，心里慌慌的，就很难做成什么事。一个人的职业生涯很有限，小成能想到用三五年的时间去入门，需要勇气。长期主义的态度，让他不觉得自己有职业惰性，反而看到了自己的很多不足，每天忙着完善、提升。

以研究者的状态，做好公务员岗位的工作。小成如此说，也是如此践行的。

案例分析2 如何在普通岗位上做一份顶天立地的工作

佳宁在某农业院所基建部门工作11年。这几年，他见证了国家作物种子中心建设的全过程。在单位里，各个部门、各单位的负责人在基建领域有什么需求都会找到他寻求解决。

佳宁很熟悉本职工作的流程，工作节奏也比较有规律。他跟我说，他觉得自己除了基建工作之外别的都不知道。问我这样是不是就会让自己无法在更高站位，对自己的发展有影响。

我感觉，其实能在自己的岗位上做出应有贡献，本身就很好了。如果对自己的职场发展还有更多的期待，还想有更大的提升，让自己能在更高站位上审视工作，加强自身能力锻炼，不是必须要换岗位才能实现，而是更用心利用好本职工作，努力做到顶天立地。

我提醒他，本单位都会有十四五规划、有党代会报告，这些文件都是本单位近五年发展的中远期目标，提出的都是本单位的核心要点。

从十四五规划、党代会报告里，将和自身岗位工作相关的内容摘出来，分析如何落实，并在日常工作中，从文件中的高度审视工作、提升认识，自己的工作能力、工作站位一定会逐步提升。

每年的年初、年中，单位也会召开工作会，领导也会做出半年工作、年度工作的要求。同样，将和自身工作有关的部分细化落实步骤。

不用非得换部门或者刻意增加别的工作，认真听好、看好这些中远期、近期单位领导的工作要求，并分析好落实路径，我们的工作就会从高站位。

佳宁也说，自己单位领导在开会时，对基建工作有明确的要求。他把这些部分做好分析，并在工作中进行细化分解，他就能知道如何围绕核心任务开展工作了。这样就不用再总琢磨如何提高站位了。思考一次，便可以清楚工作目标，安心工作了。

除了高站位，做到顶天；还需要沉下去，做到立地。佳宁负责基建工作，经验很丰富。这就是我们扎根岗位、展现价值的重要因素。能否在经验丰富的基础上，提炼出各类问题的处理方法；优化本职工作的流程；最大限度地减能增效，这些都是立地的做法。

其实，每个人的工作领域并不用都要特别宽广，有一方土地，做好自己的经营，生产有利于组织、有利于他人的成果，就是很棒的价值。如果就盯着拓展领域，地儿大了，但不种东西，成了荒地，反而没什么价值。

另外一点，就是错位发现价值。从佳宁本身看，他自己觉得工作很熟悉了，自己很多事都不懂、自己站位并不高。但在我们看来，他全程参与国家种子中心的建造建设过程，还完成了进口作物检疫中心建设，这些都是非常高端大气上档次的领域。

如果自己觉得本职工作做久了，有局限了，不妨跨界多交流。对别人工作增加了解的同时，也是看清自己、审视自己的过程。

前沿拓展 学习是为了拓展思维地图

现在各种技能类的学习很多。在我所关注的生涯教育领域就有很多很有效、很有意思的技能学习课程。而且我发现，这类课程很有热度，深受欢迎。

学习技能类的课程，能让我们有看得见的收获，但要想用好这些技能，需要我们从转变固有思维方式开始学习，通过这些技能的学习，触动自己拓展思维地图的边界，发现之前不曾留意、不曾审视的问题。当我们还用固有思维来审视生活时，学习的这些技能就没有用武之地，因为我们的行动是由思维方式支配的。

梭罗曾说："一棵邪恶的大树，砍它枝叶千斧，不如砍它根基一斧。"行为和态度就是枝叶，思维定式就是根基，抓住根本才能让生活出现实质性的进展。

我们每个人脑中都有很多地图，可以分为两大类：一类是依据世界本来面目绘制的地图，反映现实情况；另一类是依据思维定式绘制的地图，反映个人价值观。我们用这些地图诠释所有的经验，从来都不怀疑地图的正确性，甚至意识不到它们的存在。我们理所当然地假定自己的所见所闻就是真实的世界。

在学习任何一门课程的时候，我们需要问问自己，是否通过学习让思维地图得到了拓展，如果有拓展，就会带着我们看到新的风景，我们自然会采取新的行动。如果只是在学习技能，则就要审视一下是否继续用同样的学习模式耗费时间了。

我的一个朋友最近学习一门提高写作能力的课程，她自身能力很强，在多个领域都取得很好的成绩。近期她说，她已经退出这门写作能力提升的课程了。我想，大体是因为这门课只是在帮她梳理和练习某项能力，而未能让她的思维地图得到拓展。

因为如果只是单纯地提升某项能力，我们不会清楚为什么提升、能在哪里用、展现何种价值，那我们就会成为这项技能的奴隶。如果能在学习中，帮助自己从之前不曾留意的角度审视问题，即使技能学习得不扎实，我们的思维得到了拓展，就像种下了一颗种子，自会在土壤中生根发芽。

思维拓展需要循序渐进的过程。我们通常能够在物质领域理解并接受循序渐进的原则，但在精神领域、人际关系，甚至个人品德培养方面，却很难理解这一点。即使理解了，也未必愿意接受或实践，结果妄图走捷径，想跳过关键步骤到达目的地的大有人在。

像很多朋友在咨询生涯发展类问题时，都会认识到自己应该通过探索不同职业或岗位的工作内容，而慢慢聚焦发展目标，最终实现职业转型的目的。但却不愿意采取循序渐进的步骤，总希望马上就能找到最适合自己的。

还有人觉得自己生活、工作的环境并不舒服，会知道要通过一些沟通、自我锻炼等方法得以改善。但刚刚尝试，就开始评判是否达到了自己的期待，如果没达到，就马上放弃。

热衷追究技能类课程学习的人们也容易有这样的误区。希望自己通过某门课程的学习，就能实现个人发展的某项期待。这就背离了学习的目的。当我们仍旧在固有思维里打转，或不愿意循序渐进地进行思维地图探索时，我们看似在快速成长，而实际是在延后成长。

思维地图的探索，是拓展而不是颠覆。不论过往的经历是什么，我们都会带着自己的过去探索未来。在我们基因中留下的价值判断，都是我们前行的航标。如果我们放弃之前的思维地图，重新探索，在四周都是黑暗的领域里，则不知道往哪里航行。即使过往的经历，是我们背上的沉重行囊，背着它，能让我们知道自己从何处来。

我们自己坚持的价值观也是我们拓展思维地图的航标。思维拓展的结果是否积极，在于我们面对新地图时结合价值观的判断和取舍。我们无法决定自己看到了什么，却可以决定自己朝着什么方向出发、前行。

所有的拓展、改变都需要由内而外完成。由内而外的意思是从自身做起，甚至更彻底一些，从自己的内心做起，包括自己的思维定式、品德操守和做事动机。

由内而外，从自己出发。自和己都代表"我"，但"自"是内在的我；"己"是外在的我。我们指的从内而外、从自己出发，更多的是要指向内在的我：自。自、己，都表示"我"，但如果不理解对内和对外的不同，会在由内而外进行思维拓展时，让自己产生困扰。

自是对内的我，在强调自身时，用自，比如自胜者强、自知之明；在强调自身与他人联系时，用己，比如己所不欲勿施于人、己欲立而立人，这都是和他们联系中的"我"。

由内而外的意思，是从"自"出发。比如，如果想拥有美满的婚姻，就做一个产生助力而非阻力的人，更不强求对方给予的反馈；如果希望青春期子女听话，就先做个言行一致、懂得体谅的父母；如果想在工作中多些自主空间，就先做个更负责尽职的员工。

当我们发现生活中的一些困局想要改善时，从"自"出发，由内而外地寻找解决方法。

也许周围的环境没有任何改变，但从我们由内而外开始探索拓展思维地图的时刻开始，我们的世界就在变得更好。

工具应用 撰写成就故事

请写下日常学习及生活中令你有成就感的具体事件，然后对其进行分析，看看你在其中使用了哪些知识、技能（尤其是可迁移技能）。

这些"成就事件"不一定是工作或学习上的，也可以是课外活动或家庭生活中发生的，比如同学聚会、一次美好而难忘的旅游等等，记录在这些事件中自己的做法，从中发现个人价值。"成就事件"不必是惊天动地的大事，只要符合以下两条标准，就可以被视为"成就"：

你喜欢做这件事时体验到的感受；

你为完成它所带来的结果感到自豪。如果同时你还获得了他人的认可和表扬那就更好了。

在撰写成就事件时，每一个事件都应当包含以下要素：

你想达到的目标，即需要完成的事情。
你面临的障碍、限制或困难。
你的具体行动步骤，即你是如何一步步克服障碍、达成目标的。
对结果的描述，即你取得了什么成就。最好能够量化评估（用某种方法衡量或以数据说明）。

至少写出七个成就事件（越多越好）。如果有条件的话，请和两三个同伴一起逐一进行分析讨论,在其中你都使用了一些什么样的技能。最后看看在这些故事中是否有重复出现的技能,它们就是你喜爱施展也擅长的技能。将这些技能按优先次序加以排列。

第五章

成长鉴悟

本章分享的都是学生成长过程中的真实故事。虽然他们都还没有取得什么卓著的成就，但他们都在自己的人生道路上努力前行。在与这些学生的交流中，能感受到他们的朝气与热情，也敬佩于他们面对困难与挑战时的勇气与担当。我将他们跟我分享的故事写成文字，一方面希望能够用这样的方式将青春的故事留存，另一方面也希望有更多的人能够看到，能够从中了解到投身建筑行业的年轻人的真实经历和所思所想。如果你也遇到了类似的问题，希望他们的故事能够给你带来勇气。

三年时间，从国企单位施工员成长为私企地产土建工程经理

小文是土木工程专业房建方向学生，在大学毕业参加工作后的第21天，父亲突发重病；在照顾父亲半年后重新寻找职业生涯定位；从土建助理工程师（资料员）开始干起，进入地产公司；成为该公司最年轻的标段土建工程经理，所有的这些都发生在小文刚参加工作的这三年里。回首这一切的时候，小文叹了口气，说："这三年，如同压缩饼干，经历的事情还真多。"

在二十几岁的时候，突然经历父母重病，对于每个人而言都是很大的挑战。小文在处理每一件事情的过程中不断长大，在面对每个挑战时积极应对。听他诉说这三年往事的时候，我对面前的这个年轻人心生敬意。

充满热情度过大学生活

小文大学期间就是个很精致的小伙子，很注意个人仪表。他给我看过他高中时的照片，是个小胖子。小文跟我说，他从高二开始坚持每天跑步减肥，到上大学时就完全瘦下来了（减掉了70斤肉）。我当时就觉得，能坚持做到每天跑步锻炼的人，做事情一定有一股韧劲。

小文上学期间有几件让我印象特别深刻的事情。他当时在校学生会做学生干部，每天热情满满、跑跑颠颠地参与很多活动的组织工作。在他大三和大四时，担任过参加全国性大学生科技创新竞赛学生团队的领队工作。在那个过程中，从安排学生交通食宿到和主办方沟通各项事宜，小文都安排得井井有条，那时就已经能显现出他经过几年学生工作后所锻炼出来的沟通组织能力了。

他上学期间，一次结构力学的任课老师给我打电话，说有些学生干部不按时交作业。一般听到这种情况我就会比较生气，因为作为学生干部就得带好头，起好表率作用才行。我在课间时来到教室，和老师核对没交作业的名单，发现没交作业的是小文，于是我很严肃地跟他说了利害关系。当然我清楚他自己对学习的把控能力，但我提醒他的是做一个学生干部应尽的责任。

年级第一次推优入党工作开展时，小文并没有被选上。在一次班级活动时，我走到他身边鼓励他，希望他继续努力。他很理解，也虚心接受我的建议。经过一年的努力，他果然以更加优秀的表现实现了加入党组织的愿望。

小文大学时就是个做事积极热情的人。他有使不完的劲儿，很想尝试新鲜事务，也有担当，能从大局看问题。这些品质也都影响着他后来的发展。

初入职场，应对不期而遇的挑战

大学毕业时，小文坚定地要到施工单位工作。他反复地强调必须去现场、去一线，才能学习业务、锻炼自己。我能理解，在他心里会认为，一个人立足社会需要的是业务能力，只有自己技术水平过硬了，才有可能站到更高的位置上。但事情的发展却大大超出了小文的预料。

小文虽然如愿签约了一家央企施工单位，想着大展身手，但一开始就和预想的有了出入。小文跟我说："去之前，单位跟我说会给我分到北京或天津的项目上，但到了单位后却分到了石家庄的项目上。我不想去啊！因为平台不太一样，还是有区别的。而且更糟糕的是，这个项目已经快竣工了。我们去了就没什么活儿，每天就是拿个扫帚去扫地、去除草。我当时就跟单位申请说，我想去在建的项目上工作。领导还安慰我，说让我先等等。"

单位在对员工进行工作安排时会兼顾每个人的诉求，但也不会完全满足每个人的诉求。像施工单位，每年入职的新员工很多，而且每个项目的工程进展也不相同，在求职签约时，确实无法确定自己会被安排在哪个项目上。如果在求职前有过在项目上实习的经历，入职后，由项目主管领导向单位人力部门提出申请，希望将自己调入该项目，这样的话就会提高自己对具体工作的选择权。当然，对于初入职场的人来说，需要学习提高的东西有很多，在任何工作岗位上都有自己可以提高的部分，遇到工作安排上不如意的地方，应该主动向相关部门反映，同时也应调整好心态，踏实工作。

突如其来的变化发生在小文工作的第 21 天。我相信这个日子会让他记忆一生。小文的父亲在这天突发重病住院，他马上请假回家。小文的父母平时自己做些生意，有点积蓄，全家生活本来还算富裕，然而父亲的病对于全家而言是沉重的打击。小文跟我说，那会儿他每天会收到医院的账单，花钱、借钱、再花钱、再借钱，如此循环着。但关键是，不知道这样做会不会带来好的结果，不知道是否还有希望。

那会儿，小文曾因为他父亲的病需要到北京求医时问过我，当时我就觉得这个二十出头的小伙子真不容易，这么大的压力自己扛着。小文跟我说，那半年多伴随着各种并发症，他们家里先后收到了四次父亲的病危通知书。我知道，每一次必然都是撕心裂肺的。幸运的是，他父亲闯了过来，病情逐渐稳定，开始慢慢恢复。我记得那时看到过小文发的朋友圈，他晒出来给他父亲蒸包子的照片，并报了平安。

我们无法预料在我们的生命里会发生什么事。即使预料，也都会预料那些好的事情。但当突发的事情来临时，我们是否能面对它、接纳它，一点点去解决？半年的时光，给予小文的，是一生的财富。

重新回到工作岗位

请假回来后，小文也被调换了项目部。因为还需要经常回家，为此他去了老家天津的项目上。他依旧申请去工程部，但巧合的是，这个项目的工程部也不缺人，他被安排在了安全部。我问他，"安全部具体的工作是什么呢？"小文笑了一下，然后说："盯着裸土苫盖、垃圾清理、道路清扫无尘，保持工程现场上的干净整洁，运用各种方式进行安全教育的宣传，进行塔吊拆装等有危险的工作时拉警戒线。安全部的事情也不少，比如别人在拆塔吊呢，你就得在旁边站着看着，不断提醒过路人员，一般一站就是几个小时。"

"但是我还是不想做安全部的工作，我想去工程部！"小文再次强调了一遍。我问他："是不是所有的人都有和你同样的想法？"他说："这分人，有的人就喜欢在安全部。因为活儿比较简单，省事，让干啥干啥，其他时间就没事情了。对于追求安逸的人来说就挺喜欢安全部的。但我不是这样想的，我觉得趁着年轻一定要多学东西，必须去工程部锻炼，不然将来就没发展了。"

于是小文每天都去工程部的办公室里坐着、聊天，摆出一副必须在工程部上班的架势来。结果，领导把他用的办公桌椅都搬到安全部去了，工程部里没有多余的地方了。我问他："那咋办？"他说，"没办法，那就只能去安全部上班了。而且后来又发生了一件事呢！"他很兴奋地跟我说，"成本部的同事出差了，有个算量的活儿没有人会干了，就找到工程部来问谁会算，结果没人会算。路过的我赶紧说我会！于是我就去成本部帮着算量去了，结果算得很不错，误差很小，成本部还为此受到了表扬！"我接了一句说，"那你不就有机会留在成本部了？！""没有啦，活儿干完了，我就又被还回安全部了。"他摇头苦笑着跟我回忆这段经历。

像小文遇到的这种情况并不多见。一般施工单位的工程部都是缺人的，但他去的两个项目恰恰都是工程部满员的状态。安全部也是工地现场的重要部门之一，但正如小文自己所说，大家因为自身对工作需求的不同就会做出不同的选择，有人觉得在安全部挺好，有人也会觉得不好。不同的选择会让人们走上不同的路。

不安现状，开始新的尝试

从成本部再次回到安全部后，小文开始思考自己的发展方向了。他希望自己能够得到更多的锻炼，不希望每天做一些安全文明施工的工作。在他的心里对于这种空闲的状态感到很心慌，于是他开始尝试着在网上投简历。

一家地产公司招聘助理土建工程师，待遇并不比小文之前在施工单位时的水平高。经过小文和公司接触后，他发现这个岗位只是起了一个很好听的名字，其实就是去当资料员。后来他也了解到，因为之前的资料员走了，所以想再招一个，但用"资料员"这个岗位名称来招，工资低且没有什么发展，很长时间没招到，于是更换了"助理土建工程师"这个岗位名称。

那时的小文很矛盾。他回忆说："当时在施工单位，我特别希望去施工一线，但到了一线，却只是做安全员的工作。我几次去问领导，领导都说很快会调整安排，但我不知道什么时候才能去工程部。既然这样一味地等，不如就挑战自己吧，干！"

这个选择对于小文而言是决定性的，他从施工单位跳到了地产公司。但有两点风险：第一是施工单位是央企，而地产公司是私企，小文相当于从体制内跳出来了。第二是去地产公司只是做资料员，并不是什么光鲜的、有发展前途的岗位。

做出这个决定后，施工单位的很多领导都来劝说，主要是担心他会遇到种种困难，而且也替他惋惜，因为领导们都认为如果继续在施工单位工作，将来一定会有好的发展。但当知道小文已经做好了决定后，领导们也很支持他，帮助他办理相关的离职手续。小文也迎来了新的挑战。

到了地产公司，小文从土建助理工程师做起。他认真地干着本职工作，受到了经理的认可。于是小文和工程经理谈，主动申请在完成好本职工作的同时，多干。于是，现场成本核量、应对工程项目各种检查所需要完成的材料的准备工作、项目上管不过来的时候过去补位等，小文全都接了过来。我问他："加工资不？""不加！"小文答。

因为项目历史遗留问题，监理停止履约，工程经理就带着小文去现场验收钢筋模板。小文跟我说："第一遍时，经理做，我看着。第二遍时，我做，经理看着。然后他很满意。于是第三遍就是我自己做了。有拿不准的地方再问经理。"于是，在这个阶段，小文积累着地产公司土建工程师的工作经验。周围的同事一休息下来，可能就玩玩手机、干点别的，他就没有休息的时候，因为各种事情都需要他干，忙都忙不过来。

对于初入职场的员工而言，成长最快的做法就是多做事。需要注意的是，首先必须把自己职责内的事情做好，然后再想着做别的，否则会适得其反。其次是多干活是给自己增加经历和锻炼能力的机会，就别再想着按工取酬了。再次是不可能再像学校里，有人教、有人一起学习了。领导带着你做一遍，剩下的就得看自己了。

如愿以偿，真真正正地管工程

就这样工作了将近一年的时间，一天，小文接到了猎头公司的电话。另一家地产公司招聘土建工程专业经理，问他是否考虑过去应聘。小文说道："接到电话时很突然，手头的事情很多。但考虑到这家公司是国内很著名的地产企业，而且是正式的工程主管的岗位，我还是很兴奋的。就想去试试。投简历的时候，我把现在的岗位名称'助理土建工程师'里的'助理'两个字给删了，因为我觉得我干的、积累的就已经是土建工程师的工作了。"

面试进行得很顺利，因为有了第一家地产公司的工作经验，小文在面试时表现出的对工作的熟悉程度超出了对方的预期。毕竟从工程现场到报送检查材料等环节，他都已经历练过了。能跳槽到地产公司做工程主管，实现自己这两年的愿望，到施工一线真真正正地管工程，让小文很满足，他觉得自己这段的努力没有白费。

但刚一入职就迎来了棘手的任务。小文说："一入职就是抢工期的活儿。楼盘距离完工期限剩下的时间不多了，当时的进度是二次结构刚施工完成，还有很多的工程没做呢。需要我协调的事情非常多。那时就是一个懵。但没办法，不会干也得干，不知道干什么，就来一件事处理一件事。没有休息日，甚至是没白天没晚上地工作。白天协调、沟通调度各个环节，晚上就复盘、列第二天的计划、修改进度表、检查加班情况。每天都在沟通各个分包、各个工种之间的配合，这里面会出现很多需要协调的事情。在这个过程里只能是现学现做。"

能否胜任一项工作取决于每个人之前的能力储备。但在储备期也没人能告诉我们将来会用到哪些能力。我们只有在回头看时才知道原来之前的每段经历都有联系。而当下，能做的，就只有认真做好每件事。

公司里最年轻的土建工程经理

圆满完成这个棘手的任务后，小文又迎来了新的工程任务。在新的标段里他作为土建工程经理承接一个标段的工程管理任务。小文说，这个标段是整个工程里最具挑战的，而他自己也是天津公司最年轻的工程经理。挑战虽然很大，但明显感觉小文心里有底了。因为是从头开始接手，比中间接手要从容不少。而且经过之前项目的锻炼，小文已经很清楚关键点在哪里，会有工作上的预判。按他的话讲，之前的项目只能追求大面儿，保证不延误工期，而这一次，他可以关注更多的细节，会知道应该在哪里更注意，所以一定会比上次有提高。

随着小文的描述，我一会儿兴奋、一会儿忧伤，这三年，他经历的事儿真不少。有些是意外，有些也是因他自己的性格而选择的。真希望这个对生活充满热情的小伙子，能画出更精彩的人生彩虹。

别人眼中的艰辛，自己心里的幸福——七年央企施工单位成长记

土木工程专业毕业的学生有很多要在施工单位工作，我们都知道这是件很辛苦的事。因为在施工一线工作，离家远，经常在外，条件艰苦。在所有的施工项目中，又属从事道桥施工的人最为辛苦，因为修路架桥的地点大多都在更加偏远的地方。

大彬就是土木工程专业道路与桥梁工程方向的学生，毕业后一直在施工一线打拼。七年央企施工单位的工作、生活，他走的是怎样的一条路呢？

大彬给我打电话说下周要回北京参加交安考试，他希望考试结束后能见我。我很高兴。

北京4月的天气多变，忽晴忽雨。大彬来的那天恰好是个大晴天。一见到

他，我就发现他又胖了。本来上学的时候就是个很敦实的人，现在不仅敦实，腰明显粗了好几圈。

大彬来自山西太原农村。上大学的时候，他给我的印象就是踏实、认真，交给他去做的事情很靠谱。他们那届学生中有很多能力很强的人，大彬话不多，总是默默跟在这些人后面，帮着完成各项工作。

毕业后，大彬去了某央企施工单位做道桥施工的工作。虽然他们这个专业的学生很多都要从事道桥施工工作，但一毕业就能到中交集团、中铁集团等有实力的大型央企去工作，还是很不容易的。大彬上学时成绩不错，并参与了很多实践活动，为人踏实正直，为此很受用人单位的认可。

大彬入职后便被派到了项目上。第一个项目是在大同市阳高县，离大同市区40公里远，是天镇到大同高速的一个标段。他的职务是沥青混凝土技术员，负责沥青混凝土作业面。

我问大彬，技术员的主要工作内容是什么？他跟我讲，他主要的任务是根据现场条件，协调前后场各项工作，同时控制施工质量。因为铺设沥青时，沥青的温度很重要，如果沥青供应得过快，现场存料太多，会导致沥青稳定下降，影响施工质量；如果供应不足，则会造成摊铺缓慢甚至现场等料情况，前者将严重制约进度，后者则会对平整度有很大影响，甚至可能会造成冷接缝现象。

我继续问道，那技术员的主要工作岂不是沟通、协调？大彬说，对，主要是要协调好自己负责这段路所使用的人工、材料和设备。当然自己要懂技术，不然不知道沟通协调什么。要使现场合理运转，保证进度的同时减少投入。大彬继续说道，专业知识是基础，不懂专业知识很难很快上手。但沟通和协调的能力也非常关键，因为作为技术员，不会让你动手去铺沥青，技术员最主要的工作就是把各个环节沟通好，遇到问题知道应该如何处理，并指挥工人们解决问题。

回忆自己第一个项目的工作时，大彬说，当时有件事情给他印象最深。那年11月，甲方来检查，发现路面铺得不是很平整，要求他们项目部解决。那时工地上气温已经很低了，项目经理让大彬带着施工队，用水磨机处理路面。他就和工人们一起蹚着水，迎着刺骨的寒风，完成工作任务。

大彬回忆说，当时没多想什么，领导让干啥就去干了。但当完成这项工作后，自己却得到了领导们的高度赞扬。因为这件事虽没太大的技术难度，但很艰苦，他将其完成了，领导看重的是他能吃苦、负责任。在之后这几年里，很多项目都希望他过去,他也受到了一些领导的悉心培养,回忆起来,都是从这件事之后开始的。

> 在我看来,是因为在这件事中,大彬身上的品质得到了认可。只有在具体的工作中,才能看出来谁能扛事儿。能扛事儿的人是最受欢迎的。我们往往在做一件事情之前由于只看到了事情本身,而并不会觉得这件事有多重要。重要的并不是事件本身,重要的是每个人处理事件时所表现的态度。

完成了第一个项目后,大彬回到总公司工作了将近一年。没有在项目上,他并不觉得很舒服,但大彬还是耐心、认真地完成着领导布置的工作。在这期间,最初他负责统计各项目的报表,进行汇总归档,后来领导将试验及测量相关工作以及施组方案初审也交给了他,他从中学到了很多东西。

一年后,大彬所在的公司因开拓东北地区业务急需人员,大彬就又被派到了新的项目上。这次的工作地点更靠北了,在北大荒,黑龙江佳木斯建三江洪河农场,临近俄罗斯边界。

大彬在描述这段工作经历时说,由于这里冬天来得太早,他们的工地每年只有一半的时间可以施工。项目总工由于工作调动,在项目进场半年后就调离了。大彬过去一年在总公司做了很多项目技术相关工作,且在公司项目管理部正好是总工及工程部对口部门,在来到这个项目后,他就一直协助总工完成各类项目技术工作。在总工离开后,项目经理就安排大彬代理项目总工的工作。

在这段时间里,项目经理对大彬厚爱有加,很多工作都叫上他参与,并给予他更多指导。在工程进行的后半段,项目经理去主持另一个新项目,把这个项目的组织工作交给了大彬。

> 因为大彬从大学以来一贯的踏实、认真,让他不断掌握施工一线的各项工作内容,并以此为基础,在公司里站稳脚跟。其实,每个人立足于职场最大的支柱就是其自身的品牌。维护好自身的品牌,就能立足职场并慢慢成长。

完成北大荒的项目后,大彬正式升任项目副经理,前往吉林白城,去他项目经理所在的项目。该项目也是高速公路，大彬去了以后项目经理将这个项目交给了他，大彬一直带领该项目团队完成施工到交工验收通过的全过程。工程刚结束，正好赶上他孩子出生，孩子刚出生三天，项目领导打电话让大彬到四平管廊项目，那边马上有新管廊开工，要他去负责现场施工的工作。

听到这一段，我有些心酸。这是所有从事建筑施工工作的人们心中最难以承受的苦楚。工作地点经常离家太远，每次回家总是匆匆忙忙的，在家里最需要自己的时候，又因为工作的原因，无法陪在家人的身边。

新项目不再是道桥工程，而是市政管廊建设项目，大彬说，这让他感到很高兴，因为市政管廊建设项目基本都在城市里，他的生活也舒适了很多。在新的项目上，他的责任更大了。同时，他也是项目上技术最好的，承担的工作任务也是最重的。工作中，他也基本上能够驾驭所有项目经理需要完成的工作任务。

大彬骄傲地向我讲述自己那一年的工作经历：他所负责的管廊项目成为四平市管廊建设的标杆。标准化建设非常严格，市里迎接大小检查，往往第一站都是王彬所负责的管廊。5月到8月，大彬的项目经历了大小100余次检查，政府及公司领导都对该管廊给予了肯定。同时，其所在项目也获得了省级安全文明工地称号。

参加工作的这段时间，他付出的同时也获得了很多荣誉。在最忙的一年里，大彬考取了一级建造师证书，专业水平又向前跨出了一大步。

因能在城市里生活，为此，他准备把妻子和孩子接到身边来。从我这里离开后，他就将回老家一趟，然后接上家人一起去项目那住一段时间。谈到这里时，他的脸上洋溢着幸福，他十分珍惜能和家人生活在一起的时光。

回忆这一路走来的历程，大彬跟我说，他不是一个能说会道的人，不太会怎么和领导搞关系。他的强项就是踏踏实实地干活儿，把工作做好是第一位的。也是因为这一点，他不断受到领导的肯定，并被委以重任，从而一步步得到更多的锻炼与成长。

所有人在刚开始了解道路桥梁施工工作的时候，都会说，这工作太苦了。在和大彬聊天的过程中，他没有描述出那份苦。只是作为听者的我，不断在问自己，如果换成是我在那样的工作环境里，能否像大彬这样努力完成工作呢？也许不同的人适合不同的工作，也许是环境造就了一个人。

不过，放眼绝大多数人的工作，时间久了，谁又能说没有艰辛呢？我们想要的幸福从哪里来呢？从周围的环境中，还是从自己的心里？

从优秀学生到海外工程项目上披荆斩棘的 10 年成长路

小斌的职业生涯拥有一个完美的起点：大学期间，他集齐了学校的各种荣誉。同时，他谦和包容的性格也给接触过他的人留下深刻印象。工作中，他赢得了身边同事的广泛信任，同事们认为他是一个最值得信赖、最能包容他人、最能钻研业务的人。小斌性格随和，不代表他就会随波逐流、随遇而安，在工作中的三次跨越，在海外工程项目壮阔的舞台上，他的 10 年成长同样充满波澜。

有一个小斌这样的学生，是我的幸运

从事学生工作 20 多年，我带过的学生有好几千，熟悉我的人都知道，我从不吝惜对小斌的褒奖。

小斌大一的时候就已崭露头角，他是班里的班长，体育成绩和学习成绩均十分出色，运动会上摘金夺银、荣获一等奖学金、第一批加入党组织，成为全年级耀眼的小明星。

经过前两年的积累，从大三开始，小斌担任学院学生会副主席，并以优秀学生的身份几乎包办了学院甚至是学校各项大型活动的学生代表发言任务。他阳光帅气的外形、谦和有礼的品性、全面优异的成绩，受到了老师们的认可。

那段时间，作为学院团总支书记的我，也跟着很有面子。学校、学院好多老师、领导经常找我说："下周的活动让你们王斌去发言，这孩子真不错。"

小斌在校期间荣获了校级优秀团员标兵、校级优秀学生干部、北京市三好学生、北京市优秀毕业生、全国土木工程专业优秀毕业生等称号，所有这些荣誉汇集在他一个人的身上，在我带的十几届学生中并不多见。

再优秀的人也有缺点

小斌完全能称得上是一个优秀的大学生。然而，再优秀的人也有不完美的地方，或者可以说得更准确一点，任何一种性格都有优势的一面也有劣势的一面。

小斌是个谦谦君子，说话办事很得体。但有一点也总遭到我的提醒，那就是缺少拼一拼的态度，缺点做事的霸气。也许是因为带他们这届学生的时候，我也很年轻，特别希望他更完美，所以总对他过于谦和的态度不满意。我会对他说，"人应该有点脾气。有种明知不可为而为之的决心，才能取得更优秀的成就。"小斌通常会笑而不答。

在小斌工作八年后的2019年夏天我俩一起聊到他这些年的发展状况时，我才认识到，小斌所拥有的这份包容从容的性格，给他带来了很大的助力，同时没有脾气并不代表着他会轻易放弃，他心底的韧劲一直帮着他不断跨越工作中的挑战。当然这都是他毕业后发生的事。

与世无争的状态，让人哭笑不得

在大学的最后阶段，小斌选择准备考研。我们这些当老师的，比他还希望他能考上。这样优秀的学生，当然要以考上研究生作为大学阶段的一个完美节点，然后好继续留在学校，为校争光。于是乎，周围的所有老师都在默默地关注着小斌的复习进展。现在想想，这种事真是好笑。

小斌与世无争的性格，在备考的阶段展现出了消极的一面。他自己并没有全力以赴地准备，而是不紧不慢地复习。我总提醒他这样的状态不行，但我发现说他也没啥用，因为他就是这样的性格。考研结果如预期一样，小斌离分数线差了将近30分。学院里的很多老师都失望了。我说他："你看看，以你的基础，要是能努力一些，肯定能拼上去呀！"

小斌还是那个表情，一笑了之了。

准备考研的过程里，小斌还很小心地跟我透露了一件事。他经常和一个女孩子一起复习。这个女孩子是他的高中同学，但上大学的前几年并没有太多来往。

我听他说这个的时候就在想：研究生没考上，说不定有别的收获！

这么多年走过来，这个女孩子早已成为小斌的妻子，在小斌的身边给了他很大的助力，在小斌多年在国外工作的期间，女孩子承担着家庭的重担。

小斌能找到这个女孩做妻子，是他的幸运。

不懂拒绝，干脆退出

担任学生干部的时候，小斌也是一副与世无争的态度。

因为他在这届学生中很冒尖，于是学生会很多部门的部长都希望他去自己的部门。小斌不好意思拒绝，就参加了两个部门。不到半个学期，一位学生会的小干部就找到我说："小斌不干了！王老师，这可怎么办呀！"

我说："不干就不干吧，怎么了？"

见我这样说，这位同学马上急了，说："那怎么行，我这是按照学生会主席培养的，他怎么能不干呢？"

我心想，我还没需要你帮着做主呢，操啥心。

事后小斌跟我说，他那会儿退出的原因是不懂得拒绝。谁找他他都跟着去，结果发现忙的没有一点自己的时间了，这让他很不舒服。于是，索性都辞掉了。

小斌即将升入大三的那年，正值学校积极筹备国庆 60 周年庆祝活动，我们承担了群众游行的任务，整个暑假都在操场上练队。一天，学生会主席在休息时找到我，颇为得意地跟我说："王老师，我给你推荐个人，他想来学生会！"

我说："谁呀？"

"小斌！"

嘿，这小子又回来了。

在学生干部的工作中展现韧劲

小斌以班长、三好学生、学生党员、一等奖学金获得者、曾任学生会某部门干事的身份，回到学生会担任副主席。

而后的这一年，我发现小斌并不是看上去那样的与世无争，在面对事情时，他的执着、钻研的劲头，对工作的推进起到了决定作用。从小斌后面的发展看，他这份在工作中所展现出来的韧劲，帮助他战胜一个个挑战。

小斌帮助我推进学生就业实习双选会的工作，那会儿，我们发现学生在毕业前的实习能够帮助他们更好地对标用人单位需求，进行针对性的准备。于是我们想为大三学生在暑假期间安排一些单位实习，并想通过双选会的方式，给学生创造一次模拟面试的机会。

从制定文件、通知学生甚至是和用人单位沟通等环节，小斌都帮着我一起完成。在我觉得工作难度大，有些累的时候，他都来宽慰我，并且他自己一直在努力推进。

虽然那年的实习双选会规模很小，但我们一起努力把这件事办成了！我们为此而感到自豪。

> 那会儿我就发现，小斌干活非常细致。不管多复杂的内容，从他手里给过来的文件，不用复核，肯定没有问题。而且他会把排版、字号等问题都考虑到，看着很舒服。小斌干活执行力很强，交给他的工作，肯定会一干到底，直到完成才停。中间遇到困难会想办法解决，还会鼓励别人别放弃。

毕业工作，从零开始

小斌毕业后去了一家负责使馆区基础设施建设的事业单位工作。选择的过程又充分展现了他与世无争、随遇而安的个性。基本没怎么选择单位，感觉这家单位挺好，就去面试，面试效果很好，就定了。我记得他好像就没投简历给别的单位。

在单位，他仍旧是很受领导器重的人。作为重点培养对象的他，在入职后被先后借调到上级管理部门和下级施工单位接受锻炼，全面掌握本部门各项工作的始末，同时也迅速积累了工作方面的人脉资源。

> 我觉得小斌是个自带光环的人，并不是看了他的履历后才会认为他优秀，而是在跟他相处时，他为人处世的态度和做法，就让人感觉到他的优秀。自带光环的同时，他会把自己的位置放得很低，谦和有礼、虚心坦诚，这是他所具备的一种能力？或者是他的优势天赋？应该是他的素养吧，多年养成并融入血液中，在整个生涯发展过程里会给他持续不断的助力。

自己寻求突破，迎来进入职场后的第一次跨越

基建部门的工作，更多的还是管理工作。各种文书的撰写，各个项目的协调。小斌在能完全驾驭本职工作之后，他身上那份执着劲儿驱使他希望到一线工作。于是他做出了一个在当时看来很大胆的决定，去阿根廷负责使馆区建设，一去就是一年！

当时，小斌给我打电话说这件事。他打电话并不是问意见，而是告诉我他的决定，而且是在临行前！

我觉得更像是在通知我，怕我给他打电话接不到。

那会儿小斌正在筹备结婚的事，他英语也不是很精通，也没有太多工程一线经验，然后自己就决定去了。

我当时跟他说："你知道阿根廷有多远吗？！"

我记得他用非常理工男的思维回复了我这个问题，明确告知我北京到阿根廷的距离以及乘坐飞机的时长。

我认为的困难，小斌不以为然。他就觉得自己应该出去看看，应该锻炼一下。于是，他出发了。

一年后，他在自己婚礼举办之前的一个月回到了北京。

他妻子，也就是当时一起陪他备考研究生的那个女孩子，独自完成了婚礼前的所有准备工作。

婚礼的现场，小斌单膝跪地给他妻子戴上戒指的时候，我在想，这小子真赚到了！

在阿根廷的日子挺苦的。小斌在那边吃了 4 个月的方便面。刚回来时，他瘦得只剩 110 多斤。

艰苦的条件下完成既定的工作任务，对于小斌而言，好像并不困难，因为他就有那么一股执着的劲头。而且在被我问起都经历了什么困难时，他并不多说，就是给我一个微笑，然后说"还好，还好"。

> 工作经历对于每个职场人的成长起着决定作用。在经历中，我们能收获更多的锻炼、开阔眼界，这些周围环境的刺激，能激励我们更快成长。同时，工作经历能证明我们的工作能力，让用人单位的领导相信我们在某些领域具备解决问题的能力。并不是所有的经历都是财富，都能在成长中起到决定作用，往往越是有些艰难、需要突破固有的经历，带来的收获更大。

新的职业选择,进入职场后的第二次跨越

一年的海外工程经历,给小斌后面的职业选择增添了更多的可能性。不希望自己一直坐在机关里从事文案工作的他,开始尝试寻求转变。因为他有海外工程的实战经历,最终被一家央企的海外工程业务部招收。小斌走出了"保护伞",从事业单位进入了企业。

小斌进入这家企业工作初期是在国内负责对接海外业务的需求。按照国外同事的要求,在国内落实产品、工期、合同等内容。所有的业务内容都需要用英语完成,这对王斌而言是进入新公司遇到的第一个挑战。虽然他上学时是个优等生,虽然也在海外待了一年,但所有的商务文本都需要用英语完成,对于任何一个人而言,都是不小的挑战。

小斌告诉我的适应方法就是一点点地学习,遇到哪个问题就解决哪个问题。从业务知识到商务英语,从掌握到精通,就是通过解决每个小问题而逐步实现的。工作一年后,小斌因为出色的商务文本写作水平,受到了同事的认可。很多人都找他合作,请他帮着完成文本的最终撰写部分。

在国内负责对接海外业务时,出差只是出短差,每次一周,一年也去不了太多次。就是上班的时间经常需要按照非洲时间,因为他对接的业务板块是非洲,所以需要照顾在海外工作的同事的节奏。

这样的状态我觉得还不错,可以照顾到家庭,不会再把所有的事都甩给他妻子一个人。但这话说早了,小斌的工作又有了调整。

在国内熟悉了公司的工作流程、业务,并具备了商务、英语等能力后,小斌开始在团队领导的带领下来到广袤的非洲大地,从后方的支持人员转变成了前方的业务人员。他们公司的业务人员按照派驻的国家进行分工,一个人对接一个国家。

听着就觉得好大气呀!实际上是对每位员工综合能力的极大考验。公司在这个国家的所有业务,都由这位员工负责洽商,然后由国内的支持团队帮助实现。领导带着小斌在他负责的这个国家和之前的合作关系做了对接,并带着小斌完整地谈了一个项目,大概两周后,领导走了,就他自己了。这是小斌在新单位遇到的第二个挑战。

听小斌聊起这些往事的时候,我真是倒吸凉气。于我而言,面对陌生的环境、独自一人工作、不具备工作能力的现状，我一定会放弃，而且只要有其中一点，我估计都不敢尝试。怎么谈？按照小斌的逻辑，一点点来呗。每次去和客户谈合作项目，被问住答不上来的问题，就回来做功课。全英文的PPT和讲解，就自己多练习。并且不断针对对方的文化背景和喜好做调整。

到此，我听出了他的人生哲学：遇到一个问题，就解决一个问题，不用想太多。

不知道是幸运还是不幸，由于他负责的这个国家发生政权更替，业务受到了很大影响，几乎所有的工作都停滞不前。于是，一年的时间，小斌一个项目都没谈成。他的领导跟他说，这是环境问题，即使换了他自己来也谈不成。

虽然是客观原因，但年底总结时也不好看，小斌的业绩是0。不过这并没有影响领导和同事对小斌的好评！原因是，在这一年里，小斌继续发挥自己在国内时锻炼出的商务文本写作能力，帮助负责其他国家业务的同事完成文本撰写工作。由于都是单兵作战，之前同事之间都很少合作。小斌是个很随和的人，也愿意帮助别人。他按照别的同事的要求一遍遍地帮着修改文本，公司在非洲的业务整体进展是顺利的，这其中也有小斌的贡献。

完成这一年的工作后，小斌又遇到了自己在新公司的第三个重大挑战。

回归工程领域，进入职场后的第三次跨越

集团的战略布局做出了调整，前几年是尝试扩大板块，而从2018年开始，集团将集中在自身优势领域做优做强，提升自身的核心竞争力。为此，小斌所在的业务部门被解散，成员被安排在其他业务部门。

这种变化对于每一个身处其中的人都会是很大的挑战。小斌所在的业务部门多以销售人员为主，按照过去一年的业绩，小斌是部门里业绩最差的，对下一步的工作安排会很不利。

在正式解散部门的消息传出之前，部门领导主动找小斌进行了谈话，告知他部门解散的消息，同时告知他，已经为他安排了新的工作。部门领导根据小斌的学历背景，给他安排到了集团最早拓展的海外工程区域，从事一线工程管理工作。应该说，这样的安排是领导经过思考并和多个部门沟通后，给小斌提供的很好的一个出路。

小斌自己说，他很意外，觉得自己总能在工作中遇到贵人，总有人愿意帮助他。

在我看来，小斌是先做到了帮助别人，先做到了从部门的整体利益出发开展工作。虽然牺牲了自己的工作业绩，但对于整个部门的利益做到了保护和提升，为此，部门领导才愿意帮他，也算是还他这个情，愿意结交他这个小兄弟吧。

新的工作，是自己熟悉的工程口。海外工程的惯例就是派驻的人少，每个人需要管的事情比较多。小斌继续学习岗位所需要的知识。聊到这里的时候，我明显感觉小斌对于这样的变化已经很适应了。

因为他已经完成了两次这样的跨越。到新的领域，学习新的知识，对于他而言，已经不困难了。

从销售工作转向工程项目管理工作，对小斌而言最大的挑战是需要在海外的时间多了很多。以前每次出差也就在国外一两周，现在却每半年才能回国一次，每次最多不到两周时间。

这再一次让我非常佩服小斌的妻子，面对工作、家庭、孩子等多方面的压力，能如此坚强，把这些事情都独自承担下来。当然也佩服小斌的眼光，当初怎么就看人看得这么准。

小斌的儿子已经两岁多了。小斌跟我说，他每次回来时间不长，尽量就都陪在孩子身边。因为孩子平时爷爷奶奶带的时间多，他感觉孩子被宠着，脾气不小。小斌总想管，但又觉得自己平时不在，他管孩子不就是给老人挑毛病吗？自己也很无奈。

我问小斌，那你有什么打算呢？

小斌说，他觉得跟项目就得把项目全程跟完，不然收获不会很大。他希望能跟两个项目，也就是需要在海外得五年左右时间。希望自己能在孩子刚上小学不久时回来，这样就能多帮着指导指导孩子的学习。

30多岁的年龄，已经没法每件事都追求最好。只能是在平衡中取舍，兼顾每个领域。

小斌是个谦谦君子,谦和有礼的个性在某些小事上,让他有所损失,但也正是这样的性格让他遇到了很多欣赏他的人。小斌不争不抢,但对事的坚持、认真,却帮助着他应对每一个挑战。

在和小斌聊完后,让我对人对事有了更丰富的看法。平时活力四射、敢闯敢拼的人并不一定就能拥有经历大跨越、战胜大挑战的人生,因为有可能他们会过多地关注每天发生的小事。就像是依山而下的湍流,无时无刻不在卷起浪花,但也就只是一条湍急的细流,因为它被周围的岩石峭壁局限住了。而看似平静的大江大河,所蕴含的力量却比细流大得多,它们把自己的位置放得更低,宽广的河床让自身能容纳更多的故事。

小斌对于自己所经历的事,面对我一会儿惊讶、一会儿埋怨、一会儿担心的疑问时,多以微笑回复一句"还好,还好"。不争不抢的个性,并不代表着就不会勇于挑战。

小斌以他的谦和、担当和一步步不断向前的韧劲,迎接着工作和生活中的挑战。

从想离职到成为业务骨干

小李毕业后去了一家很著名的房地产上市公司,这在当时引起了不小的轰动,羡煞旁人。带着一份骄傲和对未来的期许他开启了自己的职业生涯,工作快一年时,他急切地要找我聊聊,原因是,他想离职。通过咬紧牙关的努力适应,到慢慢成为业务骨干,小李说,他靠的是极致的努力、极致的认真。

事情一定比较复杂,于是我们约了见面聊。

聊天一开始,我发觉到他躲闪的眼神、沮丧的表情、摇头的动作,我清晰地感受到他的自信心在过去将近一年的时间里消磨了不少。

小李所就职的这家公司十分注重员工个人能力的提升,他们为每位新进员工提出了明确的成长时刻表。工作半年时需要员工具备独立完成项目上一个栋号的施工组织管理任务,工作一年半的时候,员工需要具体独立负责整个项目的施工组织管理任务。这给每位新员工带来了不小的压力，同时目标也非常清晰。独立负责一个项目的施工管理任务绝非易事，对施工过程中质量把控、进度计划、安全管理、成本控制、水电配合都要求全面有序地完成。要达到这样的要求，小李不仅需要掌握很多施工现场知识、熟记各类规范，对于现场突发的各类问题都要第一时间做出正确的决策，还要有较高的组织协调、沟通表达能力。可谓是事无巨细。

距离一年半的考核时间还有半年，如果考核不通过就要面临被辞退的风险，小李的困惑便在于此，他现在并没有按照预期独立负责一栋楼的工程管理任务，他预见到自己在半年之后很难通过考核。

小李很着急为什么自己的项目经理不给他更多的工作，不让他独立负责一个栋号，因为如果不承担这样的任务，他就没法学到这些知识，考核的时候就一定不能通过。"他们为什么不信任我呢？"这是小李的烦恼。我反问他，"为什么呢？"

他回答道，因为在项目上，甲方负责人需要就施工进程中的诸多问题和乙方洽商，签署补充条款，只要甲方负责人在乙方提供的施工洽商单上签字，那么就意味着甲方同意乙方提供的新的施工方案并支付相应工程款。同时，在施工过程中，乙方为了使自己利益最大化，会就许多施工工艺流程上的问题与甲方进行商议更改，如果他们不清楚规范或者对项目的实际情况缺少足够了解而贸然签字，就有可能造成工程成本超出预算范围。另外，工程进度也是非常敏感的问题，企业对每一个项目的竣工日期都有明确的要求，如果不能按期完工，对项目部将带来很大影响。而这些所有的责任都要由项目经理承担，作为工作第一年的小李来讲，他现有的能力无法保证不出问题，而一旦出了问题，责任要由项目经理承担。

我问他，"其他和你一样情况的新人情况如何呢？"他说，"有的项目经理就让新人们去负责，并且说，你们放心干，出了问题算我的。也确实有新人因为自身经验不足或者工作疏忽而给项目造成了不小的损失，项目经理就要出面替他们去承担后果。"

我说道，"那你的苦恼应该是觉得你的项目经理没有像你所说的那位项目经理那样痛快地让你去干。但在我看来，你的项目经理并没有失职，只是工作的方法有不同而已，因为项目经理的核心职责说白了就是把控成本、质量、工期、安全，而对你的培养并不在他的岗位职责里，他并不需要必须为你做些什么。"

"其实，我的项目经理也给了我很多锻炼机会。"小李继续说道。他每次和项目经理主动请缨要负责哪些工作的时候，经理大多都会同意，让他去干。但在负责了几天之后，经理发现他没能把这部分工作处理好，就再安排一位工作年限长一些的同事来协助他，说是协助，其实在小李看来，意思就是把这件事交给别人负责了，他被架空了。这样的事情多了，小李的心态就发生了变化，他开始烦躁起来，每天的工作也无法沉下心来。

每天在项目上，小李要和乙方斗智斗勇，他管这样的场面叫"肉搏"。他是项目部里最年轻的甲方人员，虽然被"李工""李工"地叫着，但实际上，却被各种刁难。明明有明确的规范，却偏偏要来问他如何处理；明明是乙方自己可以得出的数据，却偏要让他提供；遇到紧急情况时，乙方人员实际是有丰富处理经验的，但也要问他怎么办。我理解这样做的目的只有一个，希望找到小李的纰漏，争取更多利益。

并不是所有在甲方工作的人都会遇到这样的成长环境。我走访过的一些学生甚至在为没有太多事情做或者学不到什么东西而着急，但显然小李不会遇到这样的情况，之所以如此，这和企业现阶段的核心任务、企业文化不同有关，这样的"肉搏"环境给小李带来了很大的压力，同时也带来了成长的机遇。我跟他说，还有很多人羡慕你现在的工作环境呢，能学东西。但我们也要清楚地知道，世上没有免费的午餐，想要安逸的生活，就要承受没学到什么东西的那份恐慌；想要成长得快些，就要承受如涅槃重生般的痛苦折磨。

我觉得小李最大的压力还是来自半年后的考核，他担心自己会不合格，所以他想与其那会儿被淘汰，不如现在主动另谋出路。他知道的这一届一起来的应届生中就有几个已经离职的了。"真的被淘汰又如何呢？"我尝试着将这个问题抛给他。如果在从现在开始的每一天，你用尽全力去学习，去工作，去完成每项任务，去迎接每个挑战了，那在这个过程中收获到的成果必然会很多，掌握的知识、拥有的经验一定会帮助到你找到合适的工作。就算真的被淘汰了，就算要再次找工作，如果你和面试官谈了你曾经的工作内容和你掌握的知识，我相信不愁工作。

"嗯，即使离开，我也要让别人觉得是遗憾，而不能让别人觉得可算腾出空来可以进新人了！"小李攥起了拳头，我发现他的眼神这时变得坚定了。

其实，在我的心里很心疼小李。他现在所面对的环境对他而言很艰难。小李是个腼腆的人，待人谦和并不善言辞，就业时我一直尝试给他推荐事业单位，在相对安稳一些的工作环境中，他可以慢慢成长。而他被这家民企甲方所提供的成长通道所吸引，希望自己能承受更大的挑战，而挑战背后等待他的是更残酷的优胜劣汰、适者生存。但既然选择了，我们总不能在刚起步时就半途而废，用尽全力的拼搏能带给我们的是追求更好生活时的倔强和经历风雨洗礼时的从容。

小李从我办公室离开的时候已经是夜里12点了。他告诉我，他知道自己很多地方都没有身边的人强，这让他很茫然。他很感谢我问他"你的优势是什么？"因为他之前没有认真地问过自己这个问题。他觉得起码他从明天开始就能做到的是努力。利用好每天一早一晚的时间，在上班前和下班后学规范，更加积极地面对每天的挑战，把他们都当成是对自己成长的锻炼，让自己在每天的挑战中学到新的东西。

四个小时的聊天中，我也在不断地审视自己。在面对压力时，面对自己能力的短板，我是否在选择逃避？在鼓励小李坚定信念、排除干扰看重过程、注重积累时，也反问自己，我是否也能不去算计结果的得与失？在告诉小李合理高效安排时间时，我是否也能不让自己的时光虚度。

夜幕下送别小李，告诉他有困难随时给我打电话。最后说的一句"加油"，既送给他，也送给自己。

转眼间，小李工作三年了。

我和小李又坐在一起聊天。尽管这几年里我们有过交流，我知道他已经通过了考核，也适应了工作，但并没有面对面坐下来聊聊的机会。

这时的他已经完成了两个项目的工程任务。之前他是项目经理的助手，现在在项目上，土建领域的事情基本都需要他主责了。这两年间，他被公司上调了三次薪，按小李的话讲，和一年半前相比，他的收入翻了一倍。（告诉我这件事的时候，小李微微向前探出身子，表情中带了一点点小得意。）

我问小李，对工作已经适应了吧？小李说："王老师，经过这几年，我确定您当初对我的判断是正确的，我确实适合去事业单位工作。"

此言一出，我一口水差点喷出来。

难道经过这么长时间的努力，小李又回到了原点？！

这话要从小李大三的时候说起。

我给他推荐了某医院基建部门实习，并希望他能正式在那里工作。经过几个月的实习，对方领导对小李很满意，但他自己心里却藏着别的小九九。他认为自己应该出去闯！于是他应聘了现在的工作单位。

我问小李："既然你到现在都没有完全适应这份工作，你怎么做到能胜任，能受到别人认可的呢？"

小李跟我说："能从骨子里适应，很难。我就不是这种性格的人，让我去拍桌子嚷嚷、和施工方争来争去，我再怎么着也不可能说我适应了。因为我不喜欢做这些，而且越做越清楚地知道，我其实更适合去事业单位类的工作岗位。但这并不影响我完成好我的工作。"

"你靠什么做到呢？"我疑惑地问他。

因为在我的理解中，心里不适应，就会很内耗。能这么拧巴地完成好自己的工作，是很痛苦的事情。

小李的回答给了我很大的震撼，他说是"'极致的努力'和'极致的认真'。"

这句话从我对面工作了仅3年的小李嘴里说出来，确实震撼到了我。我凝视着面前这个比我小12岁的小伙子。我能确认，他已经完全具备立足社会的能力了，在逐步走向成熟。这句话一出，顿时让我对小李肃然起敬，我觉得他对工作的认识已经到了很高的境界。当然，"极致的努力"和"极致的认真"地面对工作，这个道理很多人都懂，却不是都能做到。

我接着问："到底怎样才算是'极致的努力''极致的认真'呢？你能给我举个例子吗？"

小李说："比如我每天早晨7点就到项目上。从周一到周日不休息，每天如此。"

我又愣了一下。是呀，所谓的"优秀"，不就是把大家都能做到的事坚持不懈地做到、做好吗？

小李接着说，"我是甲方的工程负责人，我每天7点到现场，施工单位的负责人就不好意思不来。工程上干活的团队，一看甲方的人在，就不会懈怠。即使我什么都不会，我就站在那里，而且总站在那里，对现场的工作人员来说就是督促。连甲方的工程负责人都天天在这，他们还有什么理由不干活呢？"

这让我想到前段时间，一位刚工作不久的学生让我帮他找一个在工程现场工作经验丰富的人给他当师傅。于是我把这两个人约到一起，我也在旁边"偷师"。这位经验丰富的人当时就提到这一点，"你不用担心你不懂，你只要站在那里，他们就会认真。肯定比你不在那里强。"

小李接着描述他的工作状态："公司要求是9点上班，但在9点之前，我已经带着施工单位的负责人把项目上当前的问题都过了一遍了。这样他们就好安排当天的工作了。我坚持每天都这样做。于是我管的工程进度和质量就有保证。虽然现在工程任务重了，但领导不愿意增加人手。他说，他不知道是否能找到和我一样负责的人，于是就给我加薪，让我承担更多的工作。"

初入职场，都希望自己在工作上有个好的发展。能得到这个结果其实也并不难。把该做的事做好，把能做的事做好，就是最简单、最有效的方法。有位学生说他有几个同学在国内最好的某施工企业上班，但仍说自己的工作机会不好。细细一问，原来是因为工作需要他们加班，他们不适应。如果是这样的原因，就真的不能都怪别人了。自己还没做到"极致的努力"和"极致的认真"，也就没资格再谈拥有好的工作机会了。

在聊天中，小李还跟我提到，他很不愿意找领导解决问题。他认为，自己的工作职责就是处理、解决本职工作范围内应该解决的所有问题。如果遇到事就找领导来解决，那自己的价值是什么呢？按他的话讲，"都找领导，要你干吗？"

就是这样一位年轻人。即使觉得自己的性格和当下的工作环境并不融合，但并不影响他完成好本职的工作。在他的理解中，能够胜任工作，首先需要的不是脾气秉性也不是超凡能力，而是"极致的努力"和"极致的认真"。

小李，一个让我敬佩的年轻人。

学建筑，是我心里早早埋下的种子

小望本科所学习的是土木工程专业，考研时跨考建筑学专业，这是一些土木工程专业本科生希望走的一条路。边工作边备考，再通过努力以优异成绩如愿获得了建筑学专业硕士学位，一路走来的九年，是小望收获梦想的努力时光。三年的研究生学习经历虽短暂却也充实，他担任研会的主席，获得了国家奖学金、一等奖学金、北京市优秀毕业生、优秀毕业论文等很多荣誉，能感觉到"建筑学"是他所热爱的。

在小望即将研究生毕业的时候，我们相约坐下来聊聊他的故事，聊聊他从入学土木工程专业本科到获得建筑学专业硕士所经历的这九年中的成长。

九年前，小望跨入土木工程专业本科学习。本科阶段的小望很努力上进，他的成绩始终中等偏上，又担任学生干部，在老师的眼里他是很优秀的学生。

大一的时候，他就找到辅导员老师很认真地说，他想学建筑学专业。

> 有这样想法的学生很多，作为辅导员，我们通常都会认真地听，也会认真地告诉他们有怎样的路径，当然我们会更加认真地告诉他们，应该脚踏实地地走好每一步。因为在我们带的学生中，有这样想法的——很多，能采取行动的——不多，能坚持走下去的——很少，能梦想成真的——有！但真的非常少。
>
> 我能清晰地记得这十年里每一个成功者的名字，当然小望是其中之一。

谈到这段往事的时候，我和小望都在笑，他觉得自己那会儿傻乎乎的，也不知道建筑学具体学的是什么，怎么能考上，就那样说。小望告诉我，他在本科阶段不能说成绩不好，但也总是感觉差一股劲。大一时他说的话是认真的，学建筑，是他心里早早埋下的种子。

四年后，他大学毕业了，由于成绩不错，他被一位土木工程专业的教授推荐到一家设计院实习并签约留在了那里工作。也许是因为工作和自己想象的有差距，也许是自己总是不能很好地融入结构设计中，也许是自己心里种下的种子在慢慢发芽，小望开始准备考研了。选择什么专业？这次他没有犹豫，选建筑学！

> 从能力上讲，小望能够胜任自己的工作。同时，他也能清楚地认识到这不是自己想做的事，而自己又没有做自己想做的事的能力。要么放弃心里的想法，在现有的工作中找到自己的价值；要么继续奋斗，为了梦想储备能力。哪条路都好，想做自己生命的主人，需要付诸行动。

"一些同学会选择辞职备考,但我没有那样做。"小望谈着自己复习考研的经历时说。他的一位兄长的话给他印象很深,应该给自己留好后路,同时他不希望自己给家里再增加负担,所以他一直坚持上班的同时复习备考,那段日子确实辛苦。有人会说要对自己狠一点,不给自己留后路就会让自己奋发努力,但如果辞职后复习考研,这段时间的生活不就得靠父母吗?小望说,他不愿意这样做。自立是基础,然后再谈梦想。在梦想的牵引下,同样有动力,所有的结果都由自己承担,踏实而坚定。

对自己的行为负责,是一个人成熟的标志。不能说,只做自己想要的那部分,不想要的部分就抛给父母或他人。哪条路都能选,重要的是要问自己一句:你能承担结果吗?

这次备考建筑学,小望比大一时的想法要成熟很多了。他对自己现有的情况考取建筑学研究生的可能性做了细致的了解。他告诉我,就北京建筑大学而言,在研究生专业改革前,土木工程专业本科毕业的学生考取建筑学的研究生所能选择的专业方向非常集中:"建筑技术科学",即要求学生具备一定的建筑学素养,同时又要具有结构设计的基础,竞争也是很激烈的。随着近两年研究生专业改革,土木工程专业的本科毕业生在考入建筑学后,也可选择建筑设计及其理论等其他诸多专业方向,选择更趋向于多元化,有利于学生自身发展。

"并不是所有的学生都适合报考建筑学。"小望说他在研究生阶段也指导过一些土木工程专业本科的学生,用他的话说,基本上能看出来这个学生是否能考上建筑学的研究生,因为有些学生没有学习建筑学的那份"灵感"。

由于小望学习过土木工程和建筑学,我请他来谈谈这两个专业的区别。在他看来,学土木的辛苦在于钻研,勤奋是学好土木工程的要务。只要努力,是一定能看到成果的。学建筑学需要"灵感",要么就成,要么就不成,没有中间层,压力挺大。

"美术功底好的学生,不一定就能做出好的设计。"小望说,他了解的有些学生图画得很好,但做的设计方案中对于题目里给出的各种问题不能很好地排出主次矛盾,不能有效处理好各方关系,这样的设计方案很难称得上是好的方案。当然灵感不是全部,学建筑学需要的是"1%的灵感+99%的努力",这种努力和学土木工程的努力有所不同,学建筑学的努力在于开阔眼界。也许一段时间的努力都看不到明显的成效,但当积累到一定程度后会"顿悟"。厚积薄发,用在建筑学的学习上很恰当。

一晃九年，他的很多同年级同学都结婚生子了，我问他什么时候结婚呢？小望说后年吧，毕竟一直在学习，没有什么积蓄，先工作一年攒点钱。小望和他的女朋友在一起已经七年了，他觉得自己一直很亏欠对方，希望自己在未来的生活里好好补偿她。

"老师，我的婚礼你一定要来。""会的，我一定去。"

在我带过的学土木工程专业的学生中，每年都会有人跟我提，想考建筑学研究生。第一次听到时，我都会微微一笑，并不作答。因为只有能够清楚地告诉我，以土木工程专业为基础考建筑学专业研究生的路径是什么，能告诉我自己在建筑设计这方面坚持做了哪些积极的准备，能告诉我对于考研的结果自己会如何承受的时候，我才会真的认为他不是随便说说，才会真的认为他是一个有行动的人。

对人生的追求，由内而外 —— 在施工单位工作的体会

小段在即将本科毕业时，通过个人不懈努力，争取到了在央企施工单位工作的机会。在不断通过踏实工作，提升工作成绩的同时，小段也逐渐打开个人认知视野，不断追求属于自己的人生状态。

传奇的求职之旅

小段是内蒙古人，考研时的状态很一般，我当时觉得他并没有很努力地准备考研。

果然，他考研落榜了。

他找工作的过程也很戏剧，在校园招聘会上一家央企的施工单位问他愿意不愿意去，他说需要考虑一下。

之后他马上来我的办公室问我意见，之后又马上回去和人家说愿意去。但这一来一回之间的一个小时，央企的人力资源看出了他的犹豫，结果也没有同意要他。

而后他为了争取到这个机会，开启了锲而不舍的求职之旅。去西安、到长沙，就为了和人力资源表达他的决心，最终，这家央企录用下了他，给他分到了北京分公司，同时解决了北京户口。

我笑话他说，就因为一时的犹豫费了多大的劲儿啊。同时，我也佩服他，在决定自己要做什么之后，能够不懈地努力争取。他的这段求职经历，也已经成为我课堂里的案例。

央企施工企业的工作模式

聊天中，他先给我介绍了一下这家央企施工单位的基本建制。他所在的这家央企是一个大集团，下面有十多个局，每个局都按照地理位置设置了分公司，比如北京分公司、上海分公司等，每个分公司又设置有子公司，也是按照编号走的，一直排到了十多个。每个子公司由一两名项目经理牵头，组建团队。他所在的北京分公司第十公司现在一共承接了三个项目，其中一个项目已经是收尾阶段了，其他两个是在施项目。项目经理同时兼顾两个项目，每个项目有一个总工，还有负责生产的经理及财务、物资等相应部门，他是项目部的，也就是盯施工现场。按他的话讲，是最辛苦但也是最能锻炼人的岗位。

央企的施工单位在项目上都是总包，他们会找其他公司给组织施工队，作为盯现场的人，他的职责就是保证工程进度、节省工程成本。

在施工现场的工作经历

接着，他给我讲了这一年盯现场的经历。一下雨就要第一个赶到现场看遮盖物是不是都弄好了，如果工人师傅没来，就得自己干；进货都是在夜里进行，都要清点，尤其是水泥，如果不能及时使用，就要浪费掉，他在现场要及时做出判断；抽水泥用的泵管经常堵，如果全拆开进行疏通就很可能会耽误工期，他要判断有可能堵的位置，减少疏通的时间；对施工现场的每一项工作内容，他都进行详细的记录，并请施工方和监理及时签字确认，避免将来扯皮；要和项目部所有的部门协调事情，还要代表项目部和甲方、监理、施工方不断沟通；审核工程量也是非常关键的环节，直接关系到付款。

他说，那会儿他管的那个施工队不是很给力，工人没有经验，所有的事情都得问他。他自己非常认真地干，结果工程进度还是没有别人管的部分快，那段时间他特别着急。

在施工现场工作，苦吗？

我问他这个过程辛苦吗？他觉得还是很辛苦的。工程不等人，他每天都住在项目上，几个月没有一天休息，很多关键进度和临时事件都发生在晚上，经常一个晚上要去现场三四趟，也就不用睡了。但是，他觉得最苦的也就是开始的时候，因为什么都不懂，所以费的时间多，现在对很多工作已经有经验了，就能直接发现问题所在，会比较省时间了。

项目上的人喜欢有空时喝点酒，尤其喜欢在项目经理面前表现得很积极。他很不喜欢喝酒，也不会说那些漂亮话，于是总是闷着头吃自己的，所以他一度觉得自己不会受领导重视。但因为他工作的认真负责，在工作后的第一个年底，被评为优秀实习生，而后的这一年又获得了很多荣誉。自己从跟着师傅干，到负责一个楼，到现在同时负责三个楼的项目，已经开始独当一面了。

我忍不住问他，在工作中你为什么这么认真、负责呢？有谁这样要求你吗？听我这样一问，他愣住了。于是我又解释了一下我的疑问：一下雨就要跑到现场；一个晚上三四次的去现场盯着，就是为了保证工程进度；认真记录施工中的所有进度，并及时签字确认；为了节省时间，寻找泵管需要疏堵的位置而不是全部拆开；自己管的部分进度慢了，自己着急。这些事情，是有人这样要求你吗？是所有的人都像你这样干吗？他说，不是，项目上人手紧张，就开始那一两个月有师傅带着，而后就自己管了，没人再提要求了。而且也不是所有人都这么认真，有些人晚上就是不接电话，施工队就按照自己的想法做，结果肯定是工期延误、增加成本。

没有人要求自己，坚守的是自己的初衷

我说，那你为什么这么认真呢？他说，在我问他这个问题之前，他从没有考虑过这一点，但细想想确实是源于自己对自己的要求。他想想后说，这应该是习惯吧，没有人要求自己，这是自己对自己的要求应该认真，要负责任，做事就要把它做好。

现在，他利用午休和晚上睡觉前的时间坚持看书，他总觉得没考上研究生是自己的遗憾，所以他不想放下书本，等有机会再学习深造。但目前，首要的是要把工程中该学会的都学会，要能够真正驾驭一个项目。同时，工作之便，他去过香港，他发现那里的工地非常干净。他认识了一个在香港做施工的兄长，了解了香港施工管理工作的做法，他发现国内的管理还是比较粗放的，但又不可能直接照搬香港及国外的做法，这方面也需要学习，看看怎么能够提高国内工程的施工管理水平。

对人生的追求，由内而外

看着他坚定的目光，听着他讲述自己这一年的经历和对未来的畅想，我真为他高兴。他说他非常想听听我的建议，如果我支持他的想法他会更加坚定地走下去，我很感谢他对我的信任。

> 不论是工作中还是在大学期间，可能周围环境都无法提供足够的外力来推动我们追求梦想，这份动力是由内而外产生的。就像小段一样，更多的动力来自自己的那份认真和责任心。这份内在的动力才是我们成就人生梦想最重要的依靠。当我们在埋怨外界的种种境遇让我们过上自己不喜欢的生活时，是否也能找个安静的角落问问自己，是否给予了自己足够的动力去追求想要的生活。

在施工企业中乐观踏实地前行

> 小开在毕业时放弃了去一家国有地产公司就职的机会，而坚定地选择去了一家央企的施工单位，转眼间，他已经工作两年多了，小开跟我讲述了这段时间的经历与感受。

他所在的这家施工企业在国内颇具实力，总部设置在武汉，在北京，包括中国尊在内的很多标志性建筑均出自他们的施工团队。他们与万科、龙湖等多家地产企业保持长期合作，同时也要承接很多政府项目。

上学时，小开就不白，两年后，他更黑了，但整个人很有精神。我心里最担心的问题其实就是他放弃地产企业来施工单位，自己会后悔，但当他告诉我，去年他作为同届入职的 67 人中唯一一位获得北京分公司举办的金石人评选的获奖人员时，我想我的担心是多余的了。

小开说，我能去看望他，他非常开心。他和我讲述了自己这两年的工作体会。

乙方中的甲方

小开所就职的施工企业实力雄厚，在实施项目时，作为总承包管理者，对各专业分包进行管理，如幕墙单位、精装单位、机电单位、园林市政单位等。在项目施工过程中，他们的主要工作任务是协调甲方、设计、监理和分包单位，确保工程有序推进。所以，这类的施工企业虽属乙方，但在具体项目中，他们扮演的是乙方中甲方的角色。

同时，小开所在的施工企业，专业资质高，管理科学规范，与其合作的许多地产企业都需要借助他们的实力在当地开拓市场，所以，在项目上，他们虽然是乙方，却很受甲方尊重。

环境对每个人的发展有很大影响

作为一个刚入职场的新人，小开一直强调，环境对于每个人的发展会起到非常大的作用。他所在的企业，人事工作统一由总公司负责，他们的薪酬待遇均由总公司确定并支付，而不是采取定额划拨项目部，由项目部确定每个人薪酬的模式。这就避免了在项目上因为节省资金、减少风险而造成的忽略新人培养的问题，也不会因为怕得罪项目经理而畏首畏尾，不敢尝试。他们的项目管理团队不光要做好一个项目还要履行培养一批专业管理人才的责任。

按照总公司的统一要求，入职第一年的员工要参加分公司的所有会议，可以全面了解公司运转的情况，迅速进入状态。在这一年中，每次有各级领导来视察，领导都被要求必须和新入职员工进行谈话，了解实际情况，同时一年中会有多次的工作汇报机会，让新员工充分展示、交流、锻炼。

企业很注重党团建设，党组织、团组织的学习、活动非常丰富，这也给了新员工展示自己特长、锻炼组织协调能力的机会。小开目前就是项目部团组织的负责人，定期他会牵头组织青年团员开展活动。

榜样就在身边，路走得踏实

小开所在的这家施工企业，去年在全公司范围内评选了百万年薪项目经理，并将他们的事迹、成长经历在全公司内进行宣传。小开对此感触很深，他跟我说，这些项目经理目前在公司内都是独当一面、响当当的人物，能力很强且待遇很高，他希望自己能够以他们为榜样，努力奋斗。这些项目经理都是从最基础的技术员干起的，当年的施工条件比现在差得多，他们吃的苦比我们现在多得多。

在刚入职时，每个新人都被安排了项目副经理以上级别的人担任师傅。小开的师傅就是他所在项目的项目执行经理。通过与师傅的接触，小开在入职后的很多困惑都被解开，他的榜样就在身边，他清楚自己应该如何努力。

北京孩子的优与劣

作为实力雄厚的央企，小开所在的施工企业面向全国招收应届毕业生。在他毕业后的这两年里，他们单位没有再招收北京学生，甚至都没有安排在北京高校内开展招聘工作，连北京分公司都没有再被派来京籍学生。

究其原因，小开说可能企业觉得北京的孩子普遍不能吃苦，之前招收的京籍学生流失率高。同时，作为央企，在全国各地的高校内挑选适合人才，很多外地高校学生能力强又积极，期望值也不高且更加踏实。

作为在北京分公司工作的京籍学生，小开觉得他也有自己的优势。他熟悉这里的生活环境，有很多的同学、朋友、亲人都可以经常联系，对于北京，他没有任何的陌生感。同时，即使是每天都要盯在工地上，但他的心里比外地的同学要踏实，因为即使家里有事，他开车1个小时也能到家，不会顾不上家。而且，在工作的同时，他可以经营好自己的生活，比如买房子、谈婚事等。他身边的那些外地在北京的同事，大多都会觉得自己早晚要回家乡生活，在这边只是工作的一个阶段而已。

小开，因为踏实，所以快乐，因为踏实，所以干劲更足。

弯道超车，厚积而薄发

施工单位又脏又累又辛苦，他每次从项目上出来，都要换身衣服。对于项目上的苦，他只是说："确实挺苦的"，而细节不愿多谈。因为他认为，最艰苦的过程已经挺过来了，现在都适应了、习惯了。通过这两年的历练，他学到了真本领，找到了奋斗的方向。

小开认为，在施工单位工作虽然苦，但锻炼价值很大。五年左右，就有可能担任项目上的项目副经理职位，能够既了解施工技术、施工组织的各个环节，又具备很强的沟通协调能力。很多地产企业都很愿意通过社会招聘招收这些人员直接担任项目经理。而如果刚参加工作时选择在甲方单位，五年时间很难掌握这些知识、锻炼这些能力，基本无法担任项目经理。

虽然现在很多甲方单位校园招聘的入职门槛都很高，我们很多同学削尖脑袋也挤不进去，但通过在施工企业几年的锻炼后，竟成了甲方单位社会招聘时竞相追逐的目标。

看到坐在我面前，和我讲述自己故事的小开，充满了乐观踏实、积极向上的状态，对工作、生活充满热情与期待，话语间流露出一份自信与坚韧。我不再担心他会后悔自己当初的选择，我相信他会走出一条属于自己的路。

参考文献

参考文献

［1］夏季春《职业规划创新与实战》，科学出版社 2017 年版。

［2］王淑桢、杨宏菲、高美华《职业规划与指导》，北京师范大学出版社 2007 年版。

［3］乔志宏、张启鸿、李雪华《大学生职业发展与就业指导》，电子科技大学出版社 2016 年版。

［4］钱穆《论语新解》，九州出版社 2011 年版。

［5］许亮、赵玥、刘炳良《论语悦读》，经济日报出版社 2022 年版。

［6］郑佳《品牌管理——案例与应用》，西安电子科技大学出版社 2017 年版。

［7］【美】苏珊娜·M.达格《职业规划心理咨询全案》，中国人民大学出版社 2020 年版。

［8］王秉楠《大学成长记》，兵器工业出版社 2017 年版。

［9］王秉楠《解惑青年成长——读〈论语〉悟生涯》，光明日报出版社 2022 年版。

后记

感谢北京建筑大学教务处对本书出版给予的大力支持。学校多年来一直非常重视大学生职业生涯教育课程建设,将学生就业指导、学生发展辅导作为学校十分重要的人才培养环节,组织开展多门课程及各类丰富多彩的实践活动。

近 20 年来,学校的职业生涯教育课程教学团队的老师们不断精进、认真研讨课程内容,不断提升自身教学水平。正是在团队的指导、鼓励下,我才能够一直坚持从事职业生涯教育课程的教学,并不断提高自身的教学水平。也正是看到团队每位老师严谨求实、一丝不苟的教学态度,才使我始终对三尺讲台心生敬畏。

本书中所有的案例故事都是我日常辅导学生时所记录的真人真事。能够顺利完成本部教材的编著工作,我要感谢自己的学生们,感谢他们对我的信任,将自己的心里话讲给我听,真诚、认真的听取我对他们成长的意见建议。

很多学生与我的交流不止于大学毕业时,而是在工作 10 年、15 年后,依然保持着隔段时间便一起交流工作、生活心得的习惯。我们之间的关系也早已从师生转换为挚友。在与学生们的交流中我得以不断精进自己的教育教学水平,并不断成长为具备一定经验和辅导能力的大学生职业生涯发展辅导的老师。"我陪你们四年,你们陪我一生",在此,再次由衷的感谢我带过的每一位学生。

本书是北京市教委北京高校大学生就业创业研究课题一般项目《〈论语〉融入大学生职业发展与就业指导课程的实践研究》(JYCY202325)、中国建设教育协会教育教学科研立项一般课题《〈论语〉融入建筑类高校生涯教育课程的本土化研究》的阶段性研究成果。

我深知，唯有不断学习、精进并始终以空杯心态面对每一位学生，才能继续做好学生辅导的工作。鉴于能力有限，本书若有错误和不当之处，敬请广大读者包容谅解。不胜感激，谢谢！

王秉楠
2024 年 5 月